Fjodor Dostojewski
Anna Dostojewskaja

Ich denke immer nur an dich

aufbau

Anna G. Dostojewskaja, Dresden, 1870, Foto: K. Arasim

Fjodor Dostojewski
Anna Dostojewskaja

ich denke immer nur an dich

EINE LIEBE IN BRIEFEN

Aus dem Russischen
von Brigitta Schröder

aufbau

Die Originalausgabe unter dem Titel
Perepiska
erschien 1979 im Verlag Nauka, Moskau.

Mit 2 Abbildungen
(mit freundlicher Genehmigung des
Sankt Petersburger Dostojewski-Literaturmuseums)

Die bei Rütten & Loening, Berlin, 1982
erschienene Übersetzung von Brigitta Schröder
wurde für die vorliegende Auswahl von Ganna-Maria Braungardt
neu durchgesehen und aktualisiert.

Die Zusammenstellung der Briefe und das Verfassen der Kapiteleinleitungstexte besorgte Nora Samhouri (vgl. auch S. 309).

ISBN 978-3-351-03928-8

Aufbau ist eine Marke der Aufbau Verlage GmbH & Co. KG

1. Auflage 2021

Umschlaggestaltung U1 berlin, Patrizia Di Stefano unter Verwendung eines Motivs von © Christopher Wood Gallery, London, UK/Bridgeman Images
Satz und Reproduktion LVD GmbH, Berlin
Druck und Binden Eberl & Kœsel FinePrints, Altusried-Krugzell
Printed in Germany

www.aufbau-verlage.de

Inhalt

Anhang

Arme Leute

Vor der Hochzeit
1866/67

Schon die ersten Briefe, die Fjodor M. Dostojewski seiner zukünftigen Frau Anna, genannt Anja, nach ihrer Verlobung schrieb, überraschen durch ihren liebenswürdigen und vertrauten Ton. Von Beginn an ließ er sie teilhaben an seinen Gedanken und Gefühlen und nahm sie als gleichwertige Gefährtin wahr – trotz des Altersunterschieds von 24 Jahren.

Er stand noch vor dem Höhepunkt seiner schriftstellerischen Karriere. Kennengelernt hatten sie sich im Oktober 1866, als er innerhalb kürzester Zeit den Roman »Der Spieler« zu Papier bringen und dafür die Arbeit an dem kurz vor der Vollendung stehenden Monumentalwerk »Schuld und Sühne« unterbrechen musste. Kurzentschlossen engagierte er die junge Anna Grigorjewna Snitkina. Mit ihr gewann er nicht nur eine Stenographin, sondern eine hingebungsvolle Gefährtin, mit der er in den vierzehn Jahren ihrer Ehe alle Höhen und Tiefen menschlichen Glücks wie Leids erlebte.

Das ruhelose Dasein seiner ersten 44 Lebensjahre war von nun an Vergangenheit. Für Anna empfand er die bedingungslose Liebe, die er zuvor nur der Welt der Literatur entgegengebracht hatte, und mit ihr fand er das Familienglück, das er sich seit Langem wünschte. An ihrer Seite und mit ihrer Unterstützung gelang es ihm, trotz seines labilen Gesundheitszustands, sein schriftstellerisches Schaffen mit den großen psychologischen und philosophischen Romanen zu krönen, die seinen Weltruhm begründeten.

In seinem Erstling »Arme Leute« (1846) zeigte er sich als Meister des Kunstbriefs und wurde damit schlagartig bekannt. In den privaten Briefen hingegen verzichtete er von Anfang an ganz bewusst auf jegliche Stilisierung und zeigte sich seiner Frau und der Nachwelt als der Mensch, der er war.

1866

Nach Petersburg

Petersburg, 9. Dezember 1866

Meine liebe Anja, reizendes Namenstagskind, sei mir um Gottes willen nicht böse ob meiner zu dummen Vorsicht. Ich habe mich entschlossen, heute nicht zu Dir zu kommen; ich fühle mich noch nicht ganz wohl. Reine Lappalien, aber ich verspüre doch eine gewisse Schwäche, und meine Zunge ist leicht belegt. Siehst Du, mein Engel: Ich muss unbedingt zu Basunow. Basunow wohnt nur eine Werst von hier, zu Dir aber wäre es viermal so weit. Ist es nicht besser, sich ein wenig vorzusehen und dafür morgen bestimmt wieder gesund zu sein als noch eine Woche zu kränkeln? Auch zu Basunow dürfte ich gar nicht gehen. Gestern habe ich bis nach ein Uhr nachts an der Umarbeitung des fünften Kapitels gesessen (nach dem Mittagessen hatte ich kein bisschen geschlafen; sie ließen mich nicht in Ruhe). So war ich dann ganz am Ende. Eingeschlafen bin ich erst um vier Uhr früh. Heute fühle ich mich matt, und auch mein Gesicht ist überhaupt nicht namenstagsmäßig, also bleibe ich lieber daheim. Zu Mittag werde ich wieder nur Suppe essen, wie gestern. – Sei nicht böse, meine Schöne, dass ich Dir solche Dummheiten schreibe: ich bin heute selbst recht dumm. Mach Dir aber um Gottes willen keine Sorgen. Heute muss ich vor allem schlafen. Ich fühle, der Schlaf wird mich erquicken, und Du komm morgen früh zu mir, wie versprochen. Auf Wiedersehen, liebe Freundin, ich umarme und beglückwünsche Dich.

Ganz Dein Dich unendlich liebender und Dir unendlich vertrauender

F. Dostojewski

Du bist meine ganze Zukunft – Hoffnung und Glaube und Glück und Seligkeit – alles.

Dostojewski

Nach Petersburg

Moskau, 29. Dezember 1866

Sei mir nicht böse, meine kostbare und ewige Freundin Anja, dass ich Dir diesmal nur wenige Zeilen schreibe, ich will Dich nur grüßen, Dich küssen und Dir mitteilen, wie ich angekommen bin, nicht mehr, denn bisher habe ich mich in Moskau noch nirgends blicken lassen. Ich bin wohlbehalten eingetroffen. Die Schlafwagen sind ein übles Gräuel: unverschämt feucht, kalt, dunstig. Den ganzen Tag und die ganze Nacht, bis zum Morgengrauen, hatte ich Zahnschmerzen (sehr starke); ich saß reglos da oder lag und schwelgte in Erinnerungen an die letzten anderthalb Monate; gegen Morgen schlief ich ein, fest; als ich erwachte, waren die Schmerzen abgeklungen. In Moskau kam ich um 12 Uhr an; um halb eins war ich bereits bei meinen Verwandten. Alle staunten sehr und freuten sich. Jelena Pawlowna war bei ihnen. Sie ist sehr abgemagert, hat sogar ihre Schönheit eingebüßt. Und ist sehr traurig; mich begrüßte sie ziemlich kurz angebunden. Nach dem Mittagessen bekam ich wieder Zahnschmerzen. [...]

Von meiner Ehe mit Dir erzähle ich meinen Verwandten, sobald ich mir Hoffnungen auf Erfolg bei Katkow machen kann. Den ganzen ersten Tag, d. h. gestern, hatte ich Zahnschmerzen, in der Nacht bekam ich eine dicke Backe und habe deshalb jetzt keine Schmerzen mehr. Heute fahre ich zu Ljubimow, denke aber, dass ich zu Katkow nicht gehen werde. Überhaupt habe ich noch keinen Plan. Ich werde mich nach den Umständen richten. Ich beeile mich, sosehr ich kann, um möglichst schnell zu Dir zurückzukehren. Länger als nötig werde ich nicht bleiben. Ich bin oft sehr traurig, es ist eine Art gegenstandslose Traurigkeit – als hätte ich ein Verbrechen gegen jemanden begangen. Ständig sehe ich Dich vor mir und denke an Dich. Ach, Anja, ich liebe Dich innig! Auch Sonja hat Dich lieb: Sie möchte Dich schrecklich gern sehen. Ist aufgeregt und neugierig.

Jetzt aber umarme ich Dich fest und küsse Dich – bis zum baldigen Brief und Wiedersehen. In zwei, drei Tagen schreibe ich Dir noch eingehender und besser – sowie ich etwas erledigt habe. Jetzt beeile ich mich, sosehr ich kann! Ich habe das Gefühl, dass ich überall zu spät komme (das wird ein Kreuz!). Was soll man tun – alle haben Feiertag, und da geht nichts seinen normalen Gang.

Wie hast Du den gestrigen Tag verbracht? Ich hoffte, Dich im Traum zu sehen – aber vergebens. Ich habe mir aus einem Buch über Dich gewahrsagt; d. h., man schlägt das Buch auf und liest die erste Zeile auf der rechten Seite; was herauskam, war sehr bedeutungsvoll und passend. Leb wohl, mein Liebes, auf baldiges Wiedersehen. Ich küsse tausendmal Dein Händchen und Deine Lippen (an die ich immerzu denke). Es ist traurig, anstrengend, alle Eindrücke irgendwie zersplittert. Massenka ist lieb und ein Kind. Auch Fedja ist gekommen. Alle anderen Kinder sind schrecklich lieb und freuen sich […]. Julia schickte am Abend jemanden zu mir, um zu fragen, ob sie mir wahrsagen dürfe. Freundinnen seien zu ihr gekommen und sie spielten Wahrsagen im Spiegel. Ich antwortete, ich bitte darum. Bei mir kam eine Brünette in weißem Kleid heraus. Ich ließ ihnen sagen, das sei Unsinn, die Prophezeiung falsch.

Wirst Du Pascha sehen, meine Liebe? Bestelle ihm einen Gruß von mir […].

Ich küsse Dich unzählige Male. Ich gratuliere Dir zum neuen Jahr und wünsche Dir *neues* Glück. Bete für unsere Sache, mein Engel. Jetzt, da es so weit gekommen ist, fürchte ich [einige Worte durchgestrichen]. Dennoch werde ich mit aller Kraft arbeiten. In zwei oder drei Tagen schreibe ich Dir. Im Übrigen habe ich die Hoffnung nicht aufgegeben.

Ganz *Dein*, Dein Treuer, Treuester und Unwandelbarer. An Dich aber glaube ich, auf Dich vertraue ich wie auf meine ganze Zukunft. Weißt Du, aus der Ferne schätzt man das Glück noch mehr. Mich verlangt jetzt viel stärker als je danach, Dich zu umarmen. Meine tiefe Verbeugung an Mama. Auch Deinem Bruder meine Empfehlung.

Dein Dich grenzenlos liebender F. Dostojewski

PS: Sonetschka setzt mir zu und *befiehlt* mir, selbst zum Postamt zu fahren, denn wenn man den Brief dort aufgibt, geht er vielleicht heute noch ab.

1867

Nach Petersburg

Moskau, 2. Januar 1867

Gestern erhielt ich Deinen lieben Brief, meine liebe und *ewige* Vertraute Anja, und habe mich schrecklich gefreut. Sicher hast auch Du meinen Brief bereits an demselben (oder am nächsten) Tag bekommen, als Du mir Deinen schicktest. Jetzt will ich Dich rasch vor allem über das Geschäftliche unterrichten. Meine Angelegenheit habe ich schneller erledigt, d. h. in Angriff genommen, als ich dachte, und jetzt ist sie im Wesentlichen fast entschieden. Ich hatte schon daran gedacht, die Sache über Ljubimow (den Redakteur des »Russki westnik«) einzufädeln, bin am Tag nach meiner Ankunft zu ihm gefahren und habe ihn zum Glück nicht angetroffen. Da begab ich mich zur Redaktion des »Russki westnik« und sprach, wiederum zum Glück, kurz bei Katkow vor (zu dem ich erst nicht gleich hatte gehen wollen, da ich Ljubimow vorzuschicken gedachte). Katkow war sehr beschäftigt; ich saß zehn Minuten bei ihm. Er begrüßte mich *ausgezeichnet.* Da ich sah, wie beschäftigt er war, erhob ich mich nach zehn Minuten und sagte, ich hätte ein Anliegen, aber da er viel zu tun habe, möge er mir bitte mitteilen, wann ich kommen könne, um mein Anliegen vorzutragen. Er bat mich *sofort* nachdrücklich, es gleich vorzutragen. Also erklärte ich ihm das Ganze in drei Minuten. Ich begann damit, dass ich heiraten wolle. Er beglückwünschte mich aufrichtig und freundschaftlich. »In diesem Falle«, sagte ich, »erkläre ich Ihnen freiheraus, dass mein Glück einzig von Ihnen abhängt. Wenn Sie meine Mitarbeit brauchen« (er sagte: »Und ob, ich bitte Sie!«), »dann geben Sie mir 2000 Vorschuss«, und ich legte ihm alles dar. »Schriftsteller nehmen ja stets Geld im Voraus«, schloss ich, »aber da diese Summe für einen Vorschuss sehr hoch ist und nicht üblich, hängt alles von Ihrem guten Willen ab.« Er erwiderte: »Ich will mich mit Leontjew beraten. Die Frage ist, ob wir so viel Geld flüssig haben, kommen Sie bitte übermorgen zu mir, ich werde mir die größte Mühe geben.« Zwei Tage später teilte er mir die endgültige Entscheidung mit: 1000 Rubel könne ich sofort bekommen, für die nächsten 1000 bitte er um zwei Monate Aufschub. Ich war einverstanden und bedankte mich.

Jetzt, meine teuerste Anja, sieht die Sache so aus: Unser Schicksal hat sich entschieden, Geld ist da, wir lassen uns also baldmöglichst trauen, zugleich aber stehen wir vor der schrecklichen Schwierigkeit, dass wir auf die Zahlung der zweiten tausend Rubel so lange warten müssen, wir jedoch *zweitausend* bis zur letzten Kopeke sofort brauchen (Du erinnerst Dich, wir haben es ausgerechnet). (Aber immerhin.) Wie das zu lösen ist, weiß ich noch nicht, trotzdem, unsere Hochzeit kann stattfinden. Gott sei Dank, Gott sei Dank! Ich umarme und küsse Dich, gleich hundertmal.

Und jetzt! Ich denke, dass ich dieser Tage, morgen oder übermorgen, entweder das Geld oder die *Geldanweisungen* bekomme (die Feiertage sind grässlich störend) und ... dann sofort auf nach Petersburg, zu Dir. Ich bin schrecklich traurig ohne Dich, obwohl mich hier alle sehr gernhaben. Ich kann sagen, dass ich am 6. oder 7. in Petersburg sein werde. Ganz *bestimmt* sage ich es nicht, weil die Auszahlung des Geldes von ihnen abhängt, aber es steht 90 zu 100, dass ich Dich am 6. oder 7. in die Arme schließen und küssen werde, Deine Händchen und Füßchen (die zu küssen Du nicht erlaubst). Und dann beginnt der *dritte Abschnitt* unseres Lebens.

Jetzt einige Worte zum Leben hier. Ach, Anja, wie verhasst mir Briefe immer waren! Was kann man in einem Brief schon von manchen Dingen erzählen? Und deshalb schreibe ich nur die nüchternen nackten Fakten: Erstens, ich habe Dir bereits geschrieben, dass ich Sonja alles noch am selben Tag erzählt habe und wie sehr sie sich gefreut hat. Sei unbesorgt, ich habe nicht vergessen, ihr Deinen Gruß auszurichten, und sie hat Dich schon sehr, sehr gern. Durch meine Berichte kennt sie Dich bereits ein wenig, und vieles, was ich erzählt habe, hat ihr gefallen. Meiner Schwester habe ich es am Tag nach Katkows erster Antwort gesagt. Sie hat sich sehr gefreut. Alexander Pawlowitsch habe ich es am dritten Tag gesagt. Er gratulierte mir und machte eine höchst originelle Bemerkung, die ich Dir später wiedergeben werde. Danach begann eine recht freudvolle Zeit. Neujahr haben wir fröhlich gefeiert, mit der ganzen Familie. Auch Jelena Pawlowna und Marja Sergejewna (ein erstaunlicher Spaßvogel) waren da. Punkt 12 Uhr stand Alexander Pawlowitsch auf, erhob sein Sektglas und brachte einen Toast auf die Gesundheit von Fjodor Michailowitsch und Anna Grigorjewna aus. Maschenka und Julinka, die von nichts wussten, waren sehr überrascht. Mit einem Wort, alle freuen sich und gratulieren.

[...] Stell Dir vor, bis jetzt habe ich noch keine Zeit gefunden, die beiden letzten Kapitel durchzusehen. Hier ist das Novemberheft herausgekommen. Gestern, zu Neujahr, hat Jelena Pawlowna alle zum Abend eingeladen. Wir begannen Poch zu spielen. Plötzlich bringt man Alexander Pawlowitsch einen Brief (der per Eilboten aus dem Institut für Landmesskunde kam), er aber übergibt ihn mir. Einige fragten: Von wem? Ich sagte, von Miljukow, stand auf und ging ihn lesen. Der Brief war von Dir; er hat mich sehr gefreut, ja sogar aufgewühlt. Ich kehrte voller Freude zum

Tisch zurück und sagte, die Nachrichten von Miljukow seien unangenehm. Eine Viertelstunde später hatte ich das Gefühl, einen Anfall zu bekommen. Ich ging in die Diele, feuchtete die Stirn an und legte ein nasses Handtuch auf. Alle waren ein wenig besorgt. Ich wartete ab, bis sie sich etwas beruhigt hatten, rief Sonja heraus und zeigte ihr Deinen Gruß. Als wir wieder zu Hause waren, las ich Deinen ganzen Brief Sonja und Mascha vor. Sei nicht böse, meine Freude, sie haben gesehen und sind Zeugen, wie sehr ich Dich liebe – wie unendlich ich Dich liebe und dadurch glücklich bin.

[…] Morgen aber will ich mich gleich darum kümmern, das Geld möglichst schnell und unverzüglich zu erhalten. Ich möchte Dich jeden Tag sehen, jede Stunde, mehr und mehr [ein Wort durchgestrichen]. Richte Pascha meinen Dank dafür aus, dass er sofort bei Dir war. Ich umarme und küsse Dich unzählige Male – während ich das schreibe, ist es für mich eine unendliche Qual, dass das vorerst nur auf dem Papier steht. Oh, wie würde ich Dich jetzt umarmen! Leb wohl, liebste Freundin Anja, sei frohen Mutes und liebe mich. Sei glücklich; warte auf mich; alle lassen grüßen.

Ich denke, ich werde Dir nicht mehr schreiben – falls nichts Besonderes geschieht. Einen Gruß an Deine Mama.

Ich küsse Dich nochmals (ich könnte dich immerzu küssen), Dein glücklicher

F. Dostojewski

Mit einer solchen Frau nicht glücklich zu sein – das ist ganz unmöglich! Liebe mich, Anja; ich werde Dich unendlich lieben.

Der Spieler

Erste Ehejahre
1867–1871

Nach der Hochzeit am 15. Februar 1867 begann das gemeinsame Leben des jungen Paars mit einer fluchtartigen Reise durch Westeuropa, die eigentlich nur ein paar Monate dauern sollte, sich schließlich aber über vier Jahre erstreckte. Zwischen April 1867 und Juli 1871 hielten sich die Neuvermählten in Deutschland (Dresden, Baden-Baden), der Schweiz (Basel, Genf, Vevey) und Italien (Mailand, Florenz, Venedig) auf und waren nicht selten für einige Zeit voneinander getrennt.

Denn Fjodor war schon vor der Hochzeit von der Idee besessen gewesen, sich durch einen Coup am Roulettetisch aller Geldsorgen zu entledigen. Auf diese Weise hoffte er, die horrenden Schulden begleichen und seiner Familie gesicherte Verhältnisse bieten zu können. Stattdessen verstrickte er sich immer tiefer in seine Spielleidenschaft. Davon zeugen die zunehmend verzweifelt klingenden Briefe, die er Anna aus den berühmt-berüchtigten Casino-Städten Homburg, Wiesbaden oder Saixon-les-Bains schickte und in denen er sie stets um neues Geld bitten musste – nur um es gleich wieder zu verspielen.

Diese »Spieler-Briefe« geben einen tiefen Einblick in die Psyche des Schriftstellers und bilden gleichzeitig einen autobiographischen Kommentar zu den Romanen »Der Spieler« (1867) und »Der Idiot« (1869).

In diese Zeit fällt auch die Geburt der ersten Tochter Sonja. Sie starb schon zwei Monate später, im Mai 1868, in Genf, was die

Eltern schwer traf. Sie hielten es dort nicht länger aus und zogen weiter nach Vevey. Im September 1869 kam die zweite Tochter, Ljubow, in Dresden zur Welt. Fjodor bedachte sie mit überschwänglicher Zärtlichkeit und Liebe. Die Sorge um ihre Zukunft trieb ihn weiter regelmäßig an den Spieltisch, noch immer glaubte er an den ganz großen Gewinn.

Erst 1871, nach rund zehn Jahren, gelang es ihm, sich von dieser fixen Idee zu lösen, und er gab das Glücksspiel mit einem Schlag auf.

1867

Nach Dresden

Bad Homburg, Freitag, 17. Mai 1867
½ 12 Uhr morgens

Sei gegrüßt, mein lieber Engel.

Ich umarme und küsse Dich fest, so fest. Die ganze Reise über habe ich an Dich gedacht.

Soeben bin ich angekommen. Jetzt ist es halb zwölf. Ich bin etwas müde und beginne einen Brief. Man hat mir Tee und Waschwasser gebracht. Unterdessen will ich Dir ein paar Zeilen schreiben. In Leipzig musste ich von ½ 6 bis 11 Uhr nachts warten, aber so ist das mit dem *Schnellzug*.* Ich saß im Wartesaal, habe etwas gegessen und Kaffee getrunken. Ständig bin ich durch den riesigen Saal gelaufen, in dem der von Bierdunst durchtränkte Rauch in Schwaden wallte. Der Kopf schmerzte, und alles ging mir auf die Nerven. Immerzu dachte ich an Dich und fragte mich: Warum habe ich meine Anja verlassen? Ich rief mir Dich in Erinnerung, jede Regung Deiner Seele, jede Faser Deines Herzens, so wie Du die ganze Zeit über warst, seit Oktober, und begriff, dass ich einen so vollkommenen, lauteren, stillen, sanften, schönen, unschuldigen und an mich glaubenden Engel wie Dich gar nicht verdiene. Wie konnte ich Dich nur verlassen? Warum fahre ich? Wohin fahre ich? Gott hat Dich mir anvertraut, damit nichts von

* Alle mit einem Sternchen versehenen Kursivstellen sind im Original deutsch.

den Keimen und Reichtümern Deiner Seele und Deines Herzens verlorengeht, sondern alles reich und üppig gedeiht und erblüht; er gab Dich mir, damit ich meine schweren Sünden durch Dich sühne, indem ich Dich Gott darbiete als gebildet, zielstrebig, bewahrt, beschützt vor allem, was niedrig ist und den Geist abtötet; ich aber kann (obwohl mir dieser Gedanke ständig auch vorher gekommen war, besonders beim Beten), ich aber bringe es fertig, Dich zu verwirren mit so charakterlosen, unvernünftigen Dingen wie dieser meiner dummen Reise hierher. Schrecklich traurig war mir gestern zumute. So hätte ich Dich wohl auch umarmt, wenn Du bei mir gewesen wärst, aber umgekehrt bin ich nicht, obgleich mir der Gedanke kam. Sobald ich an all diese Wrangels, Latkins, Reislers und vieles andere denke, was wichtiger ist als sie, weiß ich weder ein noch aus und gerate ganz durcheinander. Eine Dummheit begehe ich, eine Dummheit, und vor allem eine Schlechtigkeit, und schwach bin ich, aber hier gibt es eine winzige Chance und … Doch hol's der Teufel, ich höre auf!

Endlich stiegen wir ein und fuhren los. Der Wagen voll besetzt. Die Deutschen sind überaus höflich, wenngleich äußerlich schrecklich roh. Stell Dir vor: Nachts war es so kalt wie bei uns im Oktober bei schlechtem Wetter. Die Scheiben liefen an – und ich mit meinem leichten Mantel und in Sommerhose. Ich war ganz durchgefroren; etwa drei Stunden konnte ich schlafen – vor Kälte bin ich aufgewacht. Um *drei Uhr* trank ich, ganz steif vor Kälte, in einem Warteraum unterwegs eine Tasse Kaffee und wärmte mich zehn Minuten auf. Dann wieder in den Wagen. Gegen Morgen wurde es wesentlich wärmer. Die Gegend hier ist sehr schön, aber alles trübe, bewölkt, feucht und kalt, kälter als in Dresden. Man erwartet, dass es aufklart. In Frankfurt war ich keine zwei Minuten, ich fürchtete, den Zug hierher zu verpassen – und nun bin ich hier, im Hôtel Victoria. Das Zimmer kostet *fünf* Franken den Tag – offensichtlich sind es Gauner. Doch ich werde zwei Tage bleiben, allerhöchstens drei. Anders geht es nicht – selbst wenn ich *Erfolg* haben sollte.

Warum hast Du denn geweint, Anja, Liebling, als Du mich begleitetest? Schreibe mir hierher, mein Täubchen. Schreibe [ein Wort durchgestrichen] über jede Kleinigkeit, aber nicht *zu* lange Briefe (streng Dich nicht zu sehr an) und unterschreibe nicht mit Deinem vollen Namen (falls ich abreise und die Briefe hierbleiben).

Anja, mein Licht, meine Sonne, ich liebe Dich! Während einer Trennung fühlt und empfindet man alles und erkennt, wie stark man liebt. Nein, Du und ich, wir werden bereits eins.

Beruhige mich, vielleicht finde ich morgen einen Brief von Dir, kann sein, dass Du meinen auch morgen erhältst.

Schreib nicht, bevor du meinen (nächsten) zweiten Brief erhalten hast.

Leb wohl, meine Freude, leb wohl, mein Licht. Meine Nerven sind etwas angegriffen, aber ich bin gesund und nicht allzu erschöpft. Und wie geht es Dir?

Ganz der Deine, ich küsse Dich unzählige Male.

Dein Dich liebender Dostojewski

Nach Dresden

Bad Homburg, Sonnabend, 18. Mai 1867
10 Uhr morgens

Ich grüße Dich, mein Engel Anja, hier noch ein paar Zeilen an Dich – tägliche Mitteilungen. Ich werde Dir vorläufig jeden Morgen schreiben; das ist mir ein Bedürfnis, weil ich jeden Augenblick an Dich denke. Die ganze Nacht habe ich von Dir geträumt und auch, stell Dir vor, von Mascha, meiner Nichte, Fedjas Schwester. Wir haben uns im Traum versöhnt, und ich war sehr froh. Doch zur Sache.

Gestern war es kalt und sogar regnerisch; den ganzen Tag fühlte ich mich schwach und so mit den Nerven herunter, dass ich mich kaum auf den Beinen halten konnte. Nur gut, dass ich im Zug noch recht und schlecht für etwa zwei Stunden eingeschlummert war. Am liebsten hätte ich gestern den ganzen Tag geschlafen. Aber da war das Spiel, von dem ich mich nicht losreißen konnte; du kannst Dir vorstellen, wie aufgeregt ich war. Denk dir: Ich hatte schon am Morgen angefangen zu spielen und gegen Mittag 16 Imperial verloren. Geblieben waren nur noch 12 und einige Taler. Nach dem Mittagessen ging ich mit dem Vorsatz hin, äußerst vernünftig zu sein, und habe Gott sei Dank die verspielten 16 zurück- und *darüber hinaus* 100 Gulden hinzugewonnen. Ich hätte 300 gewinnen können, ich hatte sie schon in den Händen, aber ich riskierte zu viel und habe sie vertan. Das ist meine endgültige Beobachtung, Anja: Wenn man vernünftig ist, d. h. wie aus Marmor, kalt und *übermenschlich* vorsichtig, kann man ganz gewiss, *ohne jeden Zweifel,* gewinnen, *so viel man will.* Aber man muss lange Zeit spielen, viele Tage, muss sich mit wenigem begnügen, wenn es nicht läuft, und darf sich nicht gewaltsam auf eine Chance stürzen. [...] Kurz, ich werde mich bemühen, übermenschliche Kräfte aufzubieten, um vernünftiger zu sein, doch andererseits bin ich einfach nicht imstande, noch mehrere Tage hierzubleiben. Ohne Übertreibung, Anja: Mir ist all das so zuwider, d. h. schrecklich, dass ich am liebsten wegliefe, und wenn ich dann noch an Dich denke, drängt mein ganzes Wesen zu Dir.

Ach, Anja, ich brauche Dich, ich habe es gespürt! Wenn ich an Dein heiteres Lächeln denke, die freudige Wärme, die sich in Deiner Gegenwart in mein Herz ergießt, dann zieht es mich unwiderstehlich zu Dir. Anja, Du siehst mich gewöhnlich mürrisch, düster und launisch: Das ist nur äußerlich; so war ich immer, vom Schicksal gebrochen und verdorben, innen aber ist es anders, glaube mir!

Indessen hat dieser Gelderwerb ohne Gegenleistung wie hier (nicht ganz ohne Gegenleistung: man zahlt mit Pein) etwas Aufreizendes und Betäubendes, aber wenn ich überlege, wofür wir das Geld brauchen, wenn ich an die Schulden denke und an diejenigen, die es außer mir noch brauchen, dann fühle ich, dass ich nicht weggehen kann. Aber ich stelle mir meine Pein vor, wenn ich verliere und nichts ausrichte: So viel Scheußliches hätte ich vergebens auf mich genommen und müsste noch ärmer wieder abfahren, als ich gekommen bin. Anja, versprich mir, dass Du diese Briefe niemals jemandem zeigst. Ich möchte nicht, dass meine grässliche Lage zum Gegenstand von Gerede wird. »Ein Dichter ist eben ein Dichter.«

Ich umarme Dich, Anja, mein Licht. Vielleicht erhalte ich heute einen Brief von Dir, mein einziger Freund. Bis morgen. Morgen schreibe ich bestimmt. Jedenfalls werde ich auf keinen Fall lange hierbleiben.

Gestern ließ ich zur Nacht den Kamin heizen, der qualmte, und ich war davon ganz benommen. Nachts habe ich wie erschlagen geschlafen, obwohl mir der Kopf wehtat. Heute aber bin ich völlig gesund. Die Sonne scheint, und es ist ein wunderbarer Tag.

Leb wohl, meine Freude.

Ewig Dein F. Dostojewski

Wenn Du aus irgendeinem Grunde einmal keinen Brief von mir bekommst, beunruhige Dich nicht. Am nächsten Tag erhältst Du einen. Doch ich denke, das wird nicht eintreten.

Nach Dresden

Bad Homburg, Sonntag, 19. Mai 1867
10 Uhr morgens

Ich grüße Dich, mein lieber, teurer Engel. Ich schreibe Dir wie jeden Tag ein paar Zeilen. Vor allem über das Geschäftliche.

Der gestrige Tag war für mich miserabel. Ich habe allzu viel (relativ gesehen) verloren. Was soll ich machen: Zum Spielen braucht es andere Nerven als meine, mein Engel. Ich habe rund zehn Stunden gespielt und am Ende verloren. Es lief den ganzen Tag bald sehr schlecht, bald war ich am Gewinnen, doch dann wendete sich das Glück – ich erzähle Dir alles, wenn ich komme. Jetzt will ich mit dem Rest (sehr wenig, ein Tröpfchen) heute einen letzten Versuch machen. Der heutige Tag wird alles entscheiden, d. h., ob ich morgen zu Dir komme oder noch bleibe. Morgen gebe ich Dir auf jeden Fall Bescheid. Ich möchte nicht gern die Uhr versetzen. Jetzt bin ich sehr knapp bei Kasse. Es kommt, wie's kommt. Ich werde mich bis zum Äußersten anstrengen. Weißt Du: Meine Anstrengungen haben jedes Mal Erfolg, wenn ich kaltblütig und berechnend genug bleibe, um mein System zu verfolgen; aber kaum fange ich an zu gewinnen, gehe ich gleich Risiken ein; ich kann mich nicht beherrschen; nun, was wird der letzte heutige Versuch bringen? Wenn es nur bald so weit wäre!

Gestern, mein Engel, kam ich um zwölf Uhr zur Post, um meinen zweiten Brief an Dich abzuschicken, da übergab mir der

Postmeister einen Brief von Dir. Vielen Dank, Liebling. Ich habe ihn sogleich im Kontor gelesen, wie schön, dass er mit Bleistift geschrieben ist (meine Stenographin). Die ganze Vergangenheit kam mir in Erinnerung. Sei nicht betrübt, meine Liebe, sei nicht betrübt, mein Engel! Mich hat fast zu Tränen gerührt, wie Du Deinen Tag beschrieben hast. Wie vertrackt ist unsere Lage! Ob jemand von den Unseren in Petersburg auf den Gedanken kommt, dass wir beide gegenwärtig voneinander getrennt sind – zu solch einem Zweck! Eine vertrackte Lage, in der Tat. Ach, wenn doch das alles schnell ein Ende hätte, möglichst schnell zu einem Ergebnis führte! Glaube mir, mein Engel, ich bin des Ganzen hier schon schrecklich überdrüssig, d. h. genau genommen, ich bin des Spiels überdrüssig. Nein, nicht überdrüssig, aber ich bin nervlich furchtbar abgespannt, bin ungeduldiger geworden, will möglichst schnell zu einem Ergebnis kommen, beeile mich, riskiere, und so verliere ich dann auch.

Gesundheitlich geht es mir trotz allem sehr gut. Die Nerven sind zwar angegriffen, und ich werde müde (wenn ich so auf der Stelle sitze), dennoch bin ich in guter, *sogar sehr guter* Verfassung. In einem erregten, unruhigen Zustand – aber meine Natur verlangt das hin und wieder. Was für ein herrlicher Tag gestern war; ich bin trotz allem ein wenig im Park spazieren gegangen. Ich muss schon sagen, die Gegend hier ist bezaubernd. Der Park ist großartig, der Kursaal auch, die Musik sehr schön, besser als die in Dresden. Hier könnte man leben, wenn das verdammte Roulette nicht wäre.

Leb wohl, mein Engel, mein stiller, lieber, sanfter Engel, liebe mich. Wenn ich Dich, davon träume ich jetzt, wenigstens für einen Augenblick sehen könnte – wie viel hätten wir uns zu sagen, wie viele Eindrücke haben sich angesammelt. In einem Brief lässt sich nicht alles schreiben; ich habe Dir ja auch schon früher gesagt, dass ich keine Briefe schreiben kann, ich bin dazu einfach nicht fähig, jetzt aber, da ich Dir ein paar Worte schreibe, scheint es leichter zu gehen. Schone um Christi willen Deine Gesundheit, versuche, Dich ein wenig zu zerstreuen. Denk an meine Bitten: Wenn Dir etwas passiert, geh zum Arzt und lass es mich sofort wissen. Nun, leb wohl, meine Freude, ich küsse Dich tausendmal. Denk an mich. Wünsch mir Glück, der heutige Tag wird alles entscheiden. Wenn es nur bald so weit wäre! Reg Dich nicht auf und beunruhige Dich nicht zu sehr. Ich umarme Dich.

Ganz und für immer Dein.

Dein Mann F. Dostojewski

PS: Einzelheiten darüber, wie viel ich gewonnen und wie viel ich verloren habe, schreibe ich nicht; ich erzähle Dir alles beim Wiedersehen. Mit einem Wort, vorläufig steht es schlecht.

Nach Dresden

Bad Homburg, Dienstag, 21. Mai 1867
10 Uhr morgens

Mein lieber Engel, gestern habe ich schreckliche Qualen durchgemacht: Ich ging, als ich den Brief an Dich beendet hatte, zur Post, und plötzlich sagt man mir, von Dir sei *kein* Brief da. Die Beine versagten mir den Dienst, ich wollte es nicht glauben. Mir kam weiß Gott was in den Sinn, ich schwöre Dir, größere Qual und Furcht habe ich noch nie empfunden. Ich bildete mir ein, dass Du krank bist, stirbst. Etwa eine Stunde lief ich durch den Garten, am ganzen Leibe bebend; schließlich ging ich zum Roulette und habe alles verspielt. Meine Hände zitterten, die Sinne schwanden mir, und selbst als ich verlor, war ich fast froh und sagte mir: Sei's drum. Endlich, als ich total blank war (und das erschütterte mich in diesem Moment nicht einmal), lief ich zwei Stunden durch den Park, geriet Gott weiß wohin; erkannte meine völlige Hilflosigkeit; ich beschloss, wenn morgen, d. h. heute, kein Brief von Dir kommt, unverzüglich zu Dir zu fahren. Aber wovon? Da kehrte ich um und versetzte erneut die Uhr (die ich auf dem Weg zur Post hatte einlösen können), verpfändete sie demselben wie vorgestern, und plötzlich kam mir ein Gedanke: Du konntest mir doch im Grunde gar nicht schreiben, d. h. den Brief bis Montag nicht schicken. Am Sonnabend hattest Du meinen ersten Brief erhalten, hast mir gleich auf der Post geantwortet, *danach hast Du am Sonnabend nicht mehr geschrieben*, weil Du schon am Morgen auf der Post geantwortet hattest (mit zwei lieben Zetteln). Deshalb hast Du mir am Sonntag keinen Brief gesandt; am Sonntag aber, als Du meinen Brief (den zweiten) erhalten hattest, hast Du mir am selben Tag geantwortet und konntest ihn erst am Montag abschicken, folglich kann ich ihn vor Dienstag (d. h. heute) auch nicht erhalten. All das wurde mir schließlich klar, und glaube mir, glaube mir – das war, als wäre ich von den Toten auferstanden. Jetzt schreibe ich Dir und zittere am ganzen Leibe: Wenn ich mich aber nun getäuscht habe und heute kein Brief von Dir kommt? Was dann? Verhüt's Gott! Jetzt eile ich zur Post. Anja, meine Liebe, was bedeutest Du mir bloß, dass ich so leide? Denn ich habe mich noch nie, niemals so gequält und solche Angst ausgestanden wie gestern, in jener schrecklichen Stunde! Nein, Anja, man muss heiß lieben, um so zu fühlen! Herrgott, wenn ich auch heute nichts bekomme? Ich will diesen Brief schnell beschließen und loseilen.

Wenn von Dir wieder kein Brief da ist, was dann: Ich muss fahren, aber ich habe kein Geld. Auch das Pfandgeld für die Uhr ist fast verspielt, ich besitze jetzt ganze fünfundzwanzig Florin, doch ich muss die Hotelrechnung begleichen, muss die Fahrt bezahlen. Herrgott! Jetzt sind fast alle meine gestrigen Ängste wieder da.

Wenn Du nicht krank bist und alles in Ordnung ist, dann, meine Freundin, befasse Dich nach Erhalt dieses Briefes sogleich und schnellstens mit meinen Angelegenheiten. Hör zu: Das Spiel ist aus, ich möchte schnellstens zurückkommen; schicke mir doch umgehend, sobald Du diesen Brief erhalten hast, *zwanzig* (20) Imperial. Umgehend, am selben Tag, in derselben Minute, wenn möglich. Verliere keinen Augenblick. Das ist meine größte Bitte. Erstens muss ich die Uhr einlösen (sie kann doch nicht für 65 Gulden verloren sein), dann im Hotel bezahlen, dann die Fahrt, was übrigbleibt, bringe ich alles mit, beunruhige Dich nicht, jetzt werde ich nicht mehr spielen. Vor allem aber, schicke es umgehend. Morgen oder übermorgen geben sie mir im Hotel die Rechnung, und wenn dann noch kein Geld von Dir da ist, muss ich zum Wirt gehen und mich entschuldigen, und der wird vielleicht zur Polizei laufen: Erlöse mich von dieser Qual, d. h., schicke es möglichst schnell ab. […]

Liebste Freundin, uns bleibt nur noch sehr wenig Geld, aber murre nicht, verzage nicht und mach mir keine Vorwürfe. Was mich betrifft, so bin ich hinsichtlich unserer Geldangelegenheiten so gut wie völlig ruhig: uns bleiben 20 Imperial, und 20 werden noch geschickt. Dann, sobald ich wieder zurück bin in Dresden, schreibe ich sofort an *Katkow* und bitte ihn, mir noch 500 Rubel nach Dresden zu senden. Natürlich wird er gehörig die Stirn runzeln, aber geben wird er sie. Da er schon so viel gegeben hat (3000 Rubel), wird er es nicht abschlagen. Das kann er auch schwerlich: Wie soll ich meine Arbeit abschließen ohne Geld? Natürlich ist das nicht schön; aber es ist doch nur für 23 Druckbogen, und ich arbeite es ja ab. In Erwartung der Antwort bleiben wir in Dresden. Die Antwort wird frühestens in einem Monat da sein. Mein Engel, mir bereitet Kummer, dass Du in solcher Langeweile in Dresden hocken wirst. Ich aber setze mich an den Artikel über Belinski und beende ihn in Erwartung der Antwort von Katkow. Dann fahren wir in die Schweiz, und – so schnell wie möglich an die Arbeit. Mein Engel, vielleicht hat das sogar sein Gutes: Dieser verfluchte Gedanke an das Spiel, diese Monomanie, wird jetzt von mir abfallen. Jetzt werde ich mich wieder wie vorvoriges Jahr (vor »Schuld und Sühne«) an die Arbeit machen. Es kommt, wie's kommt. Aber es ist mir ein schrecklicher Gedanke, dass Du Dich langweilen wirst. Um Dich, nur um Dich mache ich mir Sorgen. Ach, könnten wir uns doch bald sehen, mein Täubchen. Sei nicht böse wegen dieses konfusen Briefes; ich bin in größter Eile, um schnell, schnell mein Schicksal auf der Post zu erfahren, d. h., ob ein Brief von Dir da ist oder nicht. Ich zittere sogar am ganzen Leibe. Erhalte ich einen Brief, dann bin ich glücklich! Ich umarme Dich, meine Freundin, sei nicht betrübt, gräme Dich nicht und mach Dir um mich keine Sorgen: Wenn ich nur heute einen Brief von Dir bekäme, wäre ich glücklich. Auf Wiedersehen, bis bald, ich umarme Dich, quäle Dich nicht, gräme Dich nicht. Überdies ist das im Grunde gar nicht so wichtig. Es gibt noch schlimmere Misserfolge im Leben, bei jedem, auch bei dem Glücklichsten. Ich aber habe mir für dieses Geld Erlösung erkauft von meiner idiotischen Idee und dies vielleicht noch billig bezahlt.

Nun, es kommt, wie's kommt. Ich umarme Dich fest. Ich küsse Dich unzählige Male. Ganz der Deine, Dein Mann, der Dich vergötternde

Fjodor Dostojewski

PS: Beeile Dich um Gottes willen mit dem Geld. Könnte ich doch nur schnell, schnell von hier abreisen! Das Geld überweise poste restante.

Ich habe Dich gequält, mein Engel!

Nach Dresden

Bad Homburg, Mittwoch, 22. Mai 1867
10 Uhr morgens

Ich grüße Dich, mein lieber Engel! Gestern erhielt ich Deinen Brief und habe mich irrsinnig gefreut, zugleich aber war ich auch entsetzt. Was ist denn mit Dir los, Anja, in was für einem Zustand befindest Du Dich? Du weinst, schläfst nicht und quälst Dich? Wie war mir, als ich das las? Und das nach nur fünf Tagen, was aber ist jetzt mit Dir? Meine Liebe, mein teurer Engel, mein Schatz, ich mache Dir keine Vorwürfe, im Gegenteil, Du bist mir noch lieber, noch kostbarer mit solchen Gefühlen. Ich verstehe, dass nichts zu machen ist, wenn Du absolut nicht in der Lage bist, meine Abwesenheit zu ertragen, und Dich um mich so ängstigst (ich wiederhole: Ich mache Dir keine Vorwürfe, liebe Dich dafür doppelt, wenn das möglich ist, und weiß es zu *schätzen*; aber gleichzeitig, mein Täubchen, stimme mir zu, was für eine Torheit ich begangen habe, als ich, ohne mit Deinen Gefühlen zu rechnen, hierhergefahren bin. [...]) Der ganze Fehler war, dass wir uns getrennt haben und ich Dich nicht mitgenommen habe. Ja, ja, so ist es. Hier aber sehne auch ich mich nach Dir, und Du stirbst fast ohne mich. Mein Engel, ich wiederhole – ich mache Dir keinen Vorwurf, Du bist mir noch lieber, da Du Dich so nach mir sehnst. Aber bedenke, meine Liebe, was mir beispielsweise gestern passierte: Nachdem ich den Brief mit der Bitte um Geld an Dich abgesandt hatte, ging ich in den Spielsaal; in meiner Tasche hatte ich alles in allem noch *zwanzig* Gulden (für alle Fälle), und ich riskierte *zehn* Gulden. Ich unternahm eine fast übernatürliche Anstrengung, um *eine ganze Stunde* ruhig und berechnend zu sein, und es endete damit, dass ich *dreißig* Goldfriedrichsdor gewann, d. h. 300 Gulden. Ich war so froh und wollte so schrecklich, *irrsinnig* gern *heute* noch möglichst schnell alles beenden, wenigstens noch doppelt so viel gewinnen und unverzüglich von hier abreisen, dass ich mich, ohne erst auszuruhen und mich zu besinnen, auf das Roulette stürzte, das Gold zu setzen begann und *alles, alles* verspielte, bis zur letzten Kopeke, d. h., mir blieben nur *zwei* Gulden für Tabak. Anja, Liebe, meine Freude! Begreife, ich habe Schulden, die ich bezahlen muss, und man wird mich einen Schuft nennen. Begreife, ich werde an Katkow schreiben und in Dresden bleiben müssen. Ich musste gewinnen! *Unbedingt!* Ich spiele nicht zu meinem Vergnügen. Es war der einzige Ausweg – und nun ist alles verloren durch schlechte Berechnung. Ich mache Dir keine Vorwürfe, ich tadle mich: Warum habe ich Dich nicht mitgenommen? Würde ich nur immer etwas spielen, jeden Tag, dann wäre es unmöglich, nicht zu gewinnen, das steht fest – die Erfahrung habe ich zwanzigfach gemacht, doch obwohl ich das genau weiß, verlasse ich Homburg mit Spielverlust, dabei weiß ich: Wenn ich mir wenigstens noch vier Tage Zeit lassen könnte, würde ich in diesen vier Tagen bestimmt alles zurückgewinnen. Aber ich werde natürlich nicht mehr spielen!

Meine liebe Anja, begreife (ich flehe Dich nochmals an), ich mache Dir keinen Vorwurf, im Gegenteil, mir werfe ich vor, dass ich Dich nicht mitgenommen habe.

[...] Leb wohl, Anja, leb wohl, teurer Engel, ich bin in schrecklicher Unruhe Deinetwegen, um mich aber brauchst Du Dir überhaupt keine Sorgen zu machen. Mein Gesundheitszustand ist *ausgezeichnet.* Diese Nervenzerrüttung, die Du bei mir befürchtest, ist nur physisch, mechanisch! Es ist doch keine moralische Erschütterung. Meine Natur fordert es geradezu, so bin ich veranlagt. Ich bin nervös, ich kann ohnehin nie ruhig sein! Zudem ist die Luft hier wunderbar. Ich bin so gesund *wie nur irgend möglich,* aber um Dich sorge ich mich entschieden. Ich liebe Dich, daher quäle ich mich.

Ich umarme Dich fest, küsse Dich unzählige Male.

Dein F. D.

Nach Dresden

Bad Homburg, 23. Mai 1867
10 Uhr morgens

Nicht ich bin eine hehre Seele, mein lichtes Engelchen, sondern Du. Du hast eine hehre Seele. Was für einen reizenden Brief Du mir gestern geschrieben hast, und wie habe ich ihn geküsst! In meiner Lage ist solch ein Brief wie ein Geschenk des Himmels. Wenigstens weiß ich, dass es ein Wesen gibt, das mich fürs ganze Leben liebt. Du gute, reine, schöne Seele. Mein Leben lang werde ich Dich unendlich lieben.

Ich schreibe nur ein paar Zeilen, in aller Eile. Bin auf dem Sprung zur Post: Vielleicht konntest Du schon das Geld an mich absenden, und ich erhalte es heute. Es wäre dringend notwendig. Ich habe keine Kopeke, und heute bekomme ich bestimmt die Rechnung vom Hotel, weil ich genau eine Woche hier bin und bei ihnen die Rechnungen wöchentlich vorgelegt werden. Aber wenn ich das Geld heute nicht erhalte, nun, dann ist eben nichts zu machen, dann harre ich noch einen Tag aus, sorge Dich nicht, meine Liebe.

Da ist noch etwas: Gestern wurde es plötzlich kalt, geradezu seltsam kalt. Wind und Regen den ganzen Tag. Heute regnet es zwar nicht, aber es ist trübe, windig und sehr kalt. Ich weiß nicht, wie ich mir gestern das Ohr erkälten konnte, und gegen Abend taten mir plötzlich die Zähne weh. Etwa fünf Minuten hatte ich regelrechtes Zahnreißen. Den ganzen Abend saß und lag ich zu Hause, eingehüllt in alles, was ich zur Hand hatte. Der Zahnschmerz ist zwar über Nacht vergangen, aber das Ohr scheint heute noch immer nicht in Ordnung zu sein, und deshalb werden, wenn ich mich erneut erkälte, auch die Zähne wieder schmerzen. Und darum, Liebling: Selbst wenn ich heute das Geld erhalte, werde ich vielleicht doch noch nicht abreisen. Ich fürchte mich, mein Täubchen. Auf der Reise hierher habe ich eine qualvolle Nacht verbracht wegen der Kälte, im Wagen mit meinem leichten Mantel. Und jetzt ist es noch kälter. Lass uns ein bisschen abwarten, mein Engelchen. Sonst erkälte ich mir die Zähne ganz und gar, für mehrere Jahre. Erlaube mir, noch abzuwarten, Liebling, murre nicht über mich, sei nicht böse. Ich liebe Dich unendlich, aber was wird, wenn ich stöhnend und jammernd nach Hause komme? Im Übrigen hoffe ich, dass sich die Zähne jetzt ganz beruhigt haben und nicht wieder anfangen. Gott geb's. Dann säume ich keinen Augenblick. Jedenfalls werde ich mich nach Kräften bemühen, nicht zu säumen. *Glaube mir. Glaube.* Glaube, dass ich Dich genauso gern in die Arme schließen möchte wie Du mich. Noch mehr vielleicht. Mein Engel, verzeih mir auch meinen gestrigen Brief, fasse ihn nicht im Geringsten als Vorwurf auf. Leb wohl, bis bald, ich umarme Dich von ganzem Herzen, küsse Dich unzählige Male,

Dein Dich unendlich liebender Mann

F. Dostojewski

Nach Dresden

Bad Homburg, 24. Mai 1867

Anja, Liebe, meine Vertraute, meine Frau, verzeih mir, nenne mich nicht einen Schuft! Ich habe ein Verbrechen begangen, ich habe alles verspielt, was Du mir geschickt hast, alles, alles bis auf den letzten Kreuzer, gestern habe ich es bekommen und gestern verspielt! Anja, wie soll ich Dir jetzt in die Augen sehen, was wirst Du jetzt sagen! Eines und *nur eines* entsetzt mich: Was wirst Du sagen, was von mir denken? Einzig Dein Urteil ist schrecklich für mich! Kannst Du, wirst Du mich jetzt noch achten! Was aber ist Liebe ohne Achtung! Geriete doch damit unsere ganze Ehe ins Wanken. Oh, meine Freundin, verurteile mich nicht endgültig! Das Spiel ist mir verhasst, nicht erst jetzt, schon gestern, vorgestern, ich habe es verflucht. Als ich gestern das Geld erhalten und das Billett eingewechselt hatte, ging ich mit dem Gedanken hin, wenigstens etwas zurückzugewinnen, unsere Mittel wenigstens ein bisschen aufzubessern. Ich habe so fest an einen kleinen Gewinn geglaubt. Zuerst verlor ich nur wenig, doch als ich dann immer wieder verlor, wollte ich es zurückgewinnen, und als ich noch mehr verspielt hatte, spielte ich schon *notgedrungen* weiter, um wenigstens das für die Abreise erforderliche Geld zurückzubekommen, und – habe alles verloren. Anja, ich flehe Dich nicht an, Mitleid mit mir zu haben, sei lieber unvoreingenommen; aber ich habe schreckliche Angst vor Deinem Urteil. Für mich fürchte ich nichts. Im Gegenteil, jetzt, jetzt, nach einer solchen Lektion, bin ich plötzlich völlig ruhig ob meiner Zukunft. Jetzt heißt es arbeiten und nochmals arbeiten, und ich werde beweisen, was ich vermag! Wie sich die Dinge weiter regeln werden, weiß ich nicht, aber jetzt wird Katkow nicht nein sagen. Alles Weitere aber wird, denke ich, von meiner Arbeit abhängen. Wenn sie gut ist, wird auch Geld einkommen. Oh, beträfe es nur mich allein, würde ich mir jetzt gar keine Gedanken machen, ich würde lachen, abwinken und abreisen. Aber Du, Du musst mein Handeln doch verurteilen, und das verwirrt und quält mich. Anja, wenn ich nur Deine Liebe nicht verliere! Bei unseren ohnehin erbärmlichen Verhältnissen habe ich für diese Reise nach Homburg über 1000 Franken, an die 350 Rubel, vergeudet und verspielt! Das ist ein Verbrechen.

Aber ich habe es ja nicht aus Leichtsinn oder Habgier ausgegeben, nicht für mich, nein, ich wollte etwas ganz anderes! Aber was soll ich mich jetzt rechtfertigen. Jetzt nur schnell zu Dir. *Schicke postwendend, umgehend Geld für die Abreise, und wenn es das letzte ist.* Ich kann hier nicht mehr bleiben, will hier nicht länger sitzen. Zu Dir, zu Dir, so schnell wie möglich, Dich umarmen. Du wirst mich doch umarmen, küssen, nicht wahr? Oh, hätten wir nicht dies abscheuliche, dieses kalte, feuchte Wetter, dann wäre ich gestern wenigstens bis Frankfurt gefahren! Und nichts wäre geschehen, ich hätte nicht gespielt! Aber bei diesem Wetter konnte ich mit meinen Zähnen und meinem Husten *un-*

möglich aufbrechen und die ganze Nacht im leichten Mantel fahren. Es ging einfach nicht – das Risiko, mir etwas zu holen, war zu groß. Doch jetzt schrecke ich auch davor nicht zurück. Gleich nach Erhalt dieses Briefes schicke zehn Imperial [...]. Zehn Imperial, d. h. reichlich 90 Gulden, um nur die Rechnung und die Heimfahrt zu bezahlen. Heute ist Freitag, am Sonntag erhalte ich das Geld, *und am selben Tag geht es nach Frankfurt*, dort aber nehme ich den *Schnellzug** und bin am Montag bei Dir.

Mein Engel, denk nur nicht, dass ich auch dieses Geld verspiele. Kränke mich nicht so tief! Denk nicht so gering von mir. Ich bin doch auch ein Mensch! In mir ist doch auch etwas Menschliches! Lass Dir ja nicht einfallen, wenn Du mir nicht traust, *selbst herzukommen*. Dieses Misstrauen, ich könnte nicht kommen, würde mich töten. Ich gebe Dir mein *Ehrenwort*, dass ich sofort abreise, komme, was da wolle, selbst bei Regen und Kälte. Ich umarme und küsse Dich. Was denkst Du jetzt von mir? Ach, wenn ich Dich sehen könnte in dem Augenblick, da Du diesen Brief liest!

Dein F. Dostojewski

PS: Mein Engel, *um mich* mach Dir keine Sorgen! Ich wiederhole, wenn ich allein wäre, würde ich nur lachen und darauf pfeifen. Nur Du, *Dein* Urteil allein ist eine Pein für mich! Das ist das Einzige, was mich quält. Ich aber habe Dir Qualen bereitet. Auf Wiedersehen.

Ach, wenn ich nur schneller zu Dir könnte, wir schneller zusammen wären, uns fiele schon etwas ein.

Nach Genf

Bains-Saxon, 5. Oktober 1867
6 Uhr

Meine liebe Freundin, mein geliebter Engel, Anitschka (und Sonetschka). Ich hatte gleich beim ersten Schritt ein dummes und komisches Abenteuer. Stell Dir vor, liebste Freundin, wie aufmerksam ich hingeschaut habe – ich habe Bains-Saxon *verpasst* und bin drei Stationen zu weit gefahren! Bemerkt habe ich es im Städtchen Sion, wo ich auch ausstieg, nachdem ich den Gaunern noch 1 Franc 45 Centime nachgezahlt hatte. Nicht zu fassen! Ich habe keine Ahnung, wie das geschehen konnte. Bei jeder Station habe ich aufgepasst.

Die Fahrt war abscheulich, Kälte, schrecklicher Regen und Hagel. Wie zum Trotz klarte es auf, als ich mich Bains-Saxon näherte. Und ich fuhr daran vorbei.

Unterwegs habe ich gelesen. 90 Centime für Essen verbraucht. Die Aussicht – einfach herrlich! Wirklich, Genf steht am hässlichsten Ort der ganzen Schweiz. Vevey, Vernex-Montreux, Chillon und Villeneuve sind wunderschön. Auch bei Regen und Hagel. Wie wäre es erst bei Sonnenschein! Die Berge sind sehr hoch und schneebedeckt. Kälte.

In Sion habe ich eine Stunde gewartet und etwas gegessen. Im Bahnhofsrestaurant gab es Würstchen und Suppe. Einfach grauenhaft! Es kostete einige Francs.

Um 5 Uhr löste ich eine Fahrkarte, bezahlte wieder 1 Franc 45 Centime, und jetzt, *soeben erst*, um 6 Uhr, bin ich in Saxon-les-Bains angekommen. Ich habe noch nichts gesehen. Es herrschte schon Dämmerung. Saxon ist ein klägliches Dörfchen. Aber viele Hotels und alle auf großem Fuße. Man erklärte mir sofort (ohne dass ich gefragt hätte), es gebe hier ein Roulette, ob ich nicht gern zum Roulette möchte.

Ich fragte wegen des Briefes: Sie sagten, er gehe um 10 Uhr vom Hotel ab, früher sei nichts zu machen. Ich setzte mich hin, um zu schreiben, aber zuerst bestellte ich Roastbeef und Kaffee, denn ich war sehr hungrig.

Das ist alles, Anitschka, was weiter wird, weiß ich nicht – wie Gott will. Engel, lieber Engel, gib acht auf Sonja, gib acht auf Dich, sei frohen Mutes.

Ich möchte Dir ja so viel erzählen! Den ganzen Weg sah ich Dich vor mir. In Sion erblickte ich auf einem Bild Dein Porträt. Die Wirtin hat eine neun Monate alte kleine Tochter, sie lacht und streckt mir die Ärmchen entgegen. Ich dachte sofort an Dich. Meine Liebe, ob Du gesund bist? Ach, werde ich mich sorgen – abends.

Ich denke, *morgen* komme ich bestimmt.

Drei Züge gehen morgen von hier ab: früh um 5 Uhr, um 11 Uhr und um ¾ 6 abends.

Leb wohl, lieber Engel, ich umarme und küsse Dich. Gib acht auf Sonja, auf Sonja. Ich küsse Deine Händchen und Füßchen.

Dein treuer und Dich liebender Mann

F. Dostojewski

PS: Den Brief werfe ich *sofort* in den Hotelbriefkasten. Er geht heute um 10 Uhr zum Postamt. Doch die Post nach Genf geht nicht vor morgen früh ab, um 5 Uhr morgens. Also wirst Du ihn nicht vor 12 Uhr erhalten. *Wenn ich morgen fahre, was wohl sicher ist*, werde ich jedenfalls um 11 Uhr früh abfahren. Folglich bin ich um ½ 6 Uhr abends in Genf.

Wenn ich aber *hier* den letzten Abendzug um 6 Uhr nehme, komme ich gegen 12 Uhr nachts an.

(Leb wohl.) Auf Wiedersehen, lieber Engel.

Dein F. Dostojewski

1868

Nach Genf

Saxon-les-Bains, Sonnabend, 4. April 1868

Mein lieber Engel Njutja, ich habe alles verspielt, sowie ich hier angekommen war, in einer halben Stunde alles verspielt. Was soll ich Dir jetzt sagen, meinem göttlichen Engel, den ich so quäle. Verzeih, Anja, ich habe Dir das Leben vergiftet! Und noch dazu, wo ich Sonja habe!

Ich habe den Ring weggebracht; sie nahm den Ring, aber mit großem Widerwillen, und gab mir auch kein Geld, denn sie hätte keins, ich solle mir um 7 Uhr Bescheid holen. Jetzt ist es ¼7. Aber sie sagt, mehr als 10 Franc werde sie nicht geben. Aus allem ist ersichtlich, dass sie einfach Angst hat und ihr die Hände gebunden sind, d. h., die hiesige Behörde verbietet, Geld zu geben. Sie hat sich sogar verplappert. Ich werde sie anflehen, dass sie mir nicht 10, sondern 15 Franc gibt. Aber weder mit 15 noch mit 20 Franc (die sie bestimmt nicht gibt) kann ich jetzt kommen. Für das Hotel muss ich mindestens 17 Franc veranschlagen, für die Fahrt etwa 8 Franc, macht insgesamt 25 Franc. Aber ich habe nichts, rein gar nichts, nur ein paar Centimes.

Wie dem auch sei, Anja, ich kann hier *unmöglich* bleiben. Hilf mir, mein rettender Engel (ach, mein Engel, ich liebe Dich *un-*

endlich, doch ist es mir vom Schicksal bestimmt, alle, die ich liebe, zu quälen!).

Schicke mir so viel Geld wie möglich. Nicht zum Spiel (ich würde es Dir schwören, aber ich wage es nicht, denn ich habe Dich schon tausendmal belogen). Hier eine Berechnung der allerschlimmsten Lage, obwohl sie vielleicht auch besser ist; aber ich nehme die *allerschlimmste*; denn das ist wahrscheinlicher.

Wenn Dein Geld übermorgen früh kommt, muss ich im Hotel für *vier Tage* bezahlen. Das macht

Minimum	– 60 fr
Für die Fahrt	– 10 fr
Für die Einlösung des Rings	– 20 fr
Insgesamt	– 90 fr

Mein Engel, schicke 100 Franc. Dir bleiben dann noch 20 oder weniger, versetze irgendwas. Wenn ich nur schnellstens zu Dir kommen kann!

Spielen werde ich nicht. Deine Briefe bekam ich sonst (mit Geld) morgens (das letzte Mal vor 9 Uhr), so dass ich auf der Stelle abreisen konnte. Wenn ich es jetzt auch morgens erhalte, habe ich Zeit, mich zu besinnen, und ich werde *nicht spielen gehen* (das Spiel beginnt immer ab 2 Uhr). – Ich habe das Schlimmste angenommen. Und deshalb werde ich sicherlich nicht 90 Franc ausgeben. Aber selbst wenn von den *einhundert*, die Du mir schickst, nach allen Ausgaben *vierzig* Franc übrigbleiben sollten, *gehe ich nicht spielen*, sondern bringe alles Dir mit.

[…] Verzeih, Anja, verzeih, Liebe! Denn wie abscheulich, wie niederträchtig ich auch sein mag, ich liebe Euch doch beide, Dich und Sonja (das zweite Du), mehr als alles auf der Welt. Ich kann ohne Euch beide nicht leben.

Sei um Gottes willen meinetwegen nicht traurig (ich schwöre Dir, ich sehe munterer drein, als Du denkst; aber Du liebst mich so sehr, dass Du Dir bestimmt meinetwegen Sorgen machst).

[...] Verzeih, verzeih mir, Anja! Ich küsse Deine Füße, verzeih Deinem Bruder Leichtsinn. Sonja, Sonja, meine Liebe, mein Engel!

Oh, beunruhige Dich nicht meinetwegen! Aber um Dich werde ich mich sorgen, um Dich! Wenn es nun vier Tage werden statt des einen!

Ich umarme, küsse Euch beide, ich liebe Euch unendlich, gib acht auf Sonja, gibt acht auf sie, so gut Du kannst, und sage der Wirtin und allen andern, dass Du einen Brief bekommen hast und ich vielleicht noch zwei Tage bleibe!

Wie wird es mir gehen ohne Euch!

Ich habe ja noch zu tun. Ich werde arbeiten oder Briefe nach Russland schreiben. Aber Du, Du! Du wirst immerzu weinen! O Anja! Was riskiere ich? Dir kann ja die Milch wegbleiben. Lass es Dir nicht leidtun um diese 100 Franc, ich bringe sie wieder ein, wenn ich nur schnell zu Dir zurückkehren kann! Dein und Sonjas für immer, ich werde es Dir lohnen, mit Liebe werde ich es Dir lohnen.

Dein F. Dostojewski

Halte meine Forderung von 100 Franc bitte nicht für verrückt, Anja. Ich bin nicht verrückt! Und für lasterhaft halte mich bitte auch nicht: Ich werde nicht gemein handeln, Dich nicht betrügen, ich gehe nicht spielen. Ich frage nur *sicherheitshalber.*

Arbeiten werde ich jetzt Tag und Nacht. Als wir im September vorigen Jahres nach Genf kamen, waren wir in einer noch schlimmeren Lage.

Nach Genf

Bains-Saxon, 4. April 1868
½ 10 Uhr abends

Engel Anja, statt meiner kommt morgen, um 5 Uhr, dieser Brief zu Dir – falls Du daran denkst, abends auf der Post nachzufragen! (Es kann sehr gut sein, dass Du nicht daran denkst, aus Kummer, wegen der Sorgen um Sonja – ich bin ihrer nicht würdig.) Was bin ich für ein Vater? Vor allem aber, da Du bereits morgens einen Brief von mir bekommst. Indessen wäre es gut, wenn Du auch diesen Brief morgen gelesen hättest!

Ich habe nämlich von dieser gemeinen Madame Dubuc heute um 7 Uhr 20 Franc bekommen. Aber da ich nur 50 Centime besaß und 20 Franc sowieso nicht gereicht hätten, um die Rechnung zu begleichen und zu Dir zu fahren, ging ich um 8 Uhr spielen und – habe alles verloren! Jetzt besitze ich nur noch die 50 Centime. Meine Freundin! Möge das meine letzte und endgültige Lehre sein, ja, die Lehre ist schrecklich! – Höre, meine Liebe, einmal, d. h. voriges Mal, hast Du mir das Geld sehr schnell geschickt, so dass ich mit dem Frühzug abreisen konnte. Schlimmstenfalls, d. h. spätestens, komme ich am Dienstag zurück. Aber wenn Gott es fügte, dass es am Montag früh eintrifft, könnte ich vielleicht schon am Montag kommen! Oh, wenn dem nur so wäre!

[…] Jetzt, meine Freude, herzallerliebster, ewiger und lieber Engel, höre das Wichtigste!

Zuallererst sollst Du wissen, mein Engel, dass es ohne diesen hässlichen und niedrigen Vorfall, diese unnütze Ausgabe von 220 Franc, vielleicht auch nicht jenen ausgezeichneten, vortrefflichen Gedanken gäbe, der mir jetzt gekommen ist und der unserer endgültigen *Rettung* dienen wird! Ja, meine Freundin, ich glaube, dass Gott in seiner unendlichen Barmherzigkeit das vielleicht für mich, den ausschweifenden und miserablen kleinen Spieler, getan, mich auf diese Weise zur Vernunft gebracht und vor dem Spiel gerettet hat und folglich auch Dich und Sonja, uns alle, für unsere ganze Zukunft!

Höre denn weiter.

Dieser Gedanke schwebte mir schon vor, bevor ich nach hier abgereist bin; aber er schwebte mir eben nur vor, und ich hätte ihn um nichts in der Welt verwirklicht, wenn dieser *Anstoß* nicht erfolgt, wenn dieser leichtsinnige Verlust unserer letzten Krümel nicht gewesen wäre. Jetzt aber werde ich ihn verwirklichen. Ich muss Dir gestehen, ich habe das Schreiben an Katkow, das ich schon vor einer Woche hätte erledigen müssen (um mich wegen der Verspätung zu entschuldigen), sogar absichtlich hinausgezögert. Ich wollte das Ergebnis meiner Reise hierher abwarten. Jetzt aber, nachdem ich alles verspielt habe, werde ich den ganzen morgigen Tag an diesem Brief sitzen, und ich werde ihn hier schreiben, d. h. ihn gänzlich vorbereiten. Sobald ich in Genf zurück bin, schicke ich ihn noch am selben Tag nach Moskau ab.

In diesem Brief werde ich ihm ganz offen und unverhohlen meine Lage erklären. Dieser Brief wird so aufrichtig und freimütig sein, dass ich ihn, scheint mir, ohne Mühe schreiben kann.

Beginnen werde ich damit, dass ich ihm erkläre, warum ich mich verspätet habe. Der Grund hat sich einfach ergeben – die Entbindung. Das wird nicht wieder vorkommen (d. h. die Verspätung), er wird das verstehen. Dann sage ich ihm, dass meine und Deine Gesundheit in Genf gelitten haben, dass die Ärzte mir und vor allem Dir raten, ein besseres Klima aufzusuchen, und dass nur dies mich wieder zur Ruhe bringen kann.

Aber da ich jetzt *keinesfalls* auf große Mittel hoffen kann und auch keine Zeit habe, umzuziehen, beabsichtige ich (d. h., wünsche ich schrecklich), nicht weit fortzuziehen, einen Katzensprung entfernt von Genf, in die Stadt Vevey, ans rechte Ufer des Sees, wo es keine *Biswinde* und keine schroffen Wetterumschwünge gibt.

In diesem Städtchen, in dem ein wunderbares gesundes Klima herrscht und das eher einer Sommerfrische ähnelt (d. h. einem Dorf), werde ich bis zur Fertigstellung meines Romans völlig abgeschieden leben. Abgeschiedenheit und Ruhe brauche ich unbedingt. Im Herbst wird der Roman beendet sein; liefern werde ich laufend. Unterdessen kann sich meine Frau wieder erholen, und wir betreuen unser Kind, ohne Furcht, dass es sich bei einem plötzlichen hiesigen Biswind erkältet.

Dann werde ich ihm schreiben, dass es mich schon bedrückt, im Ausland zu leben. Indessen habe ich 3000 Rubel Wechselschulden. Meine ganze Hoffnung ist der Roman und sein Erfolg. Ich will meine Seele in ihn hineinlegen, vielleicht hat er Erfolg. Dann ist meine Zukunft gerettet. Der Roman wird im Herbst fertig, und wenn er gut wird, kauft man ihn mir für eine zweite Auflage ab. (Natürlich erst, wenn an Katkow die ganze Schuld bezahlt, d. h. alles geschrieben ist.) Dann biete ich bei meiner Rückkehr den Gläubigern die zweite Auflage direkt an!

Folgendes werde ich sagen: Von Ihnen, Michail Nikiforowitsch, hängt meine Zukunft ab! Helfen Sie mir jetzt, diesen Roman gut zu Ende zu bringen (und mich dünkt, er wird gut) – unterstützen Sie mich jetzt, geben Sie mir die Möglichkeit, bei gutem Klima in Abgeschiedenheit bis zum Herbst zu arbeiten. […]

Solch einen Brief, mein lieber Engel Anja, will ich Katkow noch am Tag meiner Ankunft schicken. Ich schwöre Dir, meine Freundin, dass ich auf eine günstige Antwort hoffe.

[...] Jetzt, mein Engel, meine Liebe, meine Freude, mein unendlicher Himmel, meine gute Frau – habe ich nur noch eine Sorge! Höre:

Diese Sorge ist – was wird mit Dir? Vevey ist eine Kleinstadt, noch kleiner als Genf. Die Lage ist zwar wunderschön und das Klima herrlich, aber sonst gibt es allenfalls eine Bibliothek. Zwar liegt höchstens sechs Werst entfernt Vernex-Montreux – hier gibt es Musik, einen Kursaal, Promenaden und dergleichen –, aber trotzdem heißt das wieder Abgeschiedenheit bis zum Herbst. Für Dich wird es langweilig sein, mein Engel, das ist es, was ich fürchte!

Habe ich Dich der Mutter entführt, damit Du Dich so langweilst und solch eine Bürde trägst, aber, meine Liebe, bedenke, was ist jetzt für uns die *Hauptsache*? Die *Hauptsache* ist der Erfolg meines Romans! (Schluss jetzt mit dem Spiel, mit dem verfluchten Trug, nichts dergleichen wird jemals mehr sein!) Wenn aber der Roman Erfolg hat, ist alles gerettet. Und deshalb muss ich ihn *unbedingt* möglichst schnell beenden, bis zum Herbst. Folglich dürfte ich auf keinen Fall mehr reisen, *vorläufig*, sondern müsste an einem Fleck bleiben. Genf ist mir zuwider geworden. In Vevey aber werden wir leben wie auf dem Land, wie in der Sommerfrische. Ich werde Tag und Nacht schreiben, und der neue Ort wird mich für lange beruhigen, die Anfälle werden in dem herrlichen Klima nachlassen, die Genfer Schwermut wird vielleicht vergehen. Ich will im Auge behalten, dass ich schneller frei werde, wenn ich den Roman erfolgreich und schnell beende. In zwei Monaten bitte ich dann nochmals um 300 oder 400 Rubel. Wir werden also etwas zum Leben haben. Indessen erholst auch Du Dich dort in dem guten Klima, und wir werden, während ich den Roman beende, Sonja aufpäppeln, damit sie sich kräftigt. (Oh, wenn doch nur Mamachen käme! Wie sehr würde sie uns in allem helfen!) Zum Herbst dann, wenn der Roman fertig und an Katkow die *ganze Schuld* (oder annähernd) bezahlt ist, bitte ich ihn um 1000 Rubel, und Mitte oder Ende September verlassen wir Vevey und reisen durch Italien, das ich Dir zeigen will, über Florenz, Neapel, Venedig, Wien nach Russland. (Wenn Mamachen kommt, können wir vorher zwei, drei Orte in der Schweiz besuchen.) Nach Russland kommen wir natürlich ohne Geld, aber wenn der Roman Erfolg hat (was ich sehen, hören und erfahren werde), dann erhalte ich auch Bestellungen und kann den »Idioten« verkaufen. Ich werde den Gläubigern freiheraus sagen: Wenn ihr mir jetzt droht, d. h. verlangt, dass ich den Roman sofort verkaufe, dann schlage ich ihn zu einem Spottpreis los. Lasst mir vier Monate Zeit – und ich werde alles begleichen.

Wovon wir in Russland leben werden? In Russland finde ich schon Mittel, finde auch neue Arbeit, einen neuen Auftrag.

Also hängt alles von dem Roman ab und dessen Erfolg und von unserer Reise nach Vevey. Vielleicht die ganze Zukunft. Und es wird immer leichter. Und möglicherweise stehen wir in etwa drei Jahren *endgültig* auf festen Füßen.

Anja, meine Liebe! Ich weiß nicht, wie es Dir geht, aber mir gefällt *dieser Gedanke.* Katkow wird bestimmt helfen, davon bin ich überzeugt, dessen bin ich gewiss. Ich lese Dir den Brief, den ich ihm morgen hier schreibe, vor, sobald ich zurück bin und Dich und Sonja in die Arme geschlossen habe. O meine Lieben! Aber Du musst mir doch beipflichten, meine Freude: Wenn jetzt dieser grässliche Spielverlust nicht gewesen wäre, hätte ich mich nie zu diesem *Schritt* entschlossen, der uns von allem befreit und den ich jetzt für richtig halte! Herrgott, ja, vielleicht sollten wir

Gott noch danken für diesen Zufall, dass er mich jetzt endgültig auf die eine Hoffnung orientiert – auf meine Arbeit. Denke nicht, o denke nicht, mein Engel, dass ich von den 100 Franc, die Du mir schicken wirst, jetzt auch nur einen einzigen verspiele! Selbst wenn ich bestimmt wüsste, dass ich bei einem nochmaligen Wagnis etwas gewönne, wäre mir dieser Gewinn peinlich – auch Dir gegenüber – nach meiner jetzigen endgültigen Entschlossenheit und meinen neuen Hoffnungen!

Wenn Du wüsstest, wie mich das alles jetzt plötzlich beruhigt hat und mit welchem Glauben und welcher Hoffnung ich morgen den Brief an Katkow schreiben werde! Das wird ein anderer Brief als die vorigen! Ich bin jetzt so voller Mut, so voller Tatendrang! Eines, nur eines quält mich: Wenn ich bedenke, wie viel Zeit noch vergeht, bis ich Euch sehen kann, Dich und Sonja! Vielleicht sogar erst Dienstag! Ich werde immerzu nur an Euch denken, Tag und Nacht! Aber hauptsächlich quält mich, dass Dich die Verzweiflung überkommt, Du in Tränen ausbrichst, krank wirst und Dir womöglich die Milch zu Kopf steigt. Warum, warum nur habe ich Dir das alles nicht längst schon geschrieben, sondern Dir diesen verzweifelten Brief geschickt!

Anja, glaube an Gott, Liebes, glaube an seine Barmherzigkeit und wisse, dass ich niemals größere Kraft und Hoffnung verspürt habe! Nur nach Euch, nach Euch beiden sehne ich mich schrecklich! Wie wird es Dir gehen, wie Sonja! Vielleicht sehnst Du Dich so sehr, dass du von Kräften kommst! Und Sonja! Sonja! Ach, könnte ich doch möglichst schnell bei Euch sein!

Meine Liebe, bis zum 1. Mai werden wir auf Kredit leben, vom Versetzen der Sachen, von Maikows Geld. Jetzt gehe ich sofort an die Arbeit, setze mich daran – und hurra!

Aber Ihr, Ihr beide – o Gott! Wir werden noch in Liebe leben, in Herzenseintracht! Ich bin jetzt so voller Mut, so zuversichtlich, dass wir nach Vevey übersiedeln! Bei Gott, bei Gott, das ist besser als ein Spielgewinn! (Aber das Wichtigste ist auch, wenn nur Mamachen käme, das ist das Wichtigste! Das Geld wird zum Leben reichen, keine Frage!)

Ich umarme Dich, umarme Sonja, seid frohen Mutes, seid glücklich, wartet auf mich! Ich zittere um Euch!

Quäl Dich nicht, schlafe mehr, iss mehr. Erwähne im Übrigen zu Hause nebenbei, dass ich am Montag käme, mit einem Tag Verspätung. O Liebes! Ich segne Euch! Oh, wenn wir uns doch möglichst bald und glücklich wiedersähen!

Ich bin vollkommen gesund.

Eines nur fürchte ich, dass Du abends nicht zur Post gehst und dieser Brief heute nicht in Deine Hände gelangt. Vielleicht adressiere ich ihn an Dich nach Hause.

Auf Wiedersehen, Engel, auf ein *freudiges* Wiedersehen! Ich umarme Euch beide.

Ganz Euer F. Dostojewski

Nach Vevey gehen wir *unbedingt.* Glaube mir, glaube es und hoffe!

1871

Nach Dresden

Wiesbaden, Freitag, 28. April 1871

Anja, um Christi willen, um Ljubas willen, um unserer ganzen Zukunft willen, beunruhige Dich nicht, reg Dich nicht auf und lies diesen Brief aufmerksam und bis zum Schluss. Am Ende wirst Du sehen, das Unglück lohnt eigentlich nicht eine solche Verzweiflung, im Gegenteil, etwas wird gewonnen, das weit mehr wert ist, als dafür bezahlt wurde! Also beruhige Dich, Engel, und höre, lies zu Ende. Um Christi willen, richte Dich nicht zugrunde.

Meine Teure, meine ewige Vertraute, mein himmlischer Engel, Du verstehst natürlich – ich habe alles verspielt, alle 30 Taler, die Du mir geschickt hast. Denke daran, Du bist meine einzige Retterin, und es gibt niemanden auf der ganzen Welt, der mich liebt. Denke auch daran, Anja, manches Unglück trägt die Sühne bereits in sich. Ich schreibe und denke: Was wird mit Dir sein? Wie wird es auf Dich wirken; wenn nur nichts passiert! Aber falls Du mich in diesem Augenblick bemitleidest, lass es sein, ich habe Schlimmeres verdient!

Dir ein Telegramm zu schicken, habe ich nicht gewagt, und wage ich nicht nach Deinem Brief neulich, in dem Du schreibst, Du würdest Dich aufregen. Wenn ich mir nur vorstelle, morgen käme ein Telegramm: *Schreiben Sie mir ...* * Nun, was wäre dann mit Dir!

Ach, Anja, warum bin ich hergefahren!

Heute war es folgendermaßen: Zuerst bekam ich Deinen Brief, um ein Uhr, aber das Geld habe ich noch nicht erhalten. Dann ging ich kurz nach Hause und schrieb Dir die Antwort (einen gemeinen und grausamen Brief; ich mache Dir darin ja fast Vorwürfe). Wahrscheinlich wirst Du ihn morgen bekommen, am Sonnabend, wenn Du nicht vor 4 Uhr zur Post gehst. Ich habe den Brief weggebracht, und man sagte mir wieder, dass kein Geld da sei, es war schon ½ 3. Als ich aber ein drittes Mal kam, um ½ 5, gab er mir das Geld, und auf meine Frage, wann es gekommen sei, antwortete er seelenruhig, gegen 2 Uhr. Warum hat er es mir denn nicht ausgehändigt, als ich gegen 3 dort war? Da ich sah, dass ich mit der Abreise bis ½ 7 warten muss, begab ich mich in den Spielsaal.

Anja, ob Du mir glaubst oder nicht, ich schwöre Dir, dass ich nicht die Absicht hatte zu spielen! Damit Du mir glaubst, gestehe ich Dir alles: Als ich Dich in dem Telegramm um 30 und nicht um 25 Taler bat, wollte ich es mit 5 Talern noch einmal wagen, aber auch das war nicht sicher. Ich rechnete, wenn Geld übrigbliebe, brächte ich es sowieso mit. Aber als ich heute die 30 Taler erhielt, *wollte ich nicht* spielen aus zwei Gründen: 1. Dein Brief hatte mich zu sehr bestürzt. Mir nur vorzustellen, wie es Dir gehen mag! (Und ich stelle es mir jetzt vor!) Und 2. habe ich heute Nacht von meinem *Vater* geträumt, aber in so schrecklicher Gestalt, wie er mir nur zweimal im Leben erschienen ist, als er drohendes Unheil ankündigte, und beide Male ist der Traum in Erfüllung gegangen. (Jetzt erstarrt mir das Herz, wenn ich an meinen Traum von vor drei Tagen denke, dass Du ergraut bist! Herrgott, wie wird es Dir gehen, wenn Du diesen Brief erhältst!)

Aber als ich in den Spielsaal kam, stellte ich mich an den Tisch und begann in Gedanken zu setzen: Liege ich richtig oder nicht? Und was soll ich sagen, Anja, etwa zehnmal hintereinander lag ich richtig, sogar bei Zero. Ich war so verblüfft, dass ich anfing zu spielen, und in 5 Minuten hatte ich 18 Taler gewonnen. Da, Anja, vergaß ich mich: Ich denke mir, ich fahre mit dem letzten Zug, warte die Nacht in Frankfurt, bringe aber dafür wenigstens etwas mit nach Hause. Ich schämte mich ja so wegen der 30 Taler, um die ich Dich *beraubt* hatte! Ob du mir glaubst, mein Engel, dass ich das ganze Jahr davon geträumt habe, wie ich Dir die Ohrringe kaufe, die ich Dir bis jetzt noch nicht zurückgegeben habe? Du hast in diesen 4 Jahren für mich alles versetzt, was Du besaßest, und hast mein Wanderleben geteilt trotz deines Heimwehs! Anja, Anja, denke auch daran, dass ich kein Schuft bin, sondern nur ein leidenschaftlicher Spieler.

(Aber nun denke auch noch daran, Anja, dass dieser Wahn jetzt für immer vorbei ist. Ich habe Dir auch früher schon geschrieben, dass es für immer vorbei ist, aber noch nie habe ich dieses Gefühl in mir verspürt, mit dem ich Dir jetzt schreibe. Oh, jetzt habe ich mich von diesem Traum befreit und würde Gott danken, dass es sich so gefügt hat, wiewohl mit solchem Unglück, wenn nur die Angst um Dich in dieser Minute nicht wäre. Anja, falls Du böse auf mich bist, dann denke daran, was ich jetzt ausgestanden habe und noch drei, vier Tage ausstehen muss! Wenn Du später irgendwann einmal findest, dass ich undankbar und ungerecht gegen Dich bin, dann zeige mir nur diesen Brief!)

[…] Anja, rette mich ein letztes Mal, schicke mir 30 (dreißig) Taler. Ich richte es so ein, dass es reicht, werde sparsam sein. Schaffst Du es, sie am Sonntag abzuschicken, und sei es spät, dann kann ich am Dienstag, auf jeden Fall aber am Mittwoch kommen.

Anja, ich liege zu Deinen Füßen und küsse sie, und ich weiß, Du hast alles Recht, mich zu verachten und folglich auch zu denken: Er wird wieder spielen. Wie kann ich Dir nur schwören, dass ich es *nicht tun werde* – ich habe Dich ja schon belogen. Aber, mein Engel, begreife: Ich weiß doch, es wäre dein Tod, wenn ich wieder verlieren würde! Ich bin doch nicht ganz verrückt! Ich weiß, dass ich dann selbst verloren bin. Ich werde es nicht tun, nein, nein, und *sofort kommen*! Glaube mir. Glaube mir *zum letzten Mal*, Du wirst es nicht bereuen: Jetzt werde ich für Dich und für Ljubotschka arbeiten, ohne meine Gesundheit zu schonen, Du wirst es sehen, wirst es sehen, das ganze Leben, und ich werde mein *Ziel erreichen*! Ich werde für Euch sorgen.

Wenn Du es nicht schaffst, das Geld am Sonntag abzuschicken, dann schicke es Montag möglichst früh. So werde ich am Mittwoch gegen Mittag bei Euch sein. Sei nicht besorgt, wenn Du es am Sonntag nicht abschicken kannst, um mich aber mach Dir weiter keine Gedanken, ich habe *noch* Schlimmeres verdient!

Aber was kann mir schon passieren! Ich bin zäh bis zur Grobheit. Mehr noch: Es ist, als wäre ich sittlich neu geboren (das sage ich Dir und Gott), und wenn nur die Qualen um Dich in diesen drei Tagen nicht wären, wenn nicht der dauernde Gedanke wäre: Wie wird es Dir gehen? – dann wäre ich sogar glücklich. Denke nicht, ich sei verrückt, Anja, mein Schutzengel! Mit mir ist Großes geschehen, der niederträchtige Wahn, der mich fast zehn Jahre *quälte*, ist verschwunden. Zehn Jahre lang (oder besser gesagt, seit dem Tod meines Bruders, als mich plötzlich die Schulden erdrückten) habe ich immer davon geträumt, im Spiel zu gewinnen, träumte es ernsthaft, leidenschaftlich. Jetzt aber ist das alles vorbei! Das war *endgültig* das letzte Mal! Glaubst Du, Anja, dass jetzt meine Hände frei sind; das Spiel hatte mich gefesselt, nun werde ich an die Arbeit denken und nicht ganze Nächte hindurch vom Spiel träumen, wie das bisweilen der Fall war. Und folglich wird die *Arbeit* besser und schneller vonstattengehen, und Gott wird sie segnen! Anja, bewahre mir Dein Herz, hasse mich nicht und höre nicht auf, mich zu lieben. Jetzt, da ich so erneuert bin – gehen wir zusammen, und ich werde dafür sorgen, dass Du glücklich wirst!

Und Ljuba, Ljuba, oh, wie war ich gemein! Aber ich denke immerzu nur an Dich: Ich stelle mir nur vor, wie es Dir geht, wenn Du das hier liest! Und auch, wie sehr Du Dich bis zu diesem Brief martern wirst, wenn Du siehst, dass ich nicht komme, wie Du Dir Gedanken machst! Werden sie Dir diesen Brief rechtzeitig bringen? Wenn er nun verlorengeht! Aber wie soll er denn verlorengehen, da doch das Telegramm an dieselbe Adresse angekommen ist? Ich schreibe auf jeden Fall *poste restante* noch ein paar Zeilen. Morgen gebe ich sie im Laufe des Tages auf.

Ich frage mich: Bekomme ich morgen von Dir einen Brief oder nicht? Wahrscheinlich nicht! Du erwartest mich morgen selbst und wirst nicht schreiben.

Wenn es Dir am Sonntag *nicht* gelingt, das Geld an mich abzuschicken, dann schreibe mir einen Brief. Ich werde so glücklich sein, selbst wenn Du mich verwünschen solltest – wenigstens ein paar Zeilen von Deiner Hand. Falls Du es nicht schaffst, am Sonntag zu schreiben, dann schicke den Brief am Montag möglichst früh zusammen mit dem Geld ab (falls Du es auch nicht schaffst, das Geld am Sonntag zu schicken). Der Brief kommt auf jeden Fall eher als das Geld. Und ich wäre so glücklich über einen Brief von Dir!

Anja, wenn ich daran denke, wie es Dir geht, wenn Du das erhältst, dann erstarre ich geradezu. Nur das wird mir eine Qual sein. Alles Übrige aber (Langeweile, Sehnsucht, Ungewissheit), all das kann ich ertragen. Ich habe Schlimmeres verdient! Ich werde mich bemühen, mir irgendetwas vorzunehmen; ich setze mich hin und schreibe in diesen drei Tagen zwei notwendige Briefe – an Katkow und an Maikow! Anja, glaube mir, unsere Auferstehung ist gekommen, und glaube mir, von nun an werde ich mein Ziel erreichen – ich werde Dir Glück schenken!

Ich küsse Euch beide, umarme Euch, verzeih, Anja!

Von nun an *ganz* Dein

Fjodor Dostojewski

[…]

PPPS: Mein ganzes Leben werde ich daran denken und Dich, meinen Engel, jedes Mal segnen. Nein, nun bin ich Dein, unteilbar Dein, ganz Dein. Bislang aber habe ich *zur Hälfte* diesem verfluchten Wahn gehört.

Die Sanften

Leben mit den Kindern
1871/72

Bald nach seiner endgültigen Abkehr vom Glücksspiel erhielt Fjodor für sein nächstes großes Werk »Die Dämonen« einen beträchtlichen Vorschuss von 1000 Rubeln. Zwischen Dezember 1869 und November 1872 arbeitete er an dem Text, der ab Januar 1871 als Fortsetzungsroman in der Zeitung »Russki Westnik« erschien. Dank dieser Einnahmen konnte die Familie endlich nach Sankt Petersburg zurückkehren, wo kurz darauf, im Juli 1871, der Sohn Fjodor, genannt Fedja, zur Welt kam.

Die vergleichsweise wenigen Briefe aus der Zeit von Fedjas ersten beiden Lebensjahren zeugen davon, dass die Familie überwiegend zusammen sein konnte. Nur selten kam es zur räumlichen Trennung, zum Beispiel Ende April 1872, kurz nach ihrer Übersiedlung in den Kurort Staraja Russa. Hier mieteten sie für den Sommer eine Datscha, mussten aber bald darauf wieder nach Petersburg zurückkehren, weil sich Ljubow (meist Ljuba oder Lilja genannt) den Arm gebrochen hatte. Mutter und Tochter blieben nach der OP in der Stadt, während Fjodor zu dem zehn Monate alten Fedja nach Staraja Russa zurückkehrte. Die Sorgen um das jeweils abwesende Kind sprechen aus den Briefen, die zudem tiefe Einblicke in den Umgang des Schriftstellers mit seinem kleinen Sohn gewähren.

Seit Beginn des Jahres 1873 hatte Fjodor die Schriftleitung der konservativen Wochenzeitung »Grashdanin« inne. Hier veröffentlichte er Auszüge aus seinem beliebten »Tagebuch eines Schriftstellers«, an dem er bis 1880 immer wieder schrieb. Der Ehebriefwechsel untermalt die unterstützende Rolle, die Anna dabei einnahm, genau wie im Entstehungsprozess der anderen Werke des Schriftstellers.

1871

Nach Moskau

Petersburg, 31. Juli 1871

Mein lieber, teurer Fedja!

Wir alle, Ljuba und Fedja, sind gesund und warten auf unseren Papa; die Kinderchen haben diese Nacht ausgezeichnet geschlafen. Ljubotschka ist gestern zweimal spazieren gegangen und war über vier Stunden im Jussupow-Garten. Besondere Neuigkeiten gibt es nicht; Praskowja Petrowna schickte ihren Wanja mit einem kurzen Brief und bat mich, ihr 2 oder 1 Rubel zu borgen; ich gab 1 Rubel, da ich selbst wenig Geld habe. (Übrigens eine Anekdote über Ljubotschka: Als Wanja weggegangen war, hatte Ljuba plötzlich einen alten kleinen beinernen Ball in den Händen, und wir wissen einfach nicht, ob Wanja ihn ihr gegeben oder ob sie ihn den Kindern im Garten weggenommen hat, jedenfalls rollte die kleine Kugel unter die Kommode, und Ljuba bat die Kinderfrau, sie zu holen; die Kinderfrau hatte gerade Fedja auf dem Arm und sagte: »Ich kann nicht, ich habe Fedja«, da sagte Ljuba: »Gebt Fedja, gebt Fedja« und zeigte auf die Kugel; d. h., sie werde Fedja nehmen, und die Kinderfrau möge ihr die Kugel holen. Ich frage, wem soll sie Fedja geben? Ljuba? Ja, ja. Heute, als ihr das Gesicht gewaschen wurde, sagte sie: »Genug«, obwohl bis dahin niemand in ihrer Gegenwart dieses Wort gebraucht hatte.) Gestern war Pawel Alexandrowitsch hier, aber leider ohne seine Frau, er blieb den ganzen Abend und war in begeistert redseliger Stimmung; er sprach immerzu von Dir, z. B.: Wie bin ich froh, dass er sich endlich in seiner Familie, in sich selbst verwirklicht hat! Und schließlich ging er so weit, dass er von Dir sagte: Wenn er nur ein Fünkchen Menschenverstand bewahrt hätte; als ich darüber in Lachen ausbrach, erklärte er, dass Du eine Unmenge Menschenverstand besäßest und dass Du ihm eine ganze Menge Gutes getan hättest usw. usw. Überhaupt war er außerordentlich beredt. Morgen kommen sie zu uns zum Mittagessen. Was gibt es noch zu sagen: Die Kinderfrau nennt Fedja einen reizenden kleinen Cupido. Ich erwarte heute von Dir einen Brief und werde mir Sorgen machen, wenn ich keinen bekomme. Ich küsse und umarme Dich viele Male.

Deine Anja. Die Kinderchen küssen ihren lieben Papa.

1872

Nach Petersburg

Staraja Russa, Sonnabend, 27. Mai 1872

Meine liebste Freundin Anja, heute, um ein Uhr mittags, habe ich Fedja wiedergesehen. Meines Erachtens ist er vollkommen gesund und munter. Er hat mich sofort erkannt und wollte mir den Hut herunterreißen. Ich fürchte, er ist vernarrt in Hüte. Der Geistliche hat ihm schon seinen uralten Hut überlassen. Doch nicht der Hut ist die Hauptsache, sondern das Vom-Kopf-Reißen. Jetzt wird er in den Schlaf gewiegt (3 Uhr), aber zwei volle Stunden hat er nicht von mir abgelassen und ununterbrochen geplappert. Sehr gern krabbelt er auch auf dem Fußboden. Abgemagert ist er kein bisschen. Allerdings hat er erbsengroße Flecke im Gesicht, nicht sehr auffallend, aber viele. Doch man sagte mir, die Fleckchen seien ursprünglich größer und röter gewesen und gingen jetzt stark zurück. Sein Bäuchlein ist vollkommen in Ordnung, und er kackert sehr gut und pünktlich. Er sieht sehr fröhlich aus. Die ersten Tage, sagen sie, war er meist traurig, d. h., er zog von einem Zimmer ins andere und suchte immerzu. Und die erste Nacht, sagt die Kinderfrau, hat er überhaupt nicht geschlafen, aber ansonsten mit Appetit gegessen. Jetzt hingegen schläft er gut. Überhaupt ist, was ihn betrifft, alles gut. Gestern wurde hier der Kurbetrieb eröffnet. Ich werde noch einen Tag warten, und wenn die Fleckchen nicht weggehen, wende ich mich an Rochel oder an Schenk um Rat.

Der Geistliche hat mich voller Freude empfangen, alle fragten mich aus, und ich habe alles erzählt. Die Kinderfrau ist auch mit dem Erfolg der Operation zufrieden, aber anscheinend unzufrieden, dass Du nicht selbst kommst.

Im Augenblick ist mir schwindlig, da ich gar nicht geschlafen habe. In Nowgorod war der Dampfer nicht da, weil er anlässlich der Eröffnung des Kurbetriebs eine Extrafahrt mit dem Gouverneur machte, er kam dann um 6 Uhr morgens, und trotzdem ließ man uns erst an Bord, nachdem wir um ¼ 8 eine Fahrkarte gelöst hatten. Die Zeit von 2 bis 6 Uhr verbrachte ich in Solowjows Gasthof, wo ich rund anderthalb Stunden schlief. Hier ist klares Wetter, aber jeden Tag sprüht es ab und zu, und es ist nicht so schwül wie in Petersburg. Insgesamt prächtig.

Jetzt vor allem zu Ljuba. Ich mache mir ernsthaft Sorge um sie. Wenn Du nun mit ihr auf die Straße gehst und plötzlich ohnmächtig wirst? Du könntest ja auch krank werden. Außerdem, wird sich das Ärmchen geraderichten, wenn sie in drei Wochen den Verband abnehmen? Genug Unheil ist durch unsere Nachlässigkeit und Gutgläubigkeit geschehen. Die kleinen Knochen müssen ganz zusammenwachsen. Könnten nicht auch Hitze und Schwüle auf sie wirken, könnte sie nicht krank werden? Und was ist, wenn auch Du ernsthaft erkrankst? Bitte um Himmels willen Mama, Dich nicht allein zu lassen. Du bist mit Lilja in einer unvergleichlich schlechteren und unangenehmeren Lage als Olga Kirillowna, die mit allen Bequemlichkeiten und Raffinessen der Wissenschaft umgeben sein wird. Und sie, davon bin ich überzeugt, lassen die Mama nicht einmal ihr Kind waschen. Ich mache mir auch Gedanken, wie Du hierher zurückkehren wirst: die Überfahrten sind umständlich, mit Verzögerungen, Unterbrechungen.

Ich vermisse Lilja auch. Ich verließ sie in einer so kritischen Zeit, und obwohl ich ihr nicht viel nützen könnte, wäre ich doch, wenn ich sie vor Augen hätte, nicht so traurig.

Geh vorsichtig mit ihr durch die Straßen. In Petersburg herrscht solches Gedränge, gibt es so viele Betrunkene. Sieh dir um Gottes willen nicht die Feierlichkeiten zum 30. Mai an. Man würde ihr in der Menge bestimmt wieder das Ärmchen brechen. Immerzu denke ich daran und an tausend Dinge, und immerzu habe ich Sehnsucht.

[…] Hier muss man den Brief, damit er *am selben Tag* abgeht, unbedingt bis neun Uhr morgens zur Post bringen. Also hätte dieser Brief auf keinen Fall heute abgehen können, er wird natürlich erst morgen abgehen.

Über alle anderen Dinge denke ich nicht nach, ich bin zu müde und kann kaum die Augen offenhalten. Mich quält nur, ob Euch auch nichts passiert ist, und ich fühle schon jetzt, dass ich die ganzen drei Wochen keine Ruhe finden werde.

Wenn die Kinder hier Solbäder bekommen, zeigt sich nach zwei Wochen ein Ausschlag, und nach etwa drei Monaten vergeht er (d. h. vergeht die Skrofulose). Ob Fedja etwa auch skrofulös ist? Womöglich sind bei ihm die Flecke schon vor dem Baden erschienen, allein von der hiesigen Luft? Also sollte man ihn vielleicht auch baden. Doch wenn die Flecke von selber verschwinden, ist es überflüssig, zu Schenk oder Rochel zu gehen. Abgesehen von diesen Flecken (die verschwinden) ist er, ich wiederhole es, vollkommen gesund und munter.

Ich küsse Lilja unzählige Male. Erzähle ihr von mir, erinnere sie an mich. Hat sie wenigstens ein einziges Mal nach mir gefragt? Nun, auf Wiedersehen, ich bitte Dich sehr, mir zu schreiben, und seien es nur fünf Zeilen, aber öfter und vor allem vollkommen aufrichtig.

Ich küsse Dich sehr, Dein total erschöpfter

Fjodor Dostojewski

Die Flecke in Fedjas Gesicht sind viel kleiner als Erbsen (ich habe mich geirrt) und von blassbrauner Farbe, am Anfang waren sie rot. Er hat sich Arme und Beine sehr aufgekratzt. – Er beißt viel. Beim Aufwachen war er sehr fröhlich.

Nach Petersburg

Staraja Russa, Sonntag, 28. Mai 1872

Meine liebste Freundin Anja, ich will Dir nochmals schreiben, und dann werde ich, wie verabredet, jeden zweiten Tag schreiben. Ich warte sehr auf einen Brief von Dir, aber es ist schon 7 Uhr, und höchstwahrscheinlich werde ich heute keinen bekommen. Wie geht es Ljuba? Ich bin in schrecklicher Unruhe wegen Eures bevorstehenden Lebens in Petersburg. – Fedja war gestern Abend im Bad, aber nachts wachte er oft auf, im Übrigen ist er vollkommen gesund, kackert wunderbar, ist bestens gelaunt, reißt Hüte herunter und lacht. Ich vermute, dass die Zähne durchbrechen wollen, denn er beißt schon tüchtig, hat aber kein Fieber. Mir scheint, die Kinderfrau findet zu viel Gefallen daran, ihn in den Schlaf zu wiegen, nach meiner Meinung wird davon nur das Blut dickflüssig, er müsste mehr an die frische Luft. Die Familie des Geistlichen, vor allem er selbst haben Fedja anscheinend sehr gern. Die kleinen Flecke sind noch da, kleine Tüpfelchen, fast in der Farbe seines Haars. Heute sogar drei neue große rote Flecke. Aber ich sehe und *bin überzeugt*, das ist überhaupt keine Krankheit, sondern bloß ein Ausschlag. Hier hat es für ihn drei große Veränderungen gegeben: Luft, Wasser und Nahrung. Gerade hat mir der Geistliche erzählt, er habe einen Arzt getroffen und ihn gefragt, was das bedeute, wenn man kleine Flecke im Gesicht habe wie Fedja. Er antwortete, das bekämen kleine Kinder immer bei solchen Veränderungen, eine allein, z. B. Luftveränderung, genüge schon, um für einige Tage eine Art Pusteln oder sogar Ausschlag hervorzurufen. Dabei fragte er, ob der Junge mager sei oder rundlich. Wenn er rundlich sei, dann bekomme er bestimmt leichte Pusteln an mehreren Tagen. Als er erfuhr, dass er munter ist, dass es ihm schmeckt und er sehr mobil ist, kein Fieber hat, sagte er, man brauche sich in keiner Weise zu sorgen, es habe alles seine Ordnung. Übrigens werde ich, falls morgen oder übermorgen die Flecke noch nicht weg sind und obwohl er vollkommen gesund ist, Schenk herbitten. Ich muss Dir gestehen, dass ich Angst habe, vor Deiner Rückkehr Ärzte hinzuziehen: Am Ende gerät man an einen Dummkopf, der sofort losschreit, man müsse Fedja von der Skrofulose heilen, während er überhaupt keine Skrofulose hat. Das kommt unter den Quacksalbern immer wieder vor.

Behüte Ljuba und bemühe Dich selbst, mehr auf die physische Seite Deiner Gesundheit zu achten. Schlafe mehr. Nicht hinauszugehen ist unmöglich – aber ich habe schreckliche Angst, dass Euch auf der Straße etwas zustößt.

Ich langweile mich hier furchtbar. Das Wetter ist schön und nicht sehr heiß, Sonnenschein, aber den ganzen Tag tröpfelte es immer wieder einmal. [...]

Ich war im Kurhaus, war im Kurkontor und bin zu dem Schluss gekommen, dass hier nichts schwieriger ist, als eine Auskunft zu erhalten. Alles musst du dir allein suchen. Das promenierende Publikum im Garten ist nicht eben zahlreich. Aber hier sind ziemlich viele zugereiste Offiziere. Viele skrofulöse Kinder. Übrigens reisen noch immer welche an, sie laufen durch die Stadt und suchen Quartier.

Ich bin überzeugt, dass die Zeit bis zu Eurer Rückkehr für mich sehr langweilig sein wird. Morgen gehe ich an die Arbeit. Das Wichtigste ist, Du kannst mir nicht mit Stenographieren helfen, sonst würde ich es gern möglichst schnell an den »Russki westnik« schicken. Der Geistliche hat mir heute das Geld zurückgegeben, ich habe es schließlich ohne Umstände genommen, 21 Rubel, 4 sind ausgegeben. Alles in allem habe ich 72 Rubel in der Tasche. Ach, Anja, ich muss arbeiten und die Arbeit abschließen, dann werden wir Geld haben.

Aber die Sorge um Euch martert mich geradezu. Falls Du nun krank wirst, unbeabsichtigt einschläfst – was ist dann mit Ljuba? Wenn Du doch nur einen Brief schriebest! Wie geht es Mama? Hat Olga Kirillowna ihr Kind schon bekommen? (In diesem Augenblick ist Fedja aufgewacht und plappert schrecklich mit der Kinderfrau, er spricht sehr gern, aber immer dla-dla-dla-li-li-li, oder er lacht, mehr spricht er noch nicht.) Den Hut hat er mir und dem Geistlichen heute wohl zehnmal heruntergerissen.

Das Publikum hier ist offensichtlich furchtbar geziert, förmlich, immer bemüht, nach grand monde auszusehen, mit einem miserablen Französisch. Die Damen suchen alle mit ihren Kleidern zu glänzen, obwohl alles wahrscheinlich entsetzlicher Plunder ist. Heute wird im Garten das Theater eröffnet, sie spielen eine Komödie von Ostrowski, die Preise sind hoch, aber ich wollte eigentlich hingehen, um es kennenzulernen. Caféhäuser, Konditoreien gibt es furchtbar wenig. Eine schreckliche Misere ist dieser Kurort, und der Park gefällt mir ganz und gar nicht. Überhaupt ist dieses ganze Staraja Russa ein grässliches Nest.

Trotzdem würde die Luft Dir und Ljuba guttun, und so wollen wir warten. Ich küsse Dich, Ljuba segne ich und bete für sie. Erzähl ihr von mir. Wenn Ihr nur möglichst bald hier wärt, allesamt, dann könnten wir auch an das Weitere denken.

Schreibe um Gottes willen über alles offen und ehrlich. Du siehst, ich tue es auch.

Dein F. Dostojewski

Küsse Ljuba. Ich küsse Dich. Magere nicht ab, bitte.

Nach Staraja Russa

Petersburg, Donnerstag, 1. Juni 1872

Ljubotschka küsst dieses Blatt Papier an Deiner statt.

Lieber Freund Fedja, vorgestern erhielt ich Deinen 2. Brief und war sehr froh, dass zu Hause alles ruhig ist. Wie geht es Dir jetzt gesundheitlich? Hattest Du nach der Reise auch keinen Anfall? Sind Fedjas kleine Flecke weg, und was hat der Arzt gesagt, falls Du ihn gerufen hast? Ljuba und ich sind gesund, Ljuba ist zufrieden und fröhlich, über den Arm klagt sie nicht, aber von Zeit zu Zeit bittet sie mich sehr, dass wir gleich nach Staraja Russa fahren, ihr sei langweilig und es sei *schade*, dass Papa weggefahren ist. Ich gehe dann sofort mit ihr spazieren. Noch kein einziges Mal ist sie hingefallen oder hat sich das Ärmchen gestoßen, da sei beruhigt. Ich sehne mich sehr nach Mascha und nach Euch und quäle mich bei dem Gedanken, wie Mama leiden wird! Sie weint schon sehr, da sie weiß, dass es jener schlechter geht. Arme, arme Mama! Es fällt mir sehr schwer, mich um Ljuba zu kümmern in dieser schlimmen Zeit. Ich möchte am liebsten allein bleiben, nachdenken, so aber fällt ihr jeden Augenblick etwas anderes ein. Heute ist Geburtstagsfeier bei Iwan Grigorjewitsch und Olga Kirillowna, wir gehen zum Mittagessen hin. [...]

Überhaupt, mach Dir um mich und Ljuba keine Sorgen, wir werden gesund und mit heilen Armen und Beinen zu Dir zurückkehren. Ljuba lässt mich nicht richtig ausschlafen, sie steht früh auf. Schrecklich gern möchte ich Dich und Fetschta sehen. Ljuba nennt ihn nicht Feditschka, sondern *Fetschta* und spricht viel von ihm. Wanja verspricht, zu meiner Abreise *unbedingt* Geld bereitzuhalten. Ich gehe sehr sparsam mit dem Geld um, aber ich brauche viel für Droschken, weil ich nicht die Kraft habe, Ljuba zu tragen, zu Hause aber will sie nicht sitzen und ist traurig, und deshalb muss ich etwa viermal das Haus verlassen. Ich wünsche Dir erfolgreiche Arbeit, bereite so viel wie möglich vor, und dann diktierst Du möglichst viel auf einmal, ich setze mich dann gleich daran und schreibe es ab. Komm nicht auf den Gedanken, es selbst abzuschreiben, das würde mich betrüben, schreibe und bereite lieber mehr bis zu meiner Ankunft vor. Entschuldige, dass ich auf solchen Fetzen schreibe, ich habe kein Papier, aber kaufen werde ich keins. Ich küsse und umarme Dich vielmals, küsse Du Fetschta unzählige Male und schreibe jeden zweiten Tag, und wenn etwas vorfällt, dann jeden Tag. Ich warte voller Ungeduld, dass diese 2 Wochen vergehen.

Deine Dich liebende Anja

Nach Petersburg

Staraja Russa, 5. Juni 1872
Montag

Meine liebe Freundin Anja, soeben erhielt ich Deinen Brief vom Sonnabend. Alle diese Nachrichten haben mich einfach erschlagen. Vor allem Du, Deine Lage an sich: Natürlich wirst Du es nicht aushalten, so kann man nicht leben. Nicht schlafen und Dich mit Ljuba plagen – das geht über die physischen Kräfte. Wir müssen unbedingt etwas entscheiden. Meine Meinung ist – Du musst hierherkommen, *um jeden Preis*, unverzüglich, sofort. Du musst Dir von Bartsch einen kurzen Bericht oder eine mündliche Instruktion *allgemein* über Ljubas Ärmchen geben lassen und Ljuba mit dem Verband herbringen. Hier aber kann Schenk den Verband nach einem Monat abnehmen. Ich glaube nicht, dass etwas Schlimmes passieren wird: Frage Bartsch und Glama, erkundige Dich, was schlimmstenfalls passieren könnte (ich denke, nichts), und erkläre ihnen, dass Du *unmöglich* länger bleiben kannst. Ich habe ausgesprochen Angst um Dich. Denk daran, für uns alle wird es schlimmer und alle unsere Angelegenheiten geraten in Unordnung, falls Du daniederliegst. Was Mama anbelangt, denke ich: Wenn es ihr möglich ist, soll sie mit Dir hierherkommen, wenn nicht, wird sie doch nicht auch die zweite Tochter verlieren wollen. Du hast Kinder und Deine Verpflichtungen, Du kannst Dich nicht die ganze Zeit nur um andere kümmern. Ich meine, sie dürfen Dich nicht in Petersburg zurückhalten. Geld solltest Du so viel beschaffen, dass es für die Fahrt reicht.

[...] Bedenke, Unentschlossenheit ist doch für alle viel unvorteilhafter. Was kann Dich eigentlich zurückhalten? Wenn Du diesen Brief liest, hat Ljuba ihren Verband genau zwei Wochen. – Das ist schon eine außerordentlich ermutigende Zeit. Sie ist doch gesund, ruhig, hat Appetit und wird nur von Langeweile geplagt und plagt selbst alle anderen. Nun, wenn Schenk hier nach zwei Wochen beim Abnehmen des Verbandes etwas finden sollte, dann fährst Du eben im äußersten Fall wieder hin. Aber das kann doch gar nicht sein. Und deshalb komm her.

Vielleicht fällt es Dir schwer, Mama und Pawel Grigorjewitschs Familie zu verlassen? Aber bedenke, dass Du in Iwan Grigorjewitschs Haus bestimmt eine Last sein wirst. Was Mama betrifft, beschwöre sie, nach Russa zu kommen, falls es jetzt nicht geht, dann eben wenn das Bein geheilt ist.

Ich versichere Dir, Anja, dass ich Dich selbst holen komme. Ich sehe, nichts kann übler und schlimmer sein als Deine Lage, wenn Du aber krank wirst, ist es zu spät. Dann werde ich den ganzen Sommer nichts mehr schreiben, und was dann – sollen wir uns aufhängen?

Ich kann in dieser Unordnung nicht leben. Alle Gründe dafür, dass Du in Petersburg bleiben musst, sind fiktiv. Warum bist Du eigentlich dort? Alles Unklare bezüglich Liljas Ärmchen ist vorbei. Geld? Borg Dir doch *etwas* bei Iwan Grigorjewitsch, ganz wenig, nur um hierherzukommen, und die Sache ist erledigt.

Und deshalb bitte ich Dich sehr, ja, ich beharre darauf: beginne bei Erhalt dieses Briefes sofort mit dem Packen, geh zu Bartsch oder Glama und begib Dich noch am selben Tag auf die Heimreise.

Außerdem, da ich wegen all der Zweifel unaussprechlich leide – antworte mir in *der* Stunde, da Du diesen Brief erhältst. (Überhaupt möchte ich, dass wir jeden Tag Briefe wechseln – anders geht es nicht.)

Ein Ausweichen oder eine unehrliche Nachricht, dass Du gesund seiest und es Dir gutgehe – wäre eine Gemeinheit mir und Lilja gegenüber (ganz zu schweigen von dem armen Fedja). Lilja sehnt sich ohnehin nach dem Haus hier, sie kann es nur nicht sagen, aber es ist sehr gut möglich, dass sie krank wird in der Petersburger Schwüle.

Und ist es etwa besser, wenn ich dich in 3, 4 Tagen selbst holen komme und Zeit verliere? Auch so schon haben wir viel Geld und Zeit verloren ohne den geringsten Nutzen.

Dass man aber Liljas Verband vor einem Monat abnimmt, möchte ich *auf keinen Fall.*

[…] Fedja ist gesund, aber ich möchte gern, dass Du zurückkehrst. Ihm fehlt offensichtlich etwas, und manchmal ist er sehr betrübt.

Vor allem bitte ich Dich, benachrichtige mich sofort, in dieser Sekunde, ohne Aufschub, und schreib *auf jeden Fall* täglich und wenn es nur drei Zeilen sind.

[…] Mir ist unerträglich trübsinnig. Wenn Fedja nicht wäre, würde ich vielleicht den Verstand verlieren.

Mit dem Schreiben geht es sehr schlecht voran. Wann werden wir wenigstens einen Monat Ruhe finden, ohne die ständige Sorge im Herzen, und ganz bei der Arbeit sein können? Sonst bin ich nicht in der Lage, Geld zu verdienen und ohne Verwünschungen zu leben. Was für ein Zigeunerleben, so qualvoll, so düster, ohne die geringste Freude, und immer nur heißt es: sich quälen, quälen!

Sei nicht böse, das bezieht sich nicht auf Dich. Aber begreife, es wäre besser, mit gesundem Menschenverstand zu leben statt gegen ihn. Erwäge meinen Vorschlag und kehre *umgehend* hierher zurück. Ich sehe keinerlei Gründe, die Dich davon abhalten könnten. Einzig, Du wärst krank. Verhüte Gott, dass es schließlich so weit mit Dir kommt! Dann ist alles verloren, und vor allem kein Groschen da, um etwas zu unternehmen.

Antworte um Himmels willen sofort. Dein Dich sehr liebender

Fjodor Dostojewski

Ich habe diesen Brief noch einmal gelesen. Sei mir um Christi willen nicht böse. *Nicht Dir* habe ich Vorwürfe gemacht. Aber es wird doch schließlich so schwer, dass es nicht länger zu ertragen ist. Ich sehe den sehr wohl möglichen Schrecken voraus, dass Du es nicht aushältst und krank wirst, und deshalb bin ich schon im Voraus verzweifelt. Aber wenn zu allem Unglück Mama schwer erkrankt und Du bei ihr bleiben musst – dann bleib, doch benachrichtige mich umgehend und schreibe jeden Tag. Wenn Du selbst auch nur ganz leicht krank wirst – schreibe sofort, diese Minute, oder lass schreiben [ein Wort durchgestrichen], aber verhehle nichts.

Beruhige Dich, ich warte auf Deine Antwort, aber schicke sie *unverzüglich* und schreibe jeden Tag (auf den Stil kommt es nicht an, es genügen drei Zeilen).

Die arme Märtyrerin und den Quälgeist für die anderen, Lilja, küsse ich tausendmal. Oh, wahnsinnig schwer ist doch das Leben!

Nach Petersburg

Staraja Russa, Mittwoch, 14. Juni 1872

Eben erhielt ich Deinen Brief vom 12. und sehe, dass Du Dich entschlossen zu uns auf den Weg machst, liebe Anja. Deshalb schreibe ich nur zwei Worte, einzig in der traurigen Hoffnung, dass Dich, da Du noch nicht abfahren kannst, dieser Brief noch erreicht. Fedja ist gesund und guter Dinge. Wir alle warten auf Dich. Ich hatte in der Nacht zum 13. einen starken Anfall – mein Kopf ist bis jetzt umnachtet, und die Glieder sind zerschlagen. Das hat meine Arbeit noch mehr aufgehalten, und ich weiß nun gar nicht, wie ich es mit dem »Russki westnik« mache und was sie dort wohl von mir denken. Dass der Dampfer nicht bis hierher kommt, ist Unsinn. Heute fuhr er noch bis ans Ufer. Ende Juli oder im August, wenn der Fluss seicht wird, kommt er nicht mehr bis hierher. Was das Geld angeht, was soll ich sagen, es steht schlecht. – Ich habe schreckliche Angst um Dich und Ljuba wegen Eurer Reise. Gefährlich ist auch, dass beim geringsten Wind der Dampfer nicht fährt, sondern abwartet. Du solltest in Petersburg direkt bis Russa lösen, auch für den Dampfer. Nun, auf Wiedersehen. Ich küsse Dich. Komm möglichst bald. Heute ist Mittwoch, was wird nur Bartsch sagen! Und wann werde ich es erfahren?

Dass Du morgen, am Donnerstag, kommst, ist natürlich schwer zu glauben. Wenn es wenigstens am Sonnabend wäre!

Nun, auf Wiedersehen. Ich küsse Dich tausendmal und Lilja. Ich fürchte für sie auf der Reise.

Dein Mann
F. Dostojewski

Allen einen Gruß. Bei uns regnet es heute.

Die Dämonen

Krankheit und Kur
1873/74

Zeit seines Lebens hatte Fjodor immer wieder mit seiner angeschlagenen Gesundheit zu kämpfen, die sich im Laufe des Lebens weiter verschlechterte. Die epileptischen Anfälle häuften sich, und er fühlte sich danach oft tagelang so geschwächt, dass er kaum schreiben konnte. Als noch ein Lungenemphysem hinzukam, fuhr er nach Bad Ems zur Kur. Ab 1874 verbrachte er beinahe jeden Sommer dort, um seiner Lunge Linderung zu verschaffen, während Anna mit den Kindern in Staraja Russa blieb.

In Bad Ems fühlte sich der Schriftsteller immer besonders einsam, fiel es ihm doch schwer, Kontakte mit den anderen Gästen zu knüpfen. Er verspürte eine bis zum Ekel gehende Abneigung gegenüber dem ganzen internationalen Kurbetrieb und hegte ein besonderes Misstrauen hinsichtlich der zahlreichen russischen Landsleute, die zumeist aus aristokratischen Kreisen stammten. Aber auch Kaiser Wilhelm I. begegnete er an den Emser Quellen.

Anstatt sich mit der illustren Gesellschaft (und seinen zahlreichen Bewunderern) zu umgeben, zog sich Fjodor bewusst zurück, konzentrierte sich auf seine Behandlung und nutzte die Nächte für die Arbeit an seinem Roman »Der Jüngling«. Wie schwer ihm das allerdings in der ihm missfallenden Umgebung und angesichts des fortwährenden inneren Kampfes mit seiner Krankheit und seinen anderen Unsicherheiten fiel, berichtete er Anna.

1873

Nach Staraja Russa

Petersburg, Donnerstag, 14. Juni 1873

Liebe Anja, soeben erhielt ich Deinen Brief. Ich bin sehr froh, dass Ihr alle gesund seid. Küsse die Kinder. Es würde mich sehr freuen, wenn Dir die Bäder helfen. Wenn Du mit dem Haus zufrieden bist – umso besser. Ich bin sehr beschäftigt. Jetzt ist es 9 Uhr abends, und ich habe einen großen Artikel, der morgen abgegeben werden muss, noch nicht einmal angefangen.

Zudem werde ich sehr schnell müde, habe viel Lauferei und alle möglichen kleinen Scherereien. Zu Besuch kommt niemand. Gestern war Iwan Grigorjewitsch da und fragte nach Dir. Kurz, über mich gibt es nichts zu berichten, ohnehin bin ich mit Arbeit überlastet, ich schlafe ganze Nächte nicht. Und dazu die Schwüle, der Staub.

Ich wünsche Dir, dass Du ein fröhlicheres Leben führst als ich. Deine Briefe klingen sehr geschäftig, nun, umso besser. Vergiss nicht, mich über die Kinder zu unterrichten.

Ich küsse sie tausendmal.

Auf Wiedersehen.

Dein F. Dostojewski

Grüß den Geistlichen von mir.

Nach Staraja Russa

Petersburg, Donnerstag, 5. Juli 1873

Liebe Anja, ich schreibe Dir, zum Umfallen müde, habe überhaupt nicht geschlafen. Heute Morgen bin ich angekommen, unterwegs hat es etwas geregnet. Ich fand ganze fünf Briefe vor, die unverzüglich zu beantworten sind, alles die Zeitschrift betreffend. Heute muss ich noch drei Korrekturen durchsehen.

[...] Bei Gott, ich bin mehr tot als lebendig, falle fast um. Wenn ich mich doch wenigstens heute um zwei Uhr schlafen legen könnte! Aber ich darf die Absendung des Briefes und des Geldes an Dich nicht aufschieben. Jedenfalls soll es möglichst schnell gehen.

Was machen die Kinder? Schreib mir eingehender über sie. So viel wie möglich, sei nicht zu bequem, ich bitte dich sehr; bedenke, dass ich hier allein bin und höllisch arbeiten muss.

Wie steht es nur um unsere Angelegenheiten! Nun, auf Wiedersehen.

Ganz Dein F. Dostojewski

Die Fahrt war geradezu unerträglich, und hätte neben mir nicht so ein aufdringlicher Schwätzer gesessen, dann wäre ich wahrhaftig vor Langeweile gestorben. Von Solowjow kam ein überaus liebenswürdiger Brief; er ist nach Moskau gefahren.

Haben Lilja die Zähnchen wehgetan? Hat Fedja mich gesucht? Sie sind doch nicht etwa erkältet? Bei Euch hat es auch geregnet.

Auf Wiedersehen.

Dein Dostojewski

Gib den Kindern einen Kuss. Sag Lilja, dass sie klug und lieb sein und mir einen Brief schreiben soll. Fedja aber küsse aufs

Mündchen und die kleine Brust und überall. Lilja küsse ich die Händchen.

Nach Staraja Russa

Petersburg, Dienstag, 10. Juli 1873

Mein Liebling Anja, aus Deinem Brief, den ich gestern gegen Abend erhielt, ersehe ich, dass Du meinen Brief noch nicht bekommen hast, obwohl ich ihn am Tag meiner Ankunft, also Donnerstagabend, abgeschickt habe. Dort findest Du viele Deiner Fragen beantwortet. Ich habe Dir auch Geld geschickt, das Du jetzt, da Dich dieser Brief erreicht, bestimmt schon hast. An Deinem lieben und guten Brief war für mich das Bedrückendste, von Deinen Anfällen (Sehverlust) zu lesen. Folglich haben Dir auch die Bäder noch nicht geholfen. Ach, Anja, wo soll das hinführen! Wie schrecklich ist mir der Gedanke, dass Du kränkelst, in Anbetracht dessen, dass ich sterben kann – was wird dann aus Dir und den Kindern bei Deiner Anfälligkeit? Ist das denn gar nicht zu heilen? Aber gut, dass Du es wenigstens geschrieben hast. Hab um Gottes willen auch künftig keine Angst, Du könntest mich zu sehr beunruhigen, schreib mir eingehend über Deine Gesundheit, eingehend und akkurat, denn wenn Du nicht schreibst, mache ich mir noch schlimmere Gedanken. Ständig werde ich argwöhnen, dass Du mir etwas verheimlichst. Hörst Du?

Die Nachrichten über die Kinder und dass ich ihnen leidtat, hatten eine schreckliche Wirkung auf mich; Du glaubst nicht, wie schwer es für mich hier ohne Euch ist. Liebe Ljuba! Hoffentlich hat sie nicht recht mit ihren Worten, dass ich nie mehr komme. Und Fedja, der liebe Fedja. Indessen ist die Perspektive tatsächlich überaus bedrückend, und es kann sehr wohl sein, dass ich zum 15. nicht komme. So liegen die Dinge. […]

Am Sonntag bin ich in den Sommergarten zur Illumination gegangen. Doch mir wurde so miserabel und traurig zumute, dass ich nicht einmal bis zur Mitte des Gartens kam, kehrtmachte und zu Fuß nach Hause ging. Zwar habe ich einen Rubel in der Lotterie verspielt, aber das ist auch alles. Anna Nikolajewna hingegen hat wieder etwas gewonnen.

Sonst bin ich nirgendwo hingegangen und habe niemanden gesehen außer den Mitarbeitern und Puzykowitsch. Anstatt zu schreiben, lese ich schon den zweiten Abend Artikel, die sich im »Grashdanin« stapeln. Diese Arbeit wird gar nicht geachtet. Doch sie kostet so viel an Mühe und Zeit, macht einen wie benommen und stumpfsinnig. Wahrhaftig, ich werde noch ganz unleidlich.

[…] Nun, und was werde ich *ohne Dich* machen, wenn wir uns drei, vier Wochen nicht sehen können? Meine Freundin, Du weißt nicht, wie ich Dich liebe. […] Aber wozu darüber reden. Ich umarme Dich fest und küsse Dich (obwohl diese brieflichen Küsse nichts wert sind). Ich wiederhole, ohne Euch kann ich nicht leben.

Die Kinderchen küsse ich endlos. Sprich mit Ljuba über mich, sag ihr, dass ich sehr bald komme, ihr Naschwerk mitbringe und dass ich sie sehr lieb habe und mich nach ihr sehne. Ich fürchte, Fedja vergisst mich ganz. Erinnere auch ihn an mich. Denn, bei Gott, wenn ich einen Monat nicht komme, wird er mich gar nicht mehr erkennen! Küsse sie und hab sie lieb! Und höre, Anja: Solltest Du nur ein klein wenig, auch nur ein ganz klein wenig unpässlich sein – schreibe sofort. Sonst grüble und grüble ich. Schreibe öfter.

Ich wollte am Freitag gerade zur Post fahren, um die 100 Rubel an Vater Iwan abzuschicken, da kam Iwan Grigorjewitsch, und so bat ich ihn darum, weil ich alle Hände voll zu tun hatte. Leb wohl, ich umarme Euch alle, Dich aber am meisten.

Dein Mann

PS: Mehr als alles andere fürchte ich eine Verzögerung vonseiten des Gerichts. Wir haben schon Dienstag und keinerlei Nachrichten von dort. Vielleicht warten sie noch eine Woche mit dem Einsperren. Wenn sie mich bis Sonnabend nicht einsperren und wenn ich Geld habe, dann komme ich bestimmt.

Nach Staraja Russa

Petersburg, 12. Juli 1873

Mein liebes Täubchen Anja, ich antworte Dir auf der Stelle, denn nachher, gegen Abend, werde ich so beschäftigt sein, dass ich keine freie Minute finde. Ich schreibe den üblichen verfluchten Artikel. Bis morgen früh 8 Uhr muss ich 450 Zeilen abfassen, und ich habe erst 150. Indes verblöde ich anscheinend immer mehr und schreibe überhaupt schon furchtbar mühsam. Nie habe ich einen klaren Kopf. Das, mein Täubchen, ist sehr ernst für unsere Zukunft. Bereits seit einem Monat konstatiere ich deutlich den Unterschied zwischen der Leichtigkeit meines Schreibens in Dresden und der Schwerfälligkeit hier. Ich führe es darauf zurück, dass die Redaktionstätigkeit mit ihren unaufhörlichen kleinen Sorgen, der mir fremden Hast und all dem Übrigen mich ganz und gar erdrückt, so dass ich mich nach diesem verfluchten Jahr lange werde erholen müssen. Aber werde ich es noch können?

Mit Deinem Brief bin ich zufrieden, Deine Briefe erfreuen mich stets, und wieso entschuldigst Du Dich, dass es nichts zu schreiben gäbe? Schreibe irgendwas, das genügt. Jetzt zur Sache. Anja, ich bin sehr bekümmert: Ich sehe entschieden keine Möglichkeit, übermorgen oder auch am Sonntag zu Euch zu kommen, und das vielleicht Gott weiß wie lange. Alles des Geldes wegen. Ich besitze ganze 50 Rubel. Dabei sind die Nummern des »Grashdanin« viel teurer geworden. Nächsten Montag muss ich 130 Rubel (Minimum) bezahlen, aber woher nehmen? Bezahlen muss ich jedoch unbedingt: Wir haben neue Schriftsteller, die Zeitschrift darf nicht in Verruf gebracht werden, indem man nicht bezahlt. [...]

Euch alle wiederzusehen ist mein dringendstes Bedürfnis: Hier könnte ich den Verstand verlieren wegen allerlei Gemeinheiten und bei dem Widerwillen, mit dem ich alles betrachte. Ich küsse Euch alle. Du sagst, Du habest von mir geträumt (wenn es wahr ist). Ich aber habe schon zweimal von Dir geträumt. Gib Fedja und Ljuba einen Kuss, und wenn Ljuba am Sonnabend weint, weil ich nicht gekommen bin, dann sag ihr, dass mich die Treckschute vorerst aufgehalten hat, ich aber in zwei Tagen komme. Gib acht auf sie, schenke ihnen möglichst viel Aufmerksamkeit, beschäftige Dich viel mit ihnen, Du, mein Täubchen. Fedka möchte ich sehr gern wiedersehen. Gratuliere ihm zum Geburtstag. Bereite den Kindern irgendwie ein kleines Fest. Was das Geld angeht, das ich Dir geschickt habe, so bin ich überzeugt, dass Du es bestens verwaltest, doch behalte auf jeden Fall unsere Angelegenheiten insgesamt im Auge und geize ein wenig damit. Du schriebst etwas über Deine Sachen bei Anna Nikolajewna, dass man sie versetzen solle. Aber da sind keine Sachen mehr. Sie haben sie damals für mich versetzt und insgesamt 25 Rubel erhalten, 9 Rubel Zinsen für Deine Sachen sind bezahlt, und noch etwas wird am 22. bezahlt, so ungefähr sagte heute Anna Nikolajewna. Leb wohl, ich umarme Euch alle, wünsche Du mir, dass ich heute Nacht bei der widerwärtigen Niederschrift des Artikels nicht vor Überanstrengung zusammenbreche. Ich umarme und küsse Euch.

Sag Ljuba, dass ich sie 1000-mal küsse, Fedja auch.

Dostojewski

PS: Übrigens, Du, mein Liebes, ich bräuchte Dich sehr in diesem Augenblick. Verstehst Du? Ist es denn wahr, dass Du von mir träumst? Vielleicht nicht von mir. Ich küsse Deine Füßchen und *alles.* Küsse Dich *sehr.*

Dein Dostojewski

Man arretiert mich nicht und fordert kein Strafgeld, Gott weiß, warum. Wie gewöhnlich werden sie zur unrechten Zeit kommen. Sie zögern es hinaus und halten mich damit nur in einem Zustand der Gereiztheit.

Nach Staraja Russa

Petersburg, Montag, 23. Juli 1873

Meine liebe Freundin Anja, soeben erhielt ich Deinen Brief, aber er ist vom Freitag, schrecklich, wie lange die Post geht! Ich habe mir schon Gedanken um Euch gemacht und Qualen ausgestanden. – Sag, mein Täubchen Anja, kann man denn so schreiben wie Du: »Mir ist ein Unglück zugestoßen ... Ich habe großen Kummer« und nicht erklären, was geschehen ist. Schreib um Himmels willen *unverzüglich*, unbedingt – sonst werde ich böse und schimpfe mit Dir und komme so lange nicht, bis Du es mir geschrieben hast. Und mach so etwas um Gottes willen nie wieder, ich habe es ohnehin schwer. [Eine Zeile durchgestrichen.] Schreib umgehend, hörst Du!

Mit Deinen Berichten über die Kinder hast Du mir viel Vergnügen bereitet. Schreib immer über sie. Ich lebe geradezu auf, und mir ist, als säße ich bei ihnen.

Abgesehen von den schrecklich bedrückenden Gedanken und einer Schwermut, die mich fast krank macht, fürchte ich allein bei der Vorstellung, dass ich mich noch für mindestens ein halbes Jahr zu dieser Zwangsarbeit beim »Grashdanin« verdingt habe, ernsthaft zu erkranken. Gestern Abend bekam ich sogar fiebrige Anfälle, der Rücken schmerzte, die Beine wurden schwer. Heute geht es mir allerdings viel besser, nur schlafe ich schlecht, habe Alpdrücken, schlimme Träume, und der Magen ist verstimmt. Schreibe mir immer sofort nach Erhalt eines Briefes, ohne es auf den nächsten Tag zu verschieben, und ich will genauso auf deine Briefe antworten.

[...] Von Sonnabend zu Sonntag träumte ich zwischen Alpdrücken, dass Fedja aufs Fensterbrett steigt und aus dem 3. Stock hinunterfällt. In dem Augenblick, als er sich drehend in die Tiefe flog, hielt ich die Hände vor die Augen und schrie verzweifelt: Leb wohl, Fedja! Und da bin ich aufgewacht. Schreib mir so schnell wie möglich über Fedja, ob ihm vom Sonnabend auf Sonntag vielleicht etwas zugestoßen ist. Ich glaube an das zweite Gesicht, zumal das eine Tatsache ist, und werde bis zu Deinem Brief in Sorge sein.

Nachts wache ich jede Stunde bis zu zehnmal auf, manchmal noch öfter, nicht selten in Schweiß gebadet. Heute, vom Sonntag auf Montag, träumte ich, Lilja sei Waise geworden und einer

Peinigerin in die Hände gefallen, die sie mit Ruten, großen Soldatenruten, ausgepeitscht hat, so dass ich sie in den letzten Zügen vorfand, und sie rief immerzu: Mamotschka, Mamotschka! Dieser Traum raubt mir heute fast den Verstand.

Überhaupt spüre ich, dass dieser Sommer und diese Arbeit mir nichts Gutes bringen. Was aber meinen Besuch bei Euch betrifft, so erwarte mich gar nicht erst vor dem 5. August: es besteht keine, nicht die geringste Möglichkeit.

[…] Ich umarme Dich aufrichtig, herzinnig. Schreibe bald. Schreibe über die Kinder und was Du für Kummer hattest. Hörst Du? Verstimme mich nicht und reize mich nicht noch mehr. Ich küsse Dich 1000-mal, Lilja, Fedja auch. Ich mache mir Gedanken um sie und quäle mich oft; wenn etwas passiert – was wird dann aus ihnen!

Ganz Euer F. Dostojewski

Ansonsten sorge Dich nicht um meine Gesundheit (in der Annahme, Du machst Dir doch Sorgen). Ich habe eine kräftige Konstitution. Das Wetter bei uns ist schlecht, zwanzigmal am Tag Regen, nachts Donner und Wetterleuchten, und das schon den dritten Tag, weshalb ich auch schlecht schlafe.

Nach Petersburg

Staraja Russa, Donnerstag, 26. Juli 1873

Wie leid Du mir tust, mein lieber, teurer Feditschka! Du bist so niedergeschlagen und in so bedrückter Stimmung (ich urteile nach dem Brief, den ich heute erhalten habe), dass ich, bestünde nur irgendeine Möglichkeit, unbedingt kommen würde, um Dich zu sehen. Beruhige Dich, mein teurer Fedja! Die Kinder sind vollkommen gesund, und Fedja ist in der Nacht von Sonnabend zu Sonntag nicht aus dem 3. Stock gefallen, sondern hat ganz wohlbehalten in seinem Bettchen geschlafen. Mein Lieber, ich bitte Dich, glaube nicht an Träume und Ahnungen; sei beruhigt, bei uns geht alles seinen Gang. Ich gebe Dir mein Wort, dass ich Dich unbedingt benachrichtige, wenn jemand krank werden sollte. Heute bin ich den ganzen Tag traurig und alles wegen Deines Briefs; Du kommst mir so niedergeschlagen vor, so traurig, dass ich mir Vorwürfe mache, weshalb wir hierhergefahren sind. Mein Lieber, wir werden doch bald wieder beisammen sein und als Familie leben, lass nur die Kinderchen noch ein wenig kuren. Übrigens können wir jetzt nicht zu den Bädern gehen, weil es ziemlich feucht ist und ich fürchte, die Kinder könnten sich erkälten; es wird noch schönes Wetter geben, wir kommen schon noch dazu, unsere 10 Bäder zu nehmen. Als ich Ljuba von Deinem Traum erzählte, sagte sie: »Schreib Papa, dass niemand mich geschlagen hat und niemand mich schlagen wird.« Die Kinderchen gehen diese drei Tage nicht raus, sondern spielen im Haus; Fedja legt Karten auf dem Teppich aus und spielt Wahrsagen; er sagt: »Weg, dlei (3) Wege, Papa nu-nu-nu«, das bedeutet: Ein Weg, Papa kommt. Danach legt er die Hände auf den Rücken, stolziert herum und sagt: »Mama, tuck, Fedja deht.« Er ist äußerst höflich und sagt zu mir: »Tteht auf, deht« statt »deh«. Er hat plötzlich Gefallen an weichgekochten Eiern gefunden und sagt: »Henne dack-dack deben.« Dieser Tage hat Ljuba, als sie selbst gerade Rindfleisch aß, Fedja angeschrien: »Fedja, warum isst du kein Rindfleisch!« Ich frage: »Was kümmert das dich denn?« – »Aber er tut mir leid!« – »Weshalb denn?« – »Wenn er kein Rindfleisch isst, holt Schenk ihn zu sich ins Krankenhaus, darum tut er mir leid.«

Wir spielen zu Hause Milan, wobei der Milan Fedja mit wichtiger Miene eine Grube gräbt und ausgezeichnet auf die Fragen antwortet, wozu er die Steine brauche. Mit den Kindern bin ich sehr zufrieden. Ich lese weiter in »Delo« und bin zu der Überzeugung gelangt, dass alle Frauen Mediziner werden müssen; Ljubotschka und ich gedenken im Herbst in die Medizinische Akademie einzutreten. Was meinen Kummer betrifft, der Dich so erschreckt hat, so bedaure ich sehr, Dir davon geschrieben zu haben. Ich dachte nicht, dass Du es Dir so zu Herzen nimmst, zumal ich geschrieben hatte, dass es nur mich allein betrifft. Fedja hat mich unabsichtlich so stark geschlagen, dass mir ein Zahn abgebrochen ist, zwar sieht man es nicht, aber es hat mich so betrübt, dass ich im ersten Augenblick beinahe in Ohnmacht gefallen wäre. Inzwischen betrachte ich dieses Missgeschick mit mehr Gleichmut. Ich habe Dir bereits am Dienstag einen Brief geschickt, aber da Du mir *befohlen* hast, unverzüglich zu schreiben, erfülle ich den Befehl meines Gebieters. Und weißt Du, mein teurer, lieber Freund, ich habe ständig das Gefühl, Du kommst diesen Sonntag, obwohl Du es nicht versprichst. Wie schön wäre das. Voller Ungeduld werde ich auf den nächsten Brief warten und bis dahin keine rechte Ruhe finden. [...] Bestell Mama und Wanja einen Gruß. Ich küsse und umarme Dich viele Male, Billionen Mal, ich denke an meinen Gatten, ich liebe ihn, aber ich *glaube ihm nicht*; Fedja sagt, er hat Papa li-ieb.

Ich bleibe Deine liebende Frau Anja

Lieber Fedja, das Herz schmerzt mir oft vor Sehnsucht nach Dir.

Nach Staraja Russa

Petersburg, Montag, 13. August 1873

Mein liebes Täubchen Anetschka, ich habe Deinen lieben Brief erhalten und war sehr traurig, als ich las, dass die Kinderchen losweinten, als ich wegfuhr. Die lieben Täubchen! Sag ihnen gleich, dass Papa an sie denkt, sie küsst und sie in Petersburg erwartet. Ich umarme und küsse sie in einem fort und segne sie. Ich, Anja, fühle mich noch immer unwohl: die Nerven sind überreizt, der Kopf ist wie umnebelt, und alles scheint sich zu drehen. Noch nie, nicht einmal nach den stärksten Anfällen, befand ich mich in einem solchen Zustand. Es ist sehr schwer. Mir wird bange um meinen Kopf. Ich verstehe selbst nicht, was mit mir los ist. Bin wie im Traum und Halbschlaf und durch nichts zu wecken. Ich müsste mich wenigstens zwei Wochen von der Arbeit und von der dauernden Sorge erholen können – das ist es. Der nächstliegende Grund ist, so meine ich, dass ich von dem Anfall noch nicht recht wieder zu mir gekommen bin, mich kein einziges Mal ausschlafen konnte – da war die Reise, dann allerlei Ausschweifungen, dann erneut die Reise und danach sofort hier verstärkte Arbeit, fehlender Schlaf. Ich fürchte sehr, sehr einen neuen Anfall. Du, Anja, denkst gewiss [mehrere Wörter durchgestrichen], meine Anfälle seien wie die vorigen, aber ich weiß bestimmt, sollte jetzt, gerade in dieser Zeit, noch ein Anfall kommen, wäre das mein Tod. Es wäre ein Schlaganfall. Ich fühle das, ich spüre, dass dem so ist. Dabei habe ich eine Unmenge Arbeit, und ich muss mich ganz allein darum kümmern. Besonders diese Woche ist sehr schwer, sämtliche Mitarbeiter sind ferngeblieben, und ich muss mich allein für alle abrackern.

Für die 25 Exemplare »Dämonen« habe ich […] 61 Rubel, 25 Kopeken bekommen. Doch von Klein habe ich gestern nur

75 Rubel erhalten, der Rest kommt später. Dabei hat er mir eine unerträgliche Grobheit an den Kopf geworfen, wofür ich ihn aufs Schärfste zurechtgewiesen habe, so dass er im Nu verstummte und künftig wohl weiß, mit wem er es zu tun hat. Den Rest verschob er auf den 20. August, aber ich sagte, ich käme am 1. September, verlange dann jedoch die genaue Anzahl der Exemplare zu erfahren, die angeblich absolut nicht ermittelt werden kann, d. h., ich wolle genau wissen, wie viel insgesamt verkauft ist. Deshalb kam es auch zum Streit. [...] Indessen habe ich erst unlängst erfahren, dass Kolja sehr krank ist. Ich fragte Sheromski, als ich ihn schon zur Tür begleitete, wie es Kolja gesundheitlich gehe. »Oh, es besteht keine Hoffnung mehr.« – »Was sagen Sie da? Was ist mit ihm?« – »Er hat Afterkrebs (letzte Stufe der Hämorrhoiden, unmittelbar vor dem Tod). Ich hörte es von Bartsch, er hatte ihn gerade untersucht. Im September wird er bestimmt sterben.«

Du kannst Dir vorstellen, wie überrascht ich war! Gleich gestern (am Sonntag) fuhr ich zu Kolja. Er ist gesünder denn je. Zwar war er kürzlich so krank, dass sie, sagte Sascha, ernsthaft befürchteten, er werde sterben. Aber jetzt ist er gesünder als zuvor, hat nie Krebs gehabt, und nie hat ihn irgendein Bartsch untersucht. Da kannst Du sehen, wie dieser niederträchtige Sheromski lügt und lügen kann.

Kolja und ich haben uns sehr einträchtig unterhalten. Mittag gegessen habe ich bei Sascha (sie war hochnäsig), sie rang sich gegen Ende mit Mühe und Not eine Frage nach Dir und den Kindern ab, und zwar erst nach dem Mittagessen. (Du aber gehst sie immer gleich als Erste besuchen.) Kroppzeug sind die Leute, Kroppzeug allesamt, bis auf Kolja. Ich wollte übrigens auch schon zu Pascha gehen (endlich einmal), und plötzlich ist er, heimlich und ohne jemandem etwas zu sagen, aus Angst vor den

Trischins in die Nikolai-Straße umgezogen, neben die frühere Wohnung von Iwan Grigorjewitsch. Ich habe sie trotzdem gestern in der Nikolai-Straße ausfindig gemacht und eine Stunde bei ihnen gesessen. Pascha hatte von irgendetwas zu viel gegessen und musste sich in meiner Gegenwart übergeben, und überhaupt ist er im Schoße seiner Familie schrecklich komisch. Sich in einer Wohnung vor den Trischins zu verstecken ist das reinste Vaudeville. Ihr Töchterchen, das arme Ding, sieht so mager und so hübsch aus. Sie tat mir so leid. Nach Hause bin ich um 9 Uhr zurückgekehrt, wie gerädert, und habe bis früh um 5 an der Lektüre der Artikel gesessen. – Auf Wiedersehen, lieber Engel, ich küsse Deine Hände und Deine Füße und wünschte, Du liebtest mich wenigstens ein Zehntel so stark, wie ich Dich liebe, und nicht nur mit Worten. Auf Wiedersehen. So ein kurzer Brief, aber er hat mich ermüdet. Küsse die Kinderchen, die Engel, meine Götter.

Ganz Dein und ihr F. Dostojewski

Nach Petersburg

Staraja Russa, 16. August 1873

Nie in meinem ganzen Leben, lieber, teurer Fedja, bin ich so erschrocken wie heute Morgen. Gegen 9 Uhr erhielt ich Deinen Brief, der mich einfach bestürzte: Aus ihm war ersichtlich, dass Du krank bist, vielleicht sogar mehr, als Du schreibst. Selbst die Handschrift hat sich verändert, offenkundig hast Du mit schwacher Hand geschrieben. Der Schreck fuhr mir in alle Glieder, zumal Du seit Montag womöglich noch kränker geworden bist. Ich beschloss, sofort ein Telegramm aufzugeben und zu fragen, ob es Dir besser geht, und wenn nicht, dann wollte ich morgen nach

Petersburg fahren. Ich war schon drauf und dran, aber gerade als ich in die Diele hinausging, kam ein Bote mit einem Telegramm. Ich war so überreizt, dass ich beim Anblick des Telegramms einfach den Verstand verlor; ich stieß einen schrecklichen Schrei aus, fing an zu weinen, riss ihm das Telegramm aus der Hand und wollte den Umschlag öffnen, aber mir zitterten die Hände, und ich fürchtete etwas Schreckliches zu lesen, so weinte ich nur und schrie laut. Auf mein Geschrei eilte der Wirt herbei und redete zusammen mit dem Telegraphisten beruhigend auf mich ein. Schließlich las ich es durch und war so irrsinnig froh, dass ich lange weinte und lachte. Weil ich mich um Dich gesorgt hatte, dachte ich beim Anblick des Telegramms, es gehe Dir entweder sehr schlecht oder Du seiest gar gestorben. Als ich das Telegramm in den Händen hielt, hatte ich das Gefühl, wenn ich jetzt lese, Du seiest gestorben – verliere ich den Verstand. Nein, lieber Fedja, wenn Du meine schreckliche Angst gesehen hättest, dann würdest Du nicht mehr an meiner Liebe zweifeln. Man fällt nicht in solche Verzweiflung, wenn man einen Menschen nur wenig liebt. Aber jetzt bin ich vollkommen ruhig, was Dich betrifft, bloß, ich flehe Dich an – schone Dich und überanstrenge Dich nicht. Mich überkam geradezu Hass auf den »Grashdanin«, weil er Dir so viel Arbeit abverlangt. Ach, wenn Du ihn Dir doch vom Halse schaffen könntest!

Wir sind Gott sei Dank gesund, und die Kinderchen sind sehr munter. Sie genießen die letzten Tage hier. Das Wetter ist schön, aber man spürt schon, dass es kühler wird. Wenn Du Dich erholt hast, bleiben wir noch bis zum 23. oder 24. August. Fedja spricht sehr viel, z. B.: »Fedja deht slafen« oder »Mama, hinsetzen auf Boden, das Tleuz (Kreuz) tommt, für Dott in der Tirche Tleuz küssen«, und er hält mir ein Buch zum Küssen hin. Überhaupt spricht er unheimlich viel und zusammenhängend. Lilja will immerfort nach Petersburg zu Papa. Übermorgen beenden wir die Bäder. Mehr kann ich nicht schreiben, weil ich nach den heutigen Aufregungen ganz krank bin. Ich will nur wiederholen, bei uns steht alles zum Besten, und wir träumen von unserer Ankunft in Petersburg. Geld haben wir genug, ich gehe sehr sparsam damit um, sei auch Du sparsam. Ich küsse und umarme Dich unzählige Male, ich liebe Dich so, wie man nur irgend lieben kann, von ganzer Seele, von ganzem Herzen; es tut mir schrecklich leid, dass Du mir nicht glaubst und denkst, ich liebte Dich zu wenig; wenn Du mich nur halb so viel lieben würdest, wäre ich glücklich. Ich küsse Dich noch einmal. Deine Anja, Ljuba, Fedja.

Nach Staraja Russa

Petersburg, Sonntag, 19. August 1873

Es tut mir sehr leid, meine liebe kleine Freundin, dass ich Dir solchen Schreck eingejagt habe. Das kam folgendermaßen: Am 15. oder am 14. erhielt ich Deinen Brief und ersah aus ihm, dass Du Dich sehr um meine Gesundheit sorgst. Und so schrieb ich Dir auf der Stelle, dass ich schon wieder wohlauf bin (was auch der Wahrheit entsprach) und alles auf Ausschweifungen und Müdigkeit zurückführe. Den Brief schickte ich ab, und die Nacht vom 15. zum 16. habe ich durchgearbeitet; als ich mich aber gegen Morgen hinlegen wollte und schon lag, um 5 Uhr, erinnerte ich mich plötzlich beim Einschlafen, dass Du in dem Brief geschrieben hattest, Du müsstest entweder am 24. oder am 16./17. von Russa abreisen, weil am 19. alle aufbrechen und dann viel Gedränge herrscht. Da dachte ich mir: Sie sorgt sich um meine Gesundheit, mein Brief wird erst wer weiß wann ankommen, wenn sie aber meinen 2. (beunruhigenden) Brief erhält, entschließt sie sich womöglich überstürzt, am 16./17. abzureisen. Indessen ist das Wetter herrlich, wir würden also die Kinder eher als nötig der frischen Luft berauben. In Petersburg ist es heiß, staubig. Ich sprang vom Bett auf, machte das Telegramm fertig, zog mich an, ging zum Telegraphen, der ja nur zwei Schritt entfernt ist, und gab es 10 Minuten vor 6 Uhr auf in der Hoffnung, dass es Dich, wenn Du heute, am 16., fahren wolltest, trotzdem noch in Russa erreichen und die Reise verhindern könnte. So ist das alles gekommen. Ich gestehe, ich hatte schon den Gedanken: Wie wirst Du womöglich erschrecken! Und dennoch dachte ich nicht, dass es so schlimm wird! Bleibt dort, meine Täubchen, solange es geht, und kommt dann Ende des Monats. Ich denke sehr viel über Eure Reise nach, Anja. Jetzt ist ja das Wetter schön. Nach meinen Berechnungen werden wir um den 25. Vollmond haben und strömenden Regen. Die Kinder brauchen *für alle Fälle* richtige Winterkleidung. In den Waggons aber muss man sich um die Plätze streiten, Ellenbogen haben. Nur durch Zufall findet man manchmal einen guten Platz. Auf der Nikolai-Bahn ist es in dieser Hinsicht am schlimmsten.

Ich habe schrecklich viel zu tun, Anja, mehr und mehr überarbeite ich fremde Texte, redigiere einfach wie ein Zwangsarbeiter. Ich wundere mich selbst über meine Gesundheit, dass ich das alles aushalte. Von den 1000 kleinen Scherereien schreibe ich Dir gar nicht erst; aber, Anja, es gibt auch große Sorgen, ernsthafte, und sie alle habe ich vorausgesehen. Das Wichtigste ist jetzt unsere Wohnung. Hier können wir nicht bleiben, Anja, ich sage das wohlüberlegt, ohne mich zu ereifern. Ich habe die Sache Anna Nikolajewna dargelegt, auch sie sagt, man *könne nicht* bleiben. Sliwtschanski ist irgendwie geistesgestört (das glaube ich im

Ernst). Er wird im Dezember zu uns sagen: »Ziehen Sie aus«, *ohne jeden Grund*, und uns auf die Straße setzen. Alexandras Pass ist abgelaufen. Ihren Pass hatte er selbst gesehen, und er weiß, dass sie keine Landstreicherin ist. Sie hat den Pass nebst Geld für die Zusendung eines neuen nach Kronstadt an das Stadtoberhaupt geschickt und eine Quittung von der Post bekommen, dass der Pass entgegengenommen wurde. Aber aus Kronstadt ist schon seit 2 Wochen nichts zu sehen und zu hören. Und da setzt Sliwtschanski ihr zu und droht, sie aus dem Haus zu jagen. Als er sie heute traf, sagte er zu ihr: »Ich werde deinem Herrn einen Brief schreiben, dass er Augen macht!« Was ist das für eine Art, mit den Mietern umzugehen, wenn man ihr Dienstmädchen wegen Lappalien fortjagt, die ihn überhaupt nichts angehen. Vorgestern schickte mir Gladkow aus der Redaktion einen soeben eingegangenen, höchst wichtigen Brief des Fürsten, an mich adressiert. Wir haben in der Redaktion außer dem Bediensteten noch einen Boten; er trägt eigens auf Anordnung des Fürsten russische Kleidung und einen Bart, aber eine stutzerhafte Kleidung und stutzerhafte Stiefel. Der Bote eilt zu mir mit einem großen versiegelten Schreiben in den Händen, steigt die Treppe hoch, will klingeln – und plötzlich kommt der Wirt die Treppe herunter: »Wie kannst du es wagen, über die Vordertreppe zu gehen! Du Bauer! In Bauernkleidung geht man nicht über diese Treppe! Marsch, ab zum Hintereingang!« Er packte ihn am Ärmel und zog ihn von der Treppe, und jener musste über den Hof vom Hintereingang hereinkommen. Dabei hatte er doch den Brief in den Händen des Boten gesehen. Verstehst Du, Anja, manch einer wäre vielleicht beleidigt [...], und wem das alles nicht so wichtig ist, der lässt es dann womöglich bleiben und sucht gar nicht erst den Hintereingang. Auch die Boten aus den Buchläden, die nach einem Buch kommen, gehen dann vielleicht wieder weg. Und der Wirt, falls er es erfährt, wird möglicherweise auch nicht zulassen, dass Bücher über den Vordereingang ausgeliefert werden. Er steht in aller Frühe auf und schleicht den ganzen Tag über alle Treppen und durch das ganze Haus, spioniert herum und sorgt für Ordnung. Ich wollte schon zu ihm gehen und ihn über den *Boten* aufklären, besann mich jedoch und dachte, dass er dann gleich sagen würde: »Ziehen Sie aus.« Also war ich entschlossen, das alles bis zu Deiner Ankunft zu ertragen. Aber heute gab es erneut eine Verdrießlichkeit: Alexandra bittet an Feiertagen manchmal (sehr selten), einen Besuch machen zu dürfen. Und da ich auch weggehen muss, verschließe ich die Wohnung beim Verlassen und gebe den Schlüssel zum Hausknecht, so dass ich oder *Alexandra*, je nachdem, wer früher zurückkehrt, den Schlüssel stets beim Hausknecht vorfinden kann, um in die Wohnung zu gelangen. So habe ich auch kürzlich, vor 4 Tagen, den Schlüssel beim Hausknecht hinterlegt. Sliwtschanski erfuhr davon und verbot dem Hausknecht auf der Stelle, den Schlüssel von mir entgegenzunehmen. Und nun muss ich, wenn ich in Abwesenheit von Alexandra aus dem Haus gehe, den Schlüssel auf dem Abort lassen, an einer bestimmten Stelle auf dem Brett. Aber es ist trotzdem ein Risiko; ich habe doch Redaktionsgelder in meiner Wohnung! Wenn er unsere Kinder auf dem Hof sieht, wird er bestimmt auch irgendetwas auszusetzen haben und die Kinderfrau anschreien, wie er es auch mit anderen gemacht hat; dann werde ich ihn unweigerlich verprügeln. Und deshalb habe ich beschlossen, auf jeden Fall auszuziehen. Die ständige Angst den ganzen Winter und die dauernde Furcht vor einem Streit – davon werde ich bei meiner Empfindlichkeit noch krank! Ach, Anja, ich habe gesehen, was für ein Mensch das ist, als wir, erinnerst Du Dich, bei ihm waren und er wegen der Katze zu uns sagte: »Gehen Sie.« Zudem sind jetzt die Wohnungspreise im Vergleich zum vorigen Winter noch um 30 Prozent gestiegen. Er ist sicher, dass er Mieter bekommt, und so macht er Radau. Ich habe beschlossen auszuziehen, auch wenn wir 900 Rubel bezahlen müssen. Ich sage klipp und klar – in dieser Wohnung will ich nicht bleiben. Was wir für die Wohnung mehr bezahlen, das holen wir mit anderem wieder herein: mit der Gesundheit der Kinder und mit meiner Ruhe. Wenn ich Ruhe habe, kann ich mehr und besser schreiben.

[...] Auf Wiedersehen, ich umarme Dich. Wenn ich eine Wohnung finde, lasse ich sie reservieren und leiste eine Anzahlung, ohne auf Dich zu warten, gibt es doch von Tag zu Tag weniger Wohnungen. Also auf Wiedersehen.

Ganz Dein

F. Dostojewski

1874

Nach Staraja Russa

Ems, Mittwoch, 13. / 25. Juni 1874

Nun bin ich also in Ems, liebes Täubchen Anja, gestern gegen Mittag kam ich an, war aber von der Reise und den Laufereien in Ems so müde, dass ich Dir beim besten Willen nicht gleich am Abend (wie beabsichtigt) schreiben konnte. Mir schwirrte der Kopf, und es sauste in den Ohren. Von Petersburg bin ich Freitag früh an einem kalten, regnerischen Tag abgefahren, kam munter in Eydtkuhnen an und konnte in der Nacht sogar rund vier Stunden liegend schlafen. In Eydtkuhnen war es noch kälter als in Petersburg, und so ging es bis Berlin, wo am ersten Tag ebenfalls solche Kälte herrschte, dass ich schon meinen wattierten Mantel anziehen wollte. Die zweite Nacht habe ich im Eisenbahnwagen kaum geschlafen. Unterwegs hatte ich viele interessante und sogar komische Erlebnisse, doch das erzähle ich beim Wiedersehen. In Berlin kam ich Sonntag an, und das Bankkontor von Mendelssohn, auf das die Anweisung von Winiken für mich ausgestellt ist, war geschlossen. Die Ärzte haben ebenfalls sonntags keine Sprechstunde, und so plagte mich den ganzen Tag die Langeweile. Schlafen gelegt habe ich mich übrigens nicht (wir waren um 7 Uhr morgens angekommen), sondern ich ging ins Königliche Museum, um mir Kaulbach anzusehen, in dem ich nichts als kalte Allegorie fand. Doch die anderen Bilder, die alten, aus verschiedenen Schulen, sind nicht schlecht, und zu Unrecht waren wir beide auf unserer ersten Durchreise nicht dort. Aber, mein Gott, was für eine langweilige, schreckliche Stadt ist Berlin! Nahezu unglaublich war meine Langeweile und die Sehnsucht (nach Euch). Immerzu sah ich mir die Photographie von Ljubotschka an, wohl dreimal betrachtete ich sie, gab mich Erinnerungen hin. – Die Deutschen waren zum Sonntag alle auf der Straße und im Feiertagsstaat, ein grobes und ungehobeltes Volk. In der Konditorei riet mir ein junger Mann, einmal zu Kroll hinter dem Tiergarten zu fahren, wo ein Vergnügungspark und ein Operntheater sei. Tatsächlich wurde »Fidelio« gegeben, und ich wollte sehr gern hinfahren, aber als ich nach Hause kam, überfiel mich eine solche Müdigkeit, dass ich gleich ins Bett sank. Am nächsten Morgen war ich bei Mendelssohn und bei Frerichs. Diese Leuchte der deutschen Wissenschaft wohnt in einem Palast (buchstäblich). Als ich auf meinen Aufruf wartete, fragte ich einen anderen Patienten, wie viel man Frerichs zahle, und er antwortete mir, das sei nicht festgelegt, er selbst werde 5 Taler geben. Ich beschloss, ihm drei zu geben. Mit jedem Patienten befasst er sich drei, allenfalls fünf Minuten. Mich behielt er nicht länger als zwei Minuten da und berührte lediglich mit dem Stethoskop meine Brust. Danach sprach er nur ein einziges Wort: »Ems«, setzte sich schweigend hin und schrieb zwei Zeilen auf einen Fetzen Papier. »Hier haben Sie die Adresse eines Arztes in Ems, sagen Sie, dass Sie von Frerichs kommen.« Ich legte drei Taler hin und ging. Der Weg hatte sich gelohnt. An diesem Tag waren endlich die Geschäfte offen, und ich machte mich auf, um für Anna Gawrilowna den Schal zu kaufen, was mich viel Lauferei kostete. Ich suchte und suchte nach einem Geschäft. Deren gibt es in Berlin unzählige und Waren in rauen Mengen, aber ich bekam lange nicht, was ich wollte: Entweder sie verstehen einen nicht, oder sie zeigen offenkundig das Falsche. Endlich gab man mir in einem Geschäft die Adresse eines anderen, und obwohl dort keine Schals geführt wurden, ließ man welche holen, und schließlich kaufte ich einen. Ich glaube, er ist sehr hübsch und im Material vielleicht sogar besser als Deiner, weil die Farbe *schwärzer* ist, das tiefste Schwarz, das es nur geben kann, während Deiner etwas ins Rötliche spielt. Sie versichern, die Qualität der Farbe werde sehr geschätzt. Er ist so groß wie Deiner, ohne alle Stickerei, aber mit kleinen Fransen (anders bekommt man sie nicht). Sie verlangten 22 Taler. Ich handelte, verließ das Geschäft, und schließlich erklärten sie sich einverstanden, ihn für 19 abzugeben. Sie hatten auch noch einen anderen Schal, den sie für 18 verkauften, aber er war nicht so tiefschwarz. Ich entschloss mich, ihn zu nehmen, da ich die Hoffnung aufgegeben hatte, einen anderen zu finden. Als ich ihnen versicherte, dass ich einen Schal (Deinen) mit Stickerei und billiger gekauft habe, fragten sie mich, ob das schon lange her sei, und als ich sagte, vor 5 Jahren, fingen sie an zu lachen. »Seitdem«, sagten sie, »sind fast alle diese Waren um 25 Prozent teurer geworden.« Da mir Anna Gawrilowna 14 Silberrubel gegeben hat, wären das nach dem Kurs etwa 16 Taler, demnach habe ich nicht mehr als 3 oder höchstens 3 ½ Rubel darüber bezahlt. Diesen Betrag, Täubchen Anja, wollen wir Anna Gawrilowna besser schenken (sie haben Dich und die Kinder so lieb), und Du wirst mir deswegen bestimmt nicht böse sein. Jetzt muss ich den Schal im Koffer mit herumschleppen, denn ihn mit der Post nach Russland zu schicken ist undenkbar, es wird zu teuer, so bringe ich ihn selber mit. Danach kaufte ich eine Menge Zigaretten, und da noch Zeit blieb, Krolls Garten zu besuchen, fuhr ich hin. An dem Tag war klares Wetter. Dieser Garten ist ganz abscheulich, aber eine Unmasse Publikum, und die Deutschen ergehen sich dort mit Wonne. Meine 10 Groschen Eintritt galten auch für einen Besuch des Theaters, allerdings nur für einen Stehplatz auf der Galerie. Das Theater ist ein riesiger dunkler Saal für etwa 1000 Zuschauer, die Bühne 10 Schritt lang, das Orchester besteht aus 12 Mann (gar nicht schlecht), und sie spielen – stell Dir vor – »Robert«. Ich hörte mir die Hälfte des 1. Aktes an und floh vor den schrecklichen deutschen Sängern schnurstracks nach Hause, denn es war Zeit zur Abfahrt. Schließlich reiste ich um 10 Uhr abends weiter nach Ems.

Hier sind die Nächte dunkel wie im Winter. In dieser Nacht habe ich kein Auge zugetan, wir saßen wie die Heringe, aber als es zu tagen begann – Anja, meine Liebe, so etwas habe ich noch nie im Leben gesehen. Was ist die Schweiz, was die Wartburg (erinnerst Du Dich?) im Vergleich zu dieser letzten Hälfte des Weges nach Ems. Alles, was man sich an Verführerischem, Zartem, Phantastischem einer Landschaft nur denken kann, der bezauberndsten auf der Welt; Hügel, Berge, Schlösser, Städte wie Marburg, Limburg mit reizenden Türmen, in einem erstaunlichen Zusammenspiel von Bergen und Tälern – dergleichen habe ich bisher nie gesehen, und so fuhren wir an einem heißen, sonnenüberstrahlten Morgen nach Ems. Ems ist ganz von dieser Art. Der gestrige Tag war bezaubernd. Das Städtchen Ems liegt in einer tiefen Schlucht zwischen bewaldeten Hügeln von etwa zweihundert Sashen Höhe oder etwas mehr. An Felsen (den malerischsten der Welt) lehnt sich das Städtchen, das eigentlich nur aus den beiden Uferquais des (nicht sehr breiten) Flusses besteht und sich nirgends weiter ausdehnen kann, weil die Berge es beengen. Es gibt Promenaden und Gärten – und alles reizend. Von der Lage bin ich entzückt, aber man sagt, ebendiese Gegend wirke bei Regen oder bei trübem Himmel so düster und traurig, dass sie selbst einen gesunden Menschen melancholisch stimmen könne. Dafür bin ich vom Komfort keineswegs entzückt, die Preise, die Preise ...! Grässlich! Alles, was Du und ich uns vorgestellt haben, als wir auf ein kleines Privatquartier für mich in Ems rechneten, erwies sich als unmöglich, denn *Privatquartiere* gibt es überhaupt *nicht.* Vor 5 Jahren war Ems so gut wie bedeutungslos, jetzt aber, da man es plötzlich rühmt und aus ganz Europa anreist, hat jeder Hausbesitzer herausgefunden, was er tun muss: Alle Häuser wurden hergerichtet und zu *Hotels* umgebaut. Und deshalb gibt es zwei Sorten von Hotels: etwa 10 Häuser sind richtige, regelrechte Hotels, und alle (buchstäblich alle) übrigen nennen sich *Privathotels.* Sie haben die gleichen Zimmer, das gleiche Personal und sogar fast alle auch Restaurants. Im kleinsten Haus gibt es bis zu 20 Zimmern. Die meisten Zimmer sind ziemlich klein. Ich bin im Hôtel de Flandre an der Eisenbahn abgestiegen, wo man mir für 25 Groschen ein

Zimmerchen gab, in dem man sich nicht drehen kann und nicht einmal das notwendigste Mobiliar vorfindet (keinen Kleiderschrank und keine Kommode); man zeigte mir an der Wand drei Nägel, an die ich meine Kleidung hängen könne. Das Dienstpersonal ist schrecklich. Ich begab mich sofort auf Zimmersuche und war wohl in 15 Häusern. Überall die gleichen Preise. Im Übrigen zeigte man mir für 25 Groschen (den niedrigsten Preis für ein Zimmer) und für einen Taler durchaus größere und bessere Zimmer als meins und komfortablere, aber klein, und vor allem – ringsum ist alles voll belegt, der eine Mieter singt laut, der andere knallt die Türen, ich aber möchte doch den Roman schreiben! Table d'hôte ist überall in den Hotels und Restaurants um ein Uhr, denn alle stehen früh 6 Uhr auf, um Punkt 7 an der Quelle zu sein und Brunnen zu trinken, denn später, nach ½ 8 Uhr, wird keiner mehr ausgegeben und die Quelle geschlossen. Um 4 Uhr ging ich, ohne Mittag gegessen zu haben, zum Arzt, um wenigstens endgültig zu erfahren, zu wie viel Wochen Aufenthalt in Ems er mich verurteilt. Ich ging zu Doktor Orth (dem von Bretzel), nicht zu Gutentag (dem von Frerichs), und gab ihm den Brief von Bretzel. Orth hat ebenfalls eine prächtige Wohnung und desgleichen eine Menge Patienten. Er las Bretzels Brief durch, untersuchte mich sehr gründlich und sagte, ich hätte einen *vorübergehenden* Katarrh, nichts weiter; nichts, was nach einer Schwindsucht aussehe, aber die Krankheit sei durchaus ernst zu nehmen, denn ohne Behandlung würde mir mit der Zeit das Atmen immer schwerer fallen; außer einer allgemeinen Verstimmung (des Magens, Fieber u. a.) fand er, am meisten sei der hintere Teil der Brust angegriffen, und als ich ihm erwiderte, dass ich nichts Besonderes spüre, beharrte er auf seiner Meinung, sagte aber, nach der Fahrt *müsse* ich ja angegriffen sein, doch in einigen Tagen könne auf dieser hinteren Seite eine Erleichterung eintreten, er versicherte, die Kur werde Erfolg haben, verordnete mir aber nicht Kränchen wie Koschlakow, sondern eine andere Quelle, Kesselbrunnen, mit der Begründung, dass ich zu Durchfall neige, wie Bretzel ihm geschrieben habe. Ich ärgere mich jetzt schrecklich, dass ich vergessen habe, ihm zu sagen, ich neigte eher zu Verstopfung als zu Durchfall, und ich fürchte, dass die Verordnung, Kesselbrunnen zu trinken, ein Fehler war. In etwa 5 Tagen will ich wieder zu ihm gehen und es erklären. Er hat mir Diät verordnet – ich soll mehr Saures und mit Essig Zubereitetes (Salat beispielsweise) und fettes Fleisch essen. Obendrein Rotwein trinken, französischen oder hiesigen aus Ems. Ab morgen stehe ich um 6 Uhr auf und gehe Brunnen trinken (zwei Glas täglich). Dieser Emser Wein, hochgradig saures Zeug, kostet 20 Groschen die Flasche! Der französische ist unerschwinglich: einen Taler die Flasche Medoc, der bei uns, bei Fejk, 50 Kopeken kostet. Danach machte ich mich auf die Suche nach einem Mittagstisch und fand heraus, dass es in den großen Hotels (*Russischer Hof** und English Hotel) außer der Table d'hôte um ein Uhr auch Diners à part gibt, allerdings zu einem Taler und 10 Groschen, d. h. zu 40 Groschen. Ich bestellte ein solches Essen: Sie servierten etwa 10 Speisen, die gut zubereitet waren, davon 5 Fleischspeisen, so dass es mir zu viel wurde und ich die Hälfte zurückgehen ließ. Für 25 Groschen an der Table d'hôte bekommt man weniger. Andere Mittagessen gibt es in ganz Ems nicht. Einzelportionen kann man überall haben, doch für die Portion verlangen sie 15 Groschen! Endlich entschloss ich mich, in einem Haus eine Wohnung zu mieten. Die Wirtin ist eine alte Dame mit Brille, die übrigens einen Mann hat, eine höfliche, aber schlaue Alte. Das Personal ist weiblich. Sie hat 26 Zimmer im Haus. Mir zeigten sie zur Auswahl zwei Wohnungen – ein schönes und großes Zimmer, komfortabel möbliert, mit Balkon, 14 Taler die Woche, und eine andere Wohnung, bestehend aus zwei Zimmern, allerdings viel kleiner, ebenfalls sehr komfortabel möbliert, doch nur das eine Zimmer ist schön hell, das andere, das Schlafzimmer, hat zwar zwei Fenster, doch die gehen auf eine 2 Arschin entfernte Hauswand, weshalb es viel dunkler ist, ebenfalls 14 Taler die Woche. Ich habe schrecklich gefeilscht und 12 Taler die Woche ausgehandelt. Zudem bot sie selbst an, mir Kaffee, Mittagessen, abends Tee und einen *Imbiss* zuzubereiten – für anderthalb Taler den Tag. Also habe ich für die *Woche* mit Wohnung 22 ½ Taler zu bezahlen. Ich vergaß, Dir zu sagen (das Wichtigste), dass Orth die Dauer meiner Kur nicht auf 6 Wochen, sondern nur auf 4 festgesetzt hat. Somit wird das Geld, auch wenn es schrecklich abnimmt, doch reichen. Am Abend bin ich vom Hotel zu der Wirtin umgezogen. Für *alle Fälle* die Adresse des Hauses *(Haus Blücher Nr. 7*)*, d. h., ich wohne in Nr. 7 (Zimmernummer, nicht Hausnummer). Aber schreibe unbedingt nur *poste restante*, denn wer weiß, ich könnte ja von hier wegziehen.

Zum Schluss etwas über Ems – hier herrscht großes Gedränge, Publikum aus aller Welt, Kleider und Glanz, und trotzdem ist ein Drittel der Zimmer nicht besetzt. Die Geschäfte sind erbärmlich. Ich wollte mir gern einen Hut kaufen, fand aber nur einen kleinen Laden, in dem es Ware gab wie bei uns auf dem Trödelmarkt. Und all das wird mit Stolz ausgestellt, die Preise sind überhöht, die Kaufleute aber würdigen einen kaum eines Blickes.

Mein Engel Anja, schreibe mir Armem recht oft. Ein Brief von Euch wird vielleicht erst übermorgen kommen, aber Du glaubst nicht, wie unruhig ich darauf warte, etwas über die Kinder zu erfahren. Meine Nerven sind angegriffen (von der Reise), und gestern Abend, als ich allein blieb, war mir einfach zum Weinen. Ich denke an meine Engelchen Ljuba und Fedja und habe Angst um sie: Pass gut auf, Täubchen, und schreib über alles offen und ehrlich. Dass Du nur nicht krank wirst! Gestern Nacht bin ich schrecklich zusammengefahren (und schon drei Nächte hintereinander sah ich Dich im Traum). Leb wohl, ich umarme Dich fest und küsse und segne meine Engel. Morgen stehe ich um 6 Uhr auf und gehe Brunnen trinken, folglich muss ich mich um 10 Uhr abends hinlegen. Wann soll ich den Roman schreiben – am Tage, bei solchem Glanz und Sonnenschein, wenn es einen zum Spaziergang lockt und die Straßen lärmen? Gott geb's, dass ich den Roman anfangen kann und wenigstens etwas skizzieren. Der Anfang ist schon das halbe Werk. Also werde ich viel eher zu Euch zurückkehren können. Im nächsten Brief berichte ich mehr darüber. Ich schreibe in drei, vier Tagen, nach Deinem Brief. Einen Gruß an alle, auch an die Kinderfrau. Ich küsse Dich tausendmal und liebe Dich unendlich. Stell Dir vor, wie Du mir vorgestern in Berlin im Traum erschienen bist: Als hätten wir gerade erst geheiratet, und ich nehme Dich mit ins Ausland und liebe Dich schrecklich, aber als wären Ljuba und Fedja auch schon da, nur irgendwo anders, nicht bei uns, und wir sprechen von ihnen. Auf Wiedersehen.

Dein Dostojewski

Nach Staraja Russa

Ems, Sonntag, 28. / 16. Juni 1874

Ich kann nicht verstehen, meine liebe Freundin Anja, was für ein Durcheinander mit dem Datum herrscht. Hier bei uns ist heute, am Sonntag, der 28. nach dem neuen Stil (ich habe es anhand der Zeitungen überprüft). Du aber schriebst mir am Sonntag (dem vorigen), am 12. In meinem vorigen Brief (vom Mittwoch aus Ems) habe ich es auch verwechselt und den 27. nach neuem Stil eingesetzt, während doch der 25. war. – Aber ernster ist schon: Dein erster Brief (vom Freitag) ist mit dem 7. alten Stils datiert, das Kuvert aber trägt den Stempel Staraja Russa vom 10. und den Petersburger vom 11. Seltsam. Wenn Du ihn am Freitag oder selbst am Sonnabend aufgegeben hast, wie konnte Euer Postmeister dann den Brief erst am 10. abschicken? Rede ihm ins Gewissen!* – Und stell Dir vor, Deinen ersten Brief, vom 7. (übrigens, wenn Du auf den Briefen das Datum angibst, dann gib auch den Wochentag an, vergiss das nicht), – habe ich erst gestern erhalten, am *Sonnabend*, während ich ihn am Freitag hätte erhalten können, weil der hiesige Dummkopf von einem Beamten für die poste restante, obgleich ich wohl schon fünfmal da war und gefragt habe, sich einbildete, ich hieße nicht Dostoievsky, sondern Tostoevsky, und die Briefe unter dem Buchstaben T durchgesehen hat, so dass der Brief einen ganzen Tag vergebens bei ihm lag. Sie haben eine schreckliche Aussprache und stellen sich beim Hören stockdumm an. Ein Deutscher sagte unterwegs zu mir: upa, upa. Was ist das, upa?, fragte ich ihn, und schließlich stellte sich heraus, dass upa Oper heißen soll (wir unterhielten uns über Musik). Heute entschuldigte sich der Postmeister vielmals, und dafür erhielt ich auch gleich Deinen zweiten Brief. Anetschka, mein Liebes, ich danke Dir, dass Du mir pünktlich schreibst. Schreibe bitte öfter als einmal die Woche, schreibe einmal in 5 Tagen, so will ich es auch halten. Über Deine Briefe freue ich mich und lese sie mit Genuss, und jedes Mal sage ich mir: Wie klug sie doch ist. Ich zum Beispiel schreibe

* Ich schicke vielleicht ein Kuvert zum Beweis.

8 Seiten und habe dann noch immer nicht alles gesagt, bei Dir aber ist auf 4 Seiten alles wunderbar gesagt, alles Notwendige, vernünftig, klar, nichts Überflüssiges, mit Verständnis dafür, was gerade gesagt werden muss, und mit Feingefühl. Du hast genau das erraten, was ich sehr gern über die Gespräche der Kinder lesen möchte. Außerdem schreibst Du mir nette Worte und sagst, dass Du mich liebst (wenn Du nicht lügst). Aber wie ich Dich erst liebe, mein Engel, *besonders jetzt!* Du meine Teure.

Wie froh bin ich, dass die Kinder derweil gesund sind. Allerdings ist Dein Brief vor einer Woche geschrieben. Gib auf sie acht, um Christi willen, so gut Du kannst. Du tust sehr recht daran, den Schwalbach zu trinken, und ich freue mich über Schenks Äußerung bezüglich Deiner Gesundheit. Meine größte Freude aber wird sein, Euch wiederzusehen. Ansonsten wird es mir hier schon sehr langweilig. Einen Tag nachdem ich Dir geschrieben hatte (d. h. am Donnerstag), bin ich das erste Mal zur Quelle gegangen. Sie ist nur ein paar Schritte von hier entfernt. Das Wetter war schrecklich, es goss in Strömen, weshalb ich mir von der Wirtin einen Schirm borgte, um hinzueilen. Das ganze Gesindel war schon da. Ganz Ems wacht um 6 Uhr morgens auf (ich ebenfalls), und rund zweitausend Kurgäste drängen sich bereits um ½ 7 an den beiden Quellen: Kränchen und Kesselbrunnen. Ebendort im Garten spielt eine Kapelle und beginnt gewöhnlich mit der sterbenslangweiligen lutherischen Hymne an Gott; ich kenne nichts Sentimentaleres und Unnatürlicheres. Jeder Kurgast muss sich hier ein Glas für die ganze Saison kaufen, auf dem mit kleinen Strichen die Zahl der Unzen markiert ist. Ich trinke 6 Unzen, zwei Glas, und gehe zwischen beiden eine Stunde spazieren, um 8 Uhr kehre ich nach Hause zurück und trinke Kaffee. Das Wasser schmeckt sauer-salzig, es riecht ein wenig nach faulen

Eiern und ist warm wie Tee, der 10 Minuten im Glas gestanden hat. Ganze zwei Tage (auch gestern) hatten wir wechselhaftes Wetter, bald Regen, bald Sonne, und mir war schrecklich trübe zumute. Wahrscheinlich hat sich mein Zustand von der Feuchtigkeit verschlechtert, das Röcheln ist stärker und der Husten trockener geworden, gestern aber und vorgestern schmerzte sogar die Brust, was in Petersburg sehr selten vorkam. In zwei Tagen suche ich den Arzt auf und erkläre ihm, dass es mir sogar schlechter geht. Zwar konnte sich so schnell noch nichts zeigen, aber ich nehme an, dass ich mich in der Feuchtigkeit erkältet habe. Doch heute ist ein wunderbarer Tag, Sonnenschein, alles strahlt, es ist schrecklich heiß, und mir geht es viel besser. Ich habe immerzu Angst, dass der Arzt einen Fehler gemacht hat, als er mir Kesselbrunnen und nicht Kränchen verordnete. Bretzel hat ihm geschrieben, dass ich zu Durchfall neige. Ich hatte zwar Durchfall, aber der kam von einer Magenverstimmung, meistens habe ich nicht Durchfall, sondern das Gegenteil. Was wird, weiß ich nicht.

Wenn klares Wetter ist, gehe ich spazieren und abends zum Konzert. Im Kursaal gibt es an russischen Zeitungen nur die »Moskowskije wedomosti«, französische hingegen genug. Alles ist hier erbärmlich und kläglich, die Geschäfte sind miserabel. Einzig die Lage ist berückend, aber nur für einen Augenblick, weil Ems in einer engen Schlucht zwischen zwei Bergketten liegt und man es in einem Augenblick überschaut. Den Garten und den Park habe ich schon kreuz und quer erkundet, und woanders hingehen kann man nicht. Überdies sind hier ewig Massen von Menschen (viel russische Laute, aber vor allem Deutsche). Nach dem Morgenkaffee beschäftige ich mich ein wenig, bis jetzt habe ich nur Puschkin gelesen und bin hingerissen vor Begeisterung, jeden Tag entdecke ich Neues. Dafür kann ich noch nichts von dem Roman entwerfen. Ich fürchte, die Epilepsie hat bei mir nicht nur das Gedächtnis beeinträchtigt, sondern auch die Phantasie. Ein trauriger Gedanke geht mir durch den Kopf: Was, wenn ich nicht mehr fähig bin zu schreiben? Na, wir werden sehen.

Um 12 Uhr gehe ich vor dem Mittagessen eine Stunde spazieren (denn ich esse Punkt eins zu Mittag). Ich dränge mich in der Menge, gehe kurz in den Kursaal Zeitung lesen. An Bekannten habe ich nur einen Deutschen, der im selben Eisenbahnwagen wie ich von Berlin hierher zur Kur (Brust) gereist ist und sich vor meinen Augen auf dem Berliner Bahnhof, ehe das letzte Pfeifen der Lokomotive ertönte, zärtlich (im guten Sinn) von seiner Frau verabschiedete (sie sind beide jung). Wir begegnen uns jetzt ab und zu und sprechen deutsch. Auch traf ich im Garten, oder besser gesagt, er kam auf mich zu (weil ich selbst niemanden erkenne), Slutschewski (einen Literaten, er ist bei der Zensur angestellt, redigiert die »Illjustrazija«) und erneuerte voller Freude unsere Bekanntschaft. Ich war ihm flüchtig im Winter in Petersburg begegnet. Er ist ein noch junger Mann, hier weilt er mit seiner Frau und den Kindern. Wollte mir unbedingt einen Besuch abstatten, ich weiß nicht, ob er kommen wird. Er typischer Petersburger, ein Mann von Welt wie alle Zensoren, mit Prätentionen auf die höhere Gesellschaft; kennt sich in allem wenig aus, recht gutmütig und recht ehrgeizig. Sehr anständige Manieren. Er zeigte mir beim Spaziergang alle hiesigen Russen. Mit seiner Frau geht er aus irgendeinem Grunde nie spazieren, aber seine Kinder liebt er anscheinend. Vorgestern Abend traf ich ihn bei ziemlich feuchtem Wetter, nachdem der Regen nachgelassen hatte, mit einer russischen Familie, und er bat mich mitzukommen. Mir war so langweilig, dass ich mitging. Eine Dame – Direktorin eines Instituts in Nowotscherkassk, etwa vierzig, sieht aber aus wie 25, mit ihrer Tochter – einer Schweigerin, etwa 15, aber sehr hübsch. Bei ihnen war noch ein Verwandter oder Bekannter, ein recht origineller, etwas alberner Mensch. Wir unternahmen einen Spaziergang auf einem feuchten Weg, ein kleines Stück in die Berge, bis zum ersten Restaurant, ruhten uns aus, erfrischten uns mit *Maytrank** und gingen zurück. Diese gnädige Frau versetzte mich in solche Schwermut, dass ich jetzt alle Russen strikt meiden werde. Eine Närrin, wie sie die Welt noch nicht gesehen hat. Eine Kosmopolitin und Atheistin, vergöttert den Zaren, verachtet aber das Vaterland. Die Kinder hat sie in Dresden erzogen, und sie sind vor zwei Monaten beide in Russland gestorben, geblieben ist ihr nur die letzte Tochter. Wahrscheinlich aus Kummer hat sie sich nach Paris begeben. (Das nennt sich bei ihnen Dienst, man beurlaubt sie für 4 Monate ins Ausland mit einer Zuwendung vom Staat!) In Paris hat sie sich mir nichts, dir nichts beim Dentisten einen prächtigen Zahn herausreißen lassen, der nicht schmerzte, sie aber aus irgendeinem Grund störte (sie hat Zähne wie Perlen und ist an sich recht hübsch). Der Dentist hat sie chloroformiert und *ihr den Kiefer gebrochen (!).* Ein anderer berühmter Dentist in Paris sagte ihr, sie könne Knochenfraß bekommen und daran zugrunde gehen, und nun muss sie wieder nach Paris fahren, um den gebrochenen Kiefer zu heilen. Jetzt aber ist sie wer weiß warum nach Ems gekommen, und überhaupt machen alle diese Leute wer weiß was, fahren herum, keiner weiß, wozu. Eine Schwätzerin und streitsüchtig. Ich habe ihr rundweg gesagt, dass sie unerträglich ist und nichts versteht, natürlich lachend und auf vornehme Weise, aber sehr ernst gemeint. Wir haben uns höflich verabschiedet, aber ich werde mich nie mehr mit ihnen treffen. In der Nacht hatte ich sogar einen Alptraum.

Ich bin also äußerst trübsinnig. Ich verstehe nicht, wie ich einen Monat hier leben soll. Vielleicht entwerfe ich etwas und setze mich an die Arbeit. Einstweilen lebe ich in materieller Hinsicht recht angenehm: Die Wirtsleute sind höflich, sie verpflegen mich nicht schlecht. Das ganze Haus (aus Stein gebaut, schön und jetzt von großem Wert) gehört der Wirtin, und sie kocht mir *selbst* das Essen. Ihre Tochter, etwa 17, hübsch und einigermaßen gebildet, bescheiden und offenherzig, bringt mir manchmal das Mittagessen und den Tee *selbst*, räumt sogar auf und wäscht im Haus. Für alle 12 oder 15 Mieter haben sie *ein* Dienstmädchen, die blatternarbige Minna, um die 35, sie arbeitet wie ein Ochse und bekommt von März bis Oktober insgesamt 7 Taler Lohn, d. h. pro Monat einen Taler; allerdings rechnet sie fest mit dem Trinkgeld der Mieter. Alles in allem herrscht im Haus Ordnung. In der 1. Etage wohnte ich bisher allein, doch gestern kamen reiche Leute aus Wien (Mann und Frau) und mieteten die ganze Etage, so dass ich plötzlich Nachbarn habe, die jetzt ein wenig Unruhe vor der Tür machen und mich stören. Nun, das ist vorläufig alles zu meiner Situation. Mein seelischer Zustand ist, wie ich Dir ja schon schrieb – Trübsinn und Langeweile, außerdem denke ich jeden Augenblick an Dich, Anka, ich sehne mich qualvoll nach Dir! Am Tage führe ich mir im Geist alle Deine guten Eigenschaften vor Augen und liebe Dich ungeheuer, und ich finde, dass Du unübertrefflich bist, abgesehen von einem kleinen Fehler – der Zerstreutheit und der häuslichen Nachlässigkeit (nicht Nachlässigkeit gegenüber den Kindern, ich weiß doch, was für eine Mutter Du bist!), einfach einer kleinen Unordentlichkeit. Dafür halte ich alles Übrige an meiner Anetschka für vollkommen und einmalig. Täubchen, ich kenne keine Frau, die Dir gleichkäme. Nehmen wir diese Närrin von vorgestern, wie könnte man sie mit Dir auch nur vergleichen, dabei sind jetzt fast alle so wie sie. Doch abends und wenn ich mich schlafen lege (das unter uns) denke ich schon mit Qual an Dich, ich umarme Dich in Gedanken und küsse Dich in meiner Vorstellung *ganz* (verstehst Du?). Anja, zur Wehmut meiner Einsamkeit fehlte nur diese Qual; ich muss ohne Dich leben und mich quälen. Du erscheinst mir verführerisch im Traum; träumst Du auch von mir? Anja, das ist sehr ernst in meiner Lage, wenn es ein Spaß wäre, würde ich es Dir nicht schreiben. Du hast gesagt, dass ich mich hier im Ausland vielleicht mit anderen Frauen abgebe. Meine Liebe, ich habe es jetzt erlebt, dass ich mir eine andere als Dich nicht einmal vorstellen kann. Ich brauche überhaupt keine anderen. Dich brauche ich, das ist es, was ich mir tagtäglich sage. So sehr habe ich mich an Dich und an das Familienleben gewöhnt. Was früher war, ist vorbei. Und in *dieser Hinsicht* ist niemand besser als meine Anetschka. Sei nicht prüde, wenn Du das liest; das sollst Du von mir wissen. Ich hoffe, Du zeigst diesen Brief niemandem.

Über die Kinderchen schreib alles, besonders was sie sagen und tun. Küsse Ljubka und Fedja. Sag ihnen, dass ich an sie denke, zu ihnen zurückkommen und Naschwerk mitbringen werde (ob ich nur Naschwerk mitbringe!). Grüß alle von mir, ich umarme Dich noch einmal.

Dein ewiger Ehemann

Dostojewski

Ich liebe Dich *wahrhaft* und bete jeden Tag leidenschaftlich für Euch alle. Die Kinder segne ich.

Gestern Abend beim Spaziergang begegnete ich zum ersten Mal Kaiser Wilhelm: einem großgewachsenen, hochmütig wirkenden alten Herrn. Hier erheben sich alle (auch die Damen), ziehen den

Hut und verneigen sich; er aber verbeugt sich vor niemandem, winkt nur hin und wieder mit der Hand. Unser Zar hingegen verbeugt sich hier vor allen, und die Deutschen schätzen das sehr. Man erzählte mir, dass Deutsche wie Russen (besonders die Damen unserer höheren Gesellschaft) ganz erpicht darauf sind, dem Zaren unterwegs zu begegnen und vor ihm zu knicksen. Damals waren in Ems noch mehr Russen, jetzt aber ist die eigentliche russische beau monde abgereist. An Wilhelms Seite ging ein junges Mädchen und unterhielt sich mit ihm, ihre Mutter und ihr Vater folgten in zwei Schritt Abstand. Das junge Fräulein hatte ein Gesicht wie ein Dienstmädchen, derbe junge Züge, aber recht hübsch, eine Deutsche aus der grand monde. Mutter und Tochter waren prächtig gekleidet. Am Ziel angekommen, verabschiedete sich der Kaiser von ihnen, beide Damen machten einen tiefen Hofknicks und fuhren stolz und beglückt in einer prächtigen Kutsche davon. Während Wilhelm neben dem jungen Mädchen ging, wälzte sich (buchstäblich) hinter ihnen in zehn Schritt Entfernung die Menge sämtlicher hiesigen Damen, manche ganz in Spitzen wie auf einem Ball. Waren die wohl neidisch! PS: Wann ich jetzt einen Brief von Dir bekommen werde – das weiß Gott! Ich selbst schreibe in 5 Tagen wieder. In der Zwischenzeit gehe ich zum Arzt.

Bleib vor allem gesund. Gib acht auf die Kinder.

D.

Vater Ioann und den Wirtsleuten einen besonderen Gruß. Die Kinderchen umarme ich. Sprich öfter zu ihnen von mir, damit sie mich nicht vergessen.

Schreibe mir, wann genau Fedja im Juli Geburtstag hat, damit ich ihn am richtigen Tag feiern kann.

Nach Ems

Staraja Russa, Sonnabend, 22. Juni 1874

Soeben habe ich Deinen Brief erhalten, mein lieber, teurer Feditschka, und ich will dir gleich antworten, damit der Brief unbedingt morgen abgeht und Du ihn recht schnell erhältst. Wir sind Gott sei Dank alle gesund, die Kinder sind unglaublich braun gebrannt und auch kräftiger geworden. Überhaupt steht bei uns alles zum Besten. Ich bin froh, Du mein Lieber, dass Du an uns denkst und sogar Sehnsucht hast. Wir vermissen Dich auch sehr, besonders ich. Aber die Zeit vergeht, und Du wirst bald zu uns zurückkehren. Gott geb's, dass es etwas nützt; ich bitte Gott jetzt nur darum, dass es mit Deiner Brust besser wird. Was Du über Deine Heiserkeit und den Schmerz in der Brust schreibst, beunruhigt mich ein [Wort durchgestrichen], im Übrigen denke ich, das kam von der Feuchtigkeit, und es geht Dir jetzt besser. Wir leben recht gut, nehmen Bäder und sind den ganzen Tag im Freien; die Kinder ermüden von den Bädern (Solbäder schwächen sehr) und schlafen am Tag; dafür spielen sie abends lange draußen. Ich trinke ebenfalls Brunnen (übrigens habe ich für diese 4 Tage aufgehört wegen der Zeit), aber bislang verspüre ich keine besondere Erleichterung; ich werde sehen, wie es weitergeht. Das Wetter bei uns ist wunderbar, Regen haben wir selten, meist nachts.

Mein lieber, teurer Fedotschka, zu Deiner Arbeit möchte ich Dir Folgendes sagen: Nimm Dir lieber ein wenig Zeit, dann kommt der Plan von selbst; Übereilung schadet nur. Ich entsinne mich, wie es mit dem »Idioten« und mit den »Dämonen« war. Du hast Dich lange mit dem Plan des Romans herumgeschlagen, aber als er sich dann herausgeschält hatte, ging die Arbeit sehr schnell voran. Du hast doch noch viel Zeit. Selbst wenn

Du Dich erst im September in Petersburg an die Arbeit setzen würdest, könntest Du noch viel schaffen. Zu große Eile könnte das Werk verderben: Dann muss der Plan umgearbeitet werden, und das schadet dem Künstlerischen. Verzeih mir, mein Liebster, dass ich Dir Ratschläge erteile, aber ich tue es reinen Herzens und als Deine große Verehrerin, die es schmerzen würde, wenn der Roman nicht gelänge. Wenn Du sagst, Du hättest durch die Epilepsie Deine Phantasie eingebüßt, so ist das gewiss nicht der Fall; ich glaube, Du hast noch immer dasselbe große Talent und Dir ist nichts davon verlorengegangen.

Die Kinder fragen oft nach Dir. Beide sind klüger geworden, und Ljuba erwirbt immer neue Kenntnisse. Einmal fassten sie Biksa (den Hund) an, ich verbot es ihnen; da sagte Lilja: »Mama, das ist doch kein *tollwütiger* Hund.« Ich fragte, woher sie wisse, dass Biksa nicht tollwütig sei. – »Bei einem tollwütigen Hund hängt der Schwanz immer runter, bei einem gesunden steht er hoch.«

Einmal unterhielten wir uns mit Sonja und Fissa über Bräutigame, und ich sagte, Ljubas Bräutigam sei Serjosha Kaschpirew. »Nein, er ist nicht mein Bräutigam, er kriegt den Mund nicht auf, mein Bräutigam ist Kostja, der Sohn vom Popen.« Dieser Tage kam Kostja aus Nowgorod. Die Mädchen hänselten Ljuba mit ihrem Bräutigam. Sie sah ihn und sagte dann zu mir: »Ich werde ihn doch nicht heiraten, er ist Soldat (Gymnasiast), aber ich bin doch keine Soldatin.«

Gestern hatte ich starke Kopfschmerzen, da sagte Fedja: »Mama, tausch deinen Kopf mit mir.« – »Dann tut er dir doch weh.« – »Na, das macht nichts, dafür tut er dir nicht weh.« Ljuba wollte auch die Köpfe tauschen, bemerkte aber, Mamas Kopf sei »zu groß« für sie. Das Naschwerk gebe ich ihnen (Schokolade,

Pfefferkuchen, Rosinen), aber nur zweimal am Tag, nach dem Mittagessen (wenn sie viel Fleisch essen) und vor dem Schlafengehen. Fedja ist jetzt sehr sparsam und sagt abends zur Kinderfrau: »Steck es für mich bis zum Morgen weg, Mama darf man morgens nicht wecken.« Dafür haben sie jetzt auch keine Zahnschmerzen.

Väterchen Rumjanzews Frau hat Halsweh, es ist ein Abszess wie bei mir vorvoriges Jahr. Heute gehen wir mit den Kindern zur Post, den Brief wegbringen, und für Fedja Stiefel besorgen (Praskowja hat Fedjas neue Stiefel verbrannt; überhaupt macht sie mir viele Scherereien; wenn ich sie nur nicht entlassen muss). Die Kinder freuen sich sehr, dass sie »mit Mama auf den Markt gehen«. In einer Woche ist hier Jahrmarkt, und wir werden uns wieder nach Spielzeug umsehen. Fedjas Geburtstag ist am 16. Juli.

Lieber, lieber, tausendmal lieber Feditschka, ich vermisse Dich auch *sehr, sehr*. Ich träume schon immer von Deiner Rückkehr und bin froh, dass Deine Kur jetzt nur noch knapp drei Wochen dauert. Deine Briefe lese ich oft und bedaure nur, dass sie nicht noch ein drittes Blatt haben. Jede Nacht wache ich gegen ein Uhr auf von einem Traum, in dem ich Dich gesehen habe, liege eine halbe Stunde wach und denke unentwegt an Dich.

Du, mein Teurer, ich liebe Dich sehr, schätze und achte Dich; ich weiß, dass ich mit keinem so glücklich wäre wie mit Dir; ich weiß, Du bist der beste Mensch auf Erden. Auf Wiedersehen, mein lieber Schatz, ich küsse und umarme Dich viele Male und bleibe Deine Dich leidenschaftlich liebende Frau

Anja

Alle lassen Dich vielmals grüßen.

Die Kinder küssen und umarmen Dich fest.

PS: Deine Unterschrift »Dein ewiger Ehemann Dost.« gefällt mir ganz und gar nicht. Was bist Du schon für ein »ewiger Ehemann«? Du bist mein lieber Ehemann, mein Ehemann auf ewig, aber kein ewiger Ehemann!

Als ich zuerst von der 40-jährigen Dame las (die aussieht wie 25), schmerzte mir schon das Herz, dann aber freute ich mich, dass Du sie getadelt hast! Mein Liebster, ich bin sehr eifersüchtig!

Nach Staraja Russa

Ems, Sonntag, 5. Juli / 23. Juni 1874

Liebe Anja, ich wundere mich über Dein Schweigen. Es ist schon wieder Sonntag, von Dir aber kommt gar nichts. Selbst wenn Du meine Briefe abgewartet hast, um zu antworten, wäre es höchste Zeit, dass Deine Antwort eintrifft, wenigstens einen meiner Briefe von hier hast Du doch gewiss inzwischen erhalten. Und Du hast versprochen, *auf jeden Fall* sonntags zu schreiben, und wenn dem so ist, dann hätte Dein Brief schon vorgestern, am Freitag, hier sein müssen. Ich schreibe jetzt noch, obwohl von Dir nichts eingegangen ist, und falls ich morgen etwas von Dir bekommen sollte, frühmorgens, dann füge ich diesem Brief ein paar Worte hinzu. Falls nicht, geht er so ab. Wenn Dich der Briefwechsel mit mir so ermüdet, dann bitte ich wenigstens um eine Seite einfacher Mitteilungen über die Kinder und über Deine Gesundheit, aber auch dass Du alle fünf Tage schreibst. Eine ganze Woche warten ist zu lange. Jetzt aber warte ich bereits über eine Woche seit dem letzten Brief: Es ist schon der neunte Tag, und vielleicht wird auch noch ein zehnter vergehen.

Ich berichte von mir: Meine Kur verläuft akkurat, aber Nutzen hat sie bis jetzt noch keinen gebracht. Im Gegenteil, ich huste sogar mehr und mehr Schleim als im vergangenen Sommer. Habe ich Dir geschrieben, dass der Arzt mir anstatt Kesselbrunnen jetzt doch Kränchen verordnet hat und drei Glas täglich und nicht zwei? Kränchen wirkt, das spüre ich, etwas besser; aber ich spürte auch deutlich (und auch andere Patienten überzeugten mich davon), dass Kränchen mit Milch besser wirkt, sowohl auf den Magen als auch auf den trockenen Husten. Außerdem sind mir drei Glas zu wenig; wenn ich morgens drei Glas zu mir genommen habe, fühle ich mich von 7 Uhr früh bis 4 Uhr nachmittags besser, ab 4 Uhr aber und die ganze Nacht schlechter. Schließlich beschloss ich, zum Arzt zu gehen und ihn dringend zu bitten, dass er mir Milch erlaubt und noch einmal Kränchen um 4 Uhr, zum Abend, wie anderen Patienten. Zu diesem Zweck war ich gestern bei ihm, und schließlich gestattete er sowohl die Milch als auch noch zwei Glas abends. Also ist es am Ende doch darauf hinausgelaufen, wie Koschlakow es verordnet hat. Orth hatte einzig deshalb, weil ich ihm vor zwei Wochen von Koschlakows Verordnung, Kränchen mit Milch zu trinken, erzählt habe, das Kränchen gegen Kesselbrunnen ausgewechselt und Milch verboten, d. h. aus purem Stolz. Aber so sind sie alle, die Spitzbuben. Und ich habe volle zwei Wochen Kur wenn nicht ganz verloren, so doch mir verdorben. Ich sehe schon voraus, dass ich vielleicht eine Woche länger hierbleiben muss, weil ich noch immer die Hoffnung habe (und sogar die große), das Kränchen werde mir helfen. Als Orth erfuhr, dass die Leber ein wenig zu schmerzen beginnt und die Zunge manchmal gelb wird, erklärte er mir mit einer gewissen Freude, das sei das erste und deutlichste Anzeichen für die gute Wirkung des Brunnens, sie gehe anfangs stets mit Leberschmerzen einher. Nun, so viel zu meiner Kur. Der Trübsinn meines hiesigen Daseins ist unerträglich. Obwohl ich angefangen habe zu arbeiten (leider vorerst nur am Plan, und auch der will nicht gelingen), weiß ich nicht wohin vor Wehmut. Ich lese dies und das, aber nur wenig. Indes ist hier alles sehr teuer, und das Geld nimmt ab. Ich sehe kaum jemanden. Man teilte mir mit, Fürstin Schalikowa suche mich schon seit einer Woche und wolle mich gern sehen. Um nicht unhöflich zu sein, ging ich einmal zu ihr, traf sie nicht zu Hause an und hinterließ mein Kärtchen. Gestern Morgen kam sie schließlich selbst zu mir: Sie ist schrecklich alt und grau geworden (sieht aus wie 50), ist krank, hustet, aber sie ist eine liebe und herzensgute alte Jungfer. Sie saß eine Stunde bei mir und lud mich ein, mit Bekannten von ihr einen Ausflug an den Rhein (¼ Stunde Bahnfahrt) zum Schloss Stolzenfels zu machen. Ich weiß nicht, ob ich mitfahre. – Jetzt ist es hier heiß, aber wir hatten Wind und Regen; zurzeit ist es auch wechselhaft, den einen Tag 25 Grad im Schatten und am nächsten Tag nur 15 Grad und ziemlich oft Morgennebel. So, nun hast Du über mich einen formalen Rapport; meine innere Verfassung und Wesentliches schildere ich nicht, denn ich sehe wohl, liebe Anja, das ist überflüssig.

Nochmals bitte und beschwöre ich Dich: Schreibe mir alle 5 Tage einmal, meinethalben 12 Zeilen, im Telegrammstil über Deinen und der Kinder Gesundheitszustand. Du glaubst gar nicht, wie ich mich um die Kinder sorge und mich daher martere. Jetzt, da ich keine Briefe erhalte, denke ich nur an sie. Wenn bis Dienstag, d. h. bis übermorgen, nichts eintrifft, schicke ich ein Telegramm an Alexander Karlowitsch.

Auf Wiedersehen. Ich segne die Kinder, Dich aber küsse ich. Grüß alle von mir. Einen Gruß an die Kinderfrau.

Dein F. Dostojewski

Montag, 6. Juli

Heute um 8 Uhr morgens erhielt ich endlich Deinen lieben Brief, meine unschätzbare Anja, ich habe ihn geküsst und mich mit Dir versöhnt, denn ich war, das will ich gestehen, schon sehr böse auf Dich; alles war so traurig, kränkend. Wie bin ich froh, dass Ihr alle gesund seid; ich lebe gleichsam auf von dieser Nachricht, und alles erstrahlt ringsumher. Ich meine es wörtlich. Noch einmal bitte ich Dich, liebe Anetschka, schreibe mir alle fünf Tage wenigstens etwas (aber doch mehr als 12 Zeilen), ich bin dann froher und ruhiger Euretwegen. Sonst sind die Briefe allzu rar, und ich habe es schwer. Jetzt, so denke ich, wirst Du auch schon längst meinen zweiten Brief aus Ems erhalten haben. Dies ist der dritte. – Gestern vor 3 Uhr schickte Fürstin Schalikowa plötzlich zu mir, ich solle mit ihnen eine Spazierfahrt nach Stolzenfels unternehmen, da ich mein Wort gegeben hätte. Obgleich ich sehr schlechter Stimmung war, bin ich wohl oder übel mitgefahren. – Es ist eine Viertelstunde Fahrt, den Rhein entlang, an der Mündung unseres Flüsschens Lahn, an dem Ems liegt. Ein herrlicher Blick. Das Schloss steht auf dem anderen Rheinufer, man setzt mit dem Boot über. Es ist ein altes Schloss aus dem Mittelalter, aber vor etwa 25 Jahren wurden die Ruinen (die übrigens gut erhalten waren) restauriert für unsere nun schon verstorbene Kaiserin Alexandra

Fjodorowna, die einige Zeit hier wohnte. Wir besichtigten das ganze Schloss, gingen spazieren, tranken Kaffee und genossen den Anblick der untergehenden Sonne über dem Rhein, der sehr schön ist. Ich habe die Zeit in dieser Damengesellschaft weder langweilig noch gut verbracht. Eine Bekannte der Fürstin war dabei, mit der sie zusammenwohnt und die selbst eine Zeit lang bei Katkow gewohnt hat. Sie ist Witwe, schon um die vierzig, kränklich, eine einst schöne Frau. Eine Verehrerin von mir. Als die Fürstin vor ihrem Besuch bei mir beim Konzert oder an der Quelle nach mir Ausschau gehalten hatte, bemüht, mich am Gesicht zu erkennen, hatte jene alle Augenblicke zu der Fürstin gesagt: »Sehen Sie sich genau um, und sobald sie einen Mann mit einem *ganz tiefen Blick* finden, wie ihn niemand sonst hat, dann treten sie beherzt an ihn heran, das ist er.« Sie hat mich einmal bei Katkow gesehen. Dann war da noch eine Mutter mit Tochter aus Moskau, ebenfalls Direktorin eines Mädchengymnasiums. Diese Direktorin hatte keine Ähnlichkeit mit der aus Nowotscherkassk, sie ist eine überaus kluge Frau, nur schon sehr krank, fast völlig ohne Lungen. Ihre Tochter, 17 Jahre etwa, ist ein munteres Fräulein, recht hübsch. Doch die alte Fürstin gefällt mir ausgesprochen gut: Offenherzigkeit, Naivität, Aufrichtigkeit und eine seltene, fast kindliche Fröhlichkeit. Klein, grauhaarig, ganz schlicht gekleidet, aber von außerordentlich guten Manieren im höheren Sinne des Wortes. Sie hat ganz Europa durchquert, war überall, kennt sämtliche erstklassigen englischen und französischen Schriftsteller persönlich. Aber das Wesentliche an ihr ist ihre Empfindsamkeit, die zugleich voller Spott ist und von lauterster Fröhlichkeit. Auch sie hustet sehr. Sie gaben mir viele nützliche Ratschläge bezüglich der Trinkkur, vor allem für die Diät, und ich bin sehr froh, dass ich sie mir angehört habe, weil ich doch Fehler gemacht habe. Täubchen Anja, Du schreibst, Du habest angefangen, den Brunnen zu trinken, und glaubtest nicht an Erfolg: Da irrst Du Dich gründlich, Du wirst sehen. Ich habe ganze zwei Wochen geringschätzig vom Kränchen gedacht, jetzt aber doch stark zu hoffen begonnen, denn irgendwie *spüre ich bereits:* es wird nützen. [...] Ich danke Dir für die Nachrichten über die Kinder und ihre Worte und Taten. Das freut mich sehr, unterhält und erheitert mich. Fedjas Anekdote mit dem Bauern ist erstaunlich als Prophezeiung seines künftigen Charakters: Entschlossenheit, Zutraulichkeit; und dass er sich nicht nach Euch umgeschaut hat, darf man nicht für Herzlosigkeit halten. Er kennt diese Forderungen noch nicht und hat bestimmt nicht einmal verstanden, dass er sich von Euch trennte. Hätte man ihn länger mit dem Bauern gehen lassen, hätte er sicherlich gefragt: »Wo ist die Kinderfrau?« Küsse Ljuba herzhaft, und bitte – weniger geistige Beschäftigung mit ihr, übereile nichts; ihr kleiner Körper soll sich erholen als Reserve für den ganzen Winter. Wie froh bin ich, dass das Wetter bei Euch gut ist. Wie würden sich die Kinder hier, irgendwo im Ausland, erholen! – Aber das Klima in Ems ist seltsam. Heute scheint beispielsweise die Sonne, das Barometer steht ausgezeichnet, zu Mittag werden, nach dem gestrigen Tag und nach allem zu urteilen, im Schatten bestimmt 24 Grad Reaumur sein. Stell Dir aber vor, dass um 7 Uhr morgens dasselbe Thermometer im Schatten nur 11 Grad Réaumur anzeigte. 11 Grad und 25 Grad innerhalb weniger Stunden – was für schroffe Wechsel! Wie soll man sich da nicht unversehens erkälten! Das kommt daher, dass die Schlucht nachts feucht ist, und plötzlich sinkt eine Wolke in die Schlucht: Schon sind

11 Grad! Gestern Morgen um 7 Uhr waren 18 Grad im Schatten, d. h., die Wolke hatte es vorgezogen, nicht in Ems zu übernachten.

Ich habe ziemliche Ruhe in meinem Quartier. Die einzigen Mieter in der ganzen Etage (Beletage) sind außer mir ein Wiener Ehepaar, reiche Leute, sie bewohnen allein vier prächtige Zimmer. Aber gestern hatten sie die erste wöchentliche Zahlung an die Wirtin zu leisten, und sie stritten heftig mit ihr wegen der ungeheuren Rechnung, die sie ihnen präsentierte. Eine ebensolche Rechnung legte sie mir vor; ich stritt gehörig und habe sie immerhin um zwei Taler heruntergehandelt! Anja, meine Arbeit geht mühsam voran, und ich plage mich mit dem Plan. Seine Überfülle – das ist der Hauptmangel. Wenn ich ihn insgesamt anschaue, dann sehe ich, dass in ihm 4 Romane stecken. Strachow betrachtete das stets als meinen Fehler. Aber noch ist Zeit. Ich werde es schon schaffen. Das Wichtigste ist der Plan, die eigentliche Arbeit ist dann leichter. Anja, Täubchen, meine Hauptarbeit wird natürlich im Herbst anfallen. Schrecklich beunruhigt mich der tägliche Gedanke: Wie werden wir uns im Herbst einrichten und mit welchen Mitteln! [...] Aber Gott hat uns bisher beigestanden, und es gab schon schlimmere Zeiten. – Erschrecke mich nicht mit Prophezeiungen eines eisernen Charakters, Anetschka. Das ist das einzige Schlechte an Dir. Dein natürlicher Charakter ist einfach und engelhaft – jawohl.

Ich küsse Dich innig, und was die unzüchtigen Träume angeht, mein Täubchen – wenn du wüsstest, was ich für welche habe! Einer Dame allerdings steht so etwas nicht recht an. Macht nichts, macht gar nichts – schweigen wir! Im Gegenteil, ich freue mich sehr und küsse Dich leidenschaftlich *überall.*

Auf Wiedersehen. Schreib öfter. Gib den Kindern einen Kuss

von mir. Bring mich ihnen in Erinnerung. Mir schreibe öfter. Ich lasse alle grüßen außer dem Protopopen der Kathedrale. Im Übrigen – auch ihn.

Ganz Dein F. Dostojewski

Nach Ems

Staraja Russa, 29. Juni 1874

[...] Ich freue mich sehr, dass Du die Schalikowa getroffen hast und dass Du überhaupt Bekanntschaften schließt, da ist Dir vielleicht nicht so trübsinnig, und auch für mich ist es etwas beruhigender, immerhin bist Du nicht allein, und falls Du krank wirst, hast Du Hilfe. Sehr froh bin ich, mein teurer Feditschka, dass das Kränchen Dir guttut. Wie ärgerlich, dass Du es nicht von Anfang an getrunken hast. Aber falls Du eindeutigen Nutzen siehst, bleib unbedingt noch eine Woche oder zwei, selbst wenn es erforderlich werden sollte, Dir noch etwas Geld zu schicken. Du musst Dich gründlich erholen; obwohl ich ungeduldig Deiner harre und sehr glücklich sein werde, wenn Du zurückkommst, warte ich doch gern 2 Wochen, wenn es Dir nur nützt. Du, mein Lieber, Du weißt nicht, wie stark ich hoffe, dass das Kränchen Dich gesund macht.

Was Du über den Schwalbach schreibst, ist vielleicht richtig. Ich werde ihn trinken, solange ich keinerlei Schaden sehe.

Mein Lieber, ich war sehr gekränkt, als ich sah, dass Du mir nicht 8 Seiten, sondern nur 5 geschickt hast. Damit hast Du mir gleichsam etwas vorenthalten. Ich lese so gern Deine lieben, teuren Briefe, und oft studiere ich sie nochmals – »ich will noch mal sehen, wie er sich dort ausgedrückt hat«.

Ich küsse und umarme Dich, mein Lieber. Sei mir nicht böse,

wenn keine Briefe kommen, manchmal verspätet sich die Post, und manchmal befördern sie den Brief nicht am selben Tag. Aber ich werde jetzt alle 5 Tage schreiben. Diesen Brief beende ich am Sonnabend, dem 29. Juni, um 7 Uhr morgens und bringe ihn selbst zur Post, damit er heute noch abgeht.

Die Kinder küssen und umarmen Dich und auch ich, Deine Dich liebende Frau

Anja

Wenn Du mir eine Freude machen willst, dann kaufe auf dem Postamt ungestempelte Marken zu 3, 4 und 6 Pfennig für Deine Briefmarkensammlerin und schicke sie im Brief mit. Sollte es Dir aber Mühe bereiten, dann lass es.

Fedja bittet mich, ich soll ihm auf dem Markt einen »Eimer Butter kaufen, ich werde gehen und essen«.

Nach Staraja Russa

Ems, Montag, 20. / 8. Juli 1874

Meine liebe Freundin, teure Anja, heute erhielt ich Deinen Brief, und obwohl ich es nicht schaffe, heute noch die Antwort abzusenden, will ich sie doch beginnen. Zuerst danke ich Dir, dass Du öfter schreibst. Das ist sehr schön. Das Warten war eine Qual. Nachdem ich den letzten Brief an Dich abgesandt hatte (am Mittwoch wohl), war ich sehr bedrückt bei dem Gedanken an das, was Du über Deine Gesundheit berichtest, und freute mich, dass Schenk die Trinkkur für eine Weile abgesetzt hat. Wenn der Schwalbach nun einmal so nachteilig wirkt – dann musst du es lassen. Aber wie Du schreibst, hat Schenk angeordnet, nur etwas zu warten und dann wieder zu beginnen; sieht er nicht doch Anzeichen für eine Wirkung des Brunnens? Vielleicht ist Deine Traurigkeit, diese Gereiztheit nichts anderes als die Wirkung des Brunnens. Auf mich wirkt das Kränchen hier genauso, und obwohl ich jetzt nur Trübsinn und Traurigkeit empfinde wie in der Zwangsarbeit, bin ich doch nicht so reizbar wie noch unlängst. […] Das Wichtigste sind jetzt zwei Dinge: erstens, die Kur zu Ende zu führen, und zweitens, sie nicht zu übertreiben.

Außerdem habe ich hier alles so satt, dass es besser wäre, so denke ich manchmal, die Kur nicht zu Ende zu führen. Manche Patienten sagen, man könne sich nicht mit einem Mal radikal auskurieren, selbst wenn der Brunnen stark wirke, sondern das Wichtigste sei, ein zweites Mal, das heißt im nächsten Sommer, zu einer weiteren Kur herzukommen, dann würde die Krankheit angeblich endgültig ausgerottet. Aber das sagt sich so leicht! Was denkt man sich nicht alles aus; und an eine solche Qual auch nur zu denken! Ach, Anja, wie verhasst ist mir hier alles! Wie gemein sind die Deutschen, und die Russen sind vielleicht noch schlimmer. Ems wechselt meistens alle zwei Wochen seine Bewohner: Von den alten bleiben nicht mehr als ⅓, die anderen reisen ab, so dass man plötzlich lauter neue Physiognomien sieht. Wenn Du wüsstest, Anja, was für widerliche Physiognomien es hier gibt; vorher war noch ein Rest von dem Publikum da, das während des Aufenthalts der Kaiser hier weilte, jetzt aber – Gott weiß was für Leute. Ich bin immer bemüht, mit niemandem Bekanntschaft zu schließen, obwohl manche mich unbedingt kennenlernen wollen (einige Russen zum Beispiel). Außerdem ist Ems ein furchtbar teures Pflaster. Ich gebe sehr viel aus; wenn Du wüsstest, wie jeder von diesen Deutschen dich als eine Einnahmequelle betrachtet, wie er schamlos etwas mit auf die Rechnung setzt, was du nie genommen hast, in der Hoffnung, du werdest es nicht überprüfen! Aber all diese kleinen Einzelheiten erzähle ich später, wenn es sich dann überhaupt lohnt, noch an diese Gemeinheit zu denken.

Dienstag, den 21. Juli

Deine Anekdoten über die Kinder, Du, meine liebe Anja, muntern mich geradezu auf, so als wäre ich bei Euch gewesen. Liljas »gute Leute« haben mich schrecklich belustigt: Ich las Deinen Brief im Garten, gleich nachdem ich ihn von der Post geholt und mir für seine Lektüre eine einsame Bank gesucht hatte, und musste dabei so laut lachen, dass ich selbst überrascht war. Aber weißt Du, in der Erziehung unserer Kinder gibt es einen großen Mangel: sie haben keine *eigenen* Bekanntschaften, d.h. Freundinnen und Kameraden, also kleine Kinder wie sie selbst. Und obwohl Du Briefe schreibst, bin ich in schrecklicher Unruhe um die Kinder. – Warum hat Fedjas Fieber Schenk so missfallen? Hält er es denn für gefährlich? Im Übrigen werde ich Euch auf jeden Fall bald alle wiedersehen. Jetzt ist es nicht schlecht, öfter zu schreiben, schon allein um schneller zu erfahren, wann es Zeit ist, das Schreiben einzustellen. Ich vermute, dass ich am 1. August bestimmt von hier abreise, aber wer weiß: Vielleicht verordnet mir Orth, noch bis zum 7. August zu bleiben. Die Genesung ist zwar zu spüren, aber sie geht doch ziemlich langsam voran. Allerdings sind bis zum 1. noch 9 Tage, sogar 10, doch glaube ich immer noch nicht so recht, dass in diesem Zeitraum eine endgültige Erleichterung erreicht werden kann, weil sich zum Beispiel gerade heute seit dem Morgen der Husten verstärkt hat, da die

Luft sehr feucht und das Barometer gefallen ist, obgleich es nicht regnet. Unwahrscheinlich, sich vorzustellen, dass das alles so plötzlich weggeht, obwohl tatsächlich eine Erleichterung eingetreten ist. [...]

Vor einigen Tagen traf ich Stakenschneider, den Staatsanwalt am Charkower Bezirksgericht. Er hat gerade in Charkow geheiratet, im Mai, und ist mit seiner Frau für zwei Monate ins Ausland gefahren (so wie wir, erinnerst Du Dich, doch waren es bei uns nicht nur zwei Monate). Er ist ein sehr offenherziger und aufrichtiger junger Mann, keineswegs dumm; als er bei mir war, erzählte er, sie seien in Paris gewesen und hätten sich dort so *verausgabt*, dass sie sehr, sehr rechnen und zusehen müssten, wie sie wieder nach Hause kommen. Vor 5 Tagen ist in der Schweiz, in Zürich, ein berühmter Mediziner, den er gebeten hatte, seine etwas angegriffene Brust zu untersuchen, über seinen Zustand so erschrocken, dass er ihm eindringlich empfahl, er solle, solange sie hier im Ausland seien, keine Zeit verlieren und sich wenigstens zwei Wochen mit Kränchen kurieren. (Viele werden für 2 Wochen oder sogar für 10 Tage hierhergeschickt.) Sie wohnen in einem engen Quartier, gehen aber zur besten Table d'hôte Mittag essen. Sie ist etwa 18 Jahre und sehr hübsch (hautes couleurs) – ganz Russin, und beide schimpfen schrecklich auf die Deutschen. Ich war nicht bei ihnen und will meinen Besuch absichtlich zu einer Zeit machen, wenn sie voraussichtlich nicht zu Hause sind. Mir ist nämlich all das öde, jede Bekanntschaft, jedes neue Gesicht ist *öde.* Nein, Anja, Täubchen, ich fühle mich bei Gott zu Recht diesem ganzen Milieu überlegen – nicht an sittlichen Werten natürlich (darüber hat Gott zu richten), sondern an Bildung: Was sie erheitert, das ist mir langweilig, ihre Gespräche, ihre Gedanken sind für mich fade und seicht, ihr Ton primitiv, die Bildung höchst armselig, keinerlei Selbstständigkeit, dafür Wichtigtuerei und grobe Fauxpas. Ich spreche nicht von den Stakenschneiders, sondern von diesem ganzen hiesigen Gesindel, Russen wie Deutschen. Ich bin manchmal so gereizt, dass ich, obwohl ich mir fest vornehme zu schweigen, mitunter nicht an mich halten kann. Das Gedränge am Tränchen, wo der Brunnen in die Gläser eingeschenkt wird (man reicht sein Glas über die Balustrade und erhält es gefüllt zurück), ist schrecklich. Am schlimmsten schubsen und drängeln die Frauen und, wer hätte das gedacht, die bejahrten Deutschen. Da gibt einer sein Glas ab und drängt und strebt nach vorn und streckt die Hand aus und zittert am ganzen Leibe. Beinahe jeden Tag kann ich mich nicht enthalten, einem von diesen Deutschen Belehrungen zu erteilen: *»Mein Herr, man muss ruhig sein. Sie werden kriegen. Man wird nicht verzeihen.«** Und überhaupt gelte ich (das habe ich gehört) unter gewissen deutschen Kurgästen als ein sehr *galliger Russe* – und was denkst Du, vor allem deshalb, weil ich mich nicht mit Wasser begießen lasse (wie es einmal vorgekommen ist) und überdies nicht gestatte, dass der hinter mir Wartende seine Hand mit dem Glas auf meine Schulter oder an meinen Rücken legt. Die Deutschen sind so schlecht erzogen (alle), dass, wenn einer, ganz gleich hinter wem, in der Reihe steht und wartet, er sein Glas vor Ungeduld ständig hochhebt, um zu zeigen, dass er wartet, und um das Glas nicht freihändig halten zu müssen, stützt er die Hand mit dem Glas gewöhnlich auf die Schulter des vor ihm Stehenden, selbst wenn es eine Dame ist. Ich habe das einmal nicht gestattet und einem Deutschen eine Belehrung erteilt, dass er schlecht erzogen sei. Der Deutsche brauste auf und erwiderte, hier sei nicht der Ort für hochfeine Manieren. Ich antwortete ihm, für einen feinfühligen Menschen finde sich überall Gelegenheit, höflich zu sein. Damit endete der Streit. Glaube mir, Anja, wenn ich, von dem anderthalbstündigen Spaziergang (beim Brunnentrinken) erschöpft, nach Hause komme und um 9 Uhr den miserabelsten Kaffee der Welt trinke, allerdings mit ungeheurem Appetit, dann muss ich manchmal bei der Erinnerung an eine solche morgendliche Begegnung einfach laut lachen. Nun, aber ein andermal ist es schrecklich ärgerlich und ernst: Man kann doch nicht alles der Wirkung des Brunnens zuschreiben – es gibt auch Dinge, die an und für sich total ärgerlich sind, unabhängig von der Wirkung des Brunnens.

[...] Ich schreibe Dir übrigens ständig solche Lappalien. Quälend langweilig ist es – das ist das Wesentliche! Ich schwöre, bisher wusste ich nicht, was Langeweile ist. Drei Kreuze werde ich machen, wenn ich von Ems abreise. Doch wohin von Ems aus? Hier haben es sich die Ärzte zur Regel gemacht, einen nach Beendigung der Kur wenigstens für eine Woche zur Erholung in reine Luft zu schicken: ins bayrische Tirol z. B. oder gar an den Comer See. Aber ich werde wahrscheinlich meine finanziellen Mittel hier so weit aufbrauchen, dass es gerade noch für das Notwendigste reicht, nicht aber für einen Abstecher woandershin. Mein Geldbeutel ist zu schmal.

Anka, Liebe, Du meine Freude, von der ich träume, ich umarme Dich ganz, ganz fest. Denke mehr an Deine Gesundheit, sei heiterer (weshalb spielst Du nicht wenigstens Preference wie im vergangenen Jahr) und achte auf die Kinder. Die Kinderchen segne und küsse ich. Bring mich ihnen in Erinnerung. Sag ihnen, dass ich nur an sie denke. Nun, leb wohl. Es hat geregnet (bei 25 Grad Wärme), und obwohl die Post in der Nähe ist, weiß ich nicht, wie ich hinkommen soll. Nochmals umarme ich Dich und küsse Dich *überall, wie Du es Dir nicht einmal vorstellen kannst.*

An die Kinderfrau und alle einen Gruß.

Ganz Dein F. Dostojewski

Ich bin hier sehr abgemagert – am ganzen Körper: die *Wirkung des Brunnens.*

Nach Ems

Staraja Russa, Sonnabend, 13. Juli 1874
6 Uhr abends

Mein lieber, teurer Feditschka, wie versprochen, schreibe ich Dir am 14. (d. h., morgen, am 14. Juli, geht der Brief ab). Ich rechne damit, dass er Dich noch in Ems erreicht, aber für alle Fälle schicke ich mit gleicher Post einen Brief nach Paris, damit mein teurer Mann etwas über uns erfahren kann. Wir sind Gott sei Dank gesund, und bei uns ist alles in Ordnung. Wir nehmen gewissenhaft unsere Bäder; das Wetter ist ausgezeichnet. Die Kinderchen warten schon sehnsüchtig auf Dich und sprechen andauernd von Deiner Ankunft. Ljuba sagte unlängst am Morgen: »Mama, was für einen slimmen (schlimmen) Traum ich hatte, ich träumte, Papa ist gekommen, niemand von euch war zu Hause, und ich allein hüte das Haus und habe Papa allein begrüßt.« – »Ist denn das ein schlimmer Traum?«, frage ich. »Aber Mama, ich sagte *süßer* Traum – nicht schlimmer.«

Dann sagte sie unlängst, sie und ich hätten an ein und demselben Tag unseren Namenstag. Ich frage, wie denn das? »Ja, es ist doch der Tag von Vera, Nadeshda, Ljubow und *Mutter* Sofia, na und du bist doch die Mutter, das heißt, wir haben auch zusammen Namenstag.« Ljuba geht gern zur Abendmesse und ist jetzt in der Kirche, unser Fedja aber ist entschieden ein Nihilist, er sagt: »Ich will nicht in die Kirche« und geht nur zur Morgenmesse, wenn er vom Väterchen eine Hostie bekommt.

Ich staune über Fedja: Sobald er das Haus verlässt, rennt er los, so schnell er kann, und tollt fast den ganzen Tag herum; er hat vor nichts Angst, Pferde, Kühe, Gänse machen ihm nicht Bange. Jeder Bauer, der Holz, Heu oder Sand zu uns auf den Hof fährt, nimmt Fedja auf dem Wagen mit, und Fedja gesellt sich ohne Furcht zu den fremden Bauern. Vor Gewitter fürchtet er sich auch nicht. Wenn er mit 3 Jahren so ist, was wird dann erst später werden? Das Haus vom Väterchen mag er nicht mehr und geht um nichts in der Welt mehr dorthin, dafür hat er eine zweijährige Maschenka gefunden, mit der er schaukelt; er liebt dieses kleine Mädchen sehr und behauptet, er sei ihr Bräutigam. Einmal sagte ich zu ihm: »Fedja, möchtest du, dass ich Maschenka zu uns nehme?« – »Ja, ja. Aber wohin geht dann Lilja?« – »Lilja gebe ich Maschenkas Vater.« – »Ach, dann will ich Maschenka nicht.« Also steht Lilja seinem Herzen doch näher.

Lieber Fedja, in 4 Tagen, das heißt am 18. Juli, schreibe ich nach Ems und nach Paris, einstweilen aber leb wohl, ich küsse und umarme Dich Millionen Mal und liebe Dich unendlich. Ich will den Brief schnell wegbringen, damit er heute noch abgeht. Ich küsse Dich noch einmal.

Deine Dich zärtlich, stark und heiß liebende Anka.

Etwas Neues gibt es nicht. Mama ist noch nicht gekommen. Alle lassen Dich vielmals grüßen.

Den 16. Juli werden wir würdig begehen, Fedja wird das heilige Abendmahl empfangen, ich schenke ihm ein Pferd, Ljuba eine Puppe und der Kinderfrau ein Kleid. Denk auch Du an uns diesen Tag.

Der Unbekannte

Schwangerschaft und Erwartung
1875

Auch den Sommer 1875 verbrachte Fjodor in Bad Ems. Wieder blieb Anna mit den Kindern in Staraja Russa zurück. Sie war erneut schwanger, so dass beiden die Trennung noch schwerer fiel als im Jahr zuvor. Die Erwartung dieses letzten Kindes, des Sohnes Alexej, spielt in den Briefen eine zentrale Rolle und lässt die Vorfreude der Eltern auf den Familienzuwachs erkennen. Dostojewski spricht von dem »Unbekannten« wie von einem bereits anwesenden Familienmitglied. Gleichzeitig überschattete die Sorge, dass sich Anna in ihrem Zustand mit der Betreuung der fünfjährigen Ljuba und des fast vierjährigen Fedja übernehmen könnte, seinen Kuralltag.

Einmal mehr manifestiert sich in den Briefen dieses Jahres Dostojewskis unbändiger Lebenswille, sein zäher Kampf gegen die Krankheit und sein bis zur Erschöpfung gehender Tätigkeitsdrang. Das Wissen um seine labile Verfassung bedrückte ihn weniger um seiner selbst willen als vielmehr wegen der ungesicherten Zukunft seiner Frau und der Kinder. Mit den Menschen in Bad Ems aber wollte er weiterhin möglichst wenig zu tun haben. Aus der Ferne indes weckten sie sein Interesse und inspirierten ihn zu teilweise humoristischen Anekdoten im Stil der bereits 1873 erschienenen Erzählung »Bobok«, die er Anna im Gegenzug für ihre reizvollen Anekdoten über die Kinder zum Besten gab.

Der kleine Unbekannte, genannt Aljoscha oder Ljoscha, kam schließlich kurz nach der Rückkehr seines Vaters im August 1875 zur Welt.

1875

Nach Staraja Russa

Nowgorod, 4. Februar 1875

Liebe Anja, Punkt 6 Uhr nachmittags kamen wir in Nowgorod an. Diese Gäule sind geflogen wie der Wind, sie haben auf beiden Stationen nur jeweils 40 Minuten ausgeruht. Der Weg ist ordentlich, aber auf dem letzten Stück bin ich unglaublich durchgefroren, besonders die Fußsohlen. Meine Gummischuhe haben eine zu dünne Sohle. Der Frost verursachte mir solche Schmerzen, dass ich am liebsten geschrien hätte. Aber auch Hände und Rücken waren eiskalt. Ich bin im Gasthof der Solowjowa abgestiegen, um mich schön aufzuwärmen und Tee zu trinken. Man gab mir das Zimmer 75. Ich sitze hier, lese »Golos« und trinke Tee. Timofej hat mich bestens und sorgsam gefahren. Er will mich auch zurückfahren und auf mich warten. Das wäre sehr schön. Die Decke und das Halstuch (den kleinen Schal), die ich nicht brauche, schicke ich mit. Ich hoffe sehr, dass Du mir morgen schreibst. Ich küsse Dich und alle drei Kinderchen, Fedja, Ljuba und den Unbekannten. Jetzt steht eine sehr weite und höchst öde Fahrt bevor. Auf Wiedersehen, Täubchen, ich umarme Dich.

Ganz Dein F. Dostojewski

Einen Gruß an Anna Nikolajewna.

Nach Petersburg

Staraja Russa, 6. Februar 1875

Bei uns ist alles in Ordnung, mein lieber, teurer Fedja, die Kinder sind gesund und fröhlich, fangen aber jetzt schon an zu fragen: »Kommt Papa bald wieder?« Hier gab es einen kleinen Zwischenfall: Oben erneuerten sie die Fußböden, von dem Gehämmer stürzte bei uns im Esszimmer ein Karnies herunter, und die Tapeten rissen ab. Die Kinder, die am anderen Ende des Zimmers gespielt hatten, erschraken sehr, besonders Fedja, er weinte heftig und konnte sich lange nicht beruhigen. Ich ging sofort zur Wirtin und verlangte, dass die Arbeiten augenblicklich eingestellt werden, sonst würde ich noch heute ausziehen; da beschloss sie, bis Anfang Mai zu warten, bis zu unserer Abfahrt. Die Kinder des Popen, alle, sogar Fainka, haben unsere Kleinen besucht und den ganzen Tag hier gespielt. In der Nacht schliefen sie gut, ich bin zweimal zu Fedja gegangen. Heute erwarte ich einen Brief von Dir, aber höchstwahrscheinlich werde ich ihn erst morgen erhalten. Mein Liebster, bitte, bring die Briefe selbst zur Nikolaibahn, es ist nicht weit von Dir, und ich bekomme sie dann einen Tag früher. Ich gehe abends mit Lukerja zur Post und habe gestern Zeitungen und den »Grashdanin« bekommen, aber keine Briefe. Auf Wiedersehen, mein Teurer, ich küsse Dich innig.

Deine Anja

Um uns mach Dir bitte keine Sorgen, denn bei uns steht alles zum Besten, aber Du werde um Gottes willen nicht krank und kehre, sobald Du alles erledigt hast, nach Hause zurück; mir schmerzt schon das Herz vor Sehnsucht nach Dir.

Nach Staraja Russa

Petersburg, den 9. Februar 1875

Mein Täubchen Anja, gestern Abend erhielt ich zwei Briefe von Dir auf einmal. Wahrscheinlich hat der 1. Brief einen Tag lang in Staraja Russa auf der Post gelegen. Sag auf dem Postamt, sie sollen das nicht tun, sonst sorge ich mich nur unnötig. Die Nachricht von der herabgestürzten Decke beunruhigt mich sehr: Erstens hätte es die Kinder erschlagen können, und zweitens, das versichere ich Dir, wird sie nicht bis Mai warten, sondern nur bis April, wenn die Drohung, dass wir ausziehen, in Anbetracht der Sommergäste ihren Schrecken für sie verloren hat. Anders kann es auch gar nicht sein, weil ihr die hergerichtete Wohnung ganz nahe am Park den Sommer über mindestens 200 Rubel einbringen dürfte. – Schreib mir unbedingt jeden Tag, Anja; ohne Nachrichten von Dir und den Kinderchen kann ich es bei der Schwermut hier nicht aushalten. – Gestern, als ich gerade den Brief an Dich geschrieben und verschlossen hatte, öffnete sich die Tür, und Nekrassow trat ein. Er kam, »um *seiner Begeisterung* nach der Lektüre vom Schluss des ersten Teils Ausdruck zu verleihen« (den er zuvor noch nicht gelesen hatte, denn er liest die ganze Nummer erst in der Endkorrektur, bevor das Buch in Druck geht). »Die ganze Nacht las ich hingerissen, dabei hätte ich mir das in meinen Jahren und bei meiner Gesundheit nicht erlauben dürfen.« – »Diese Frische bei Ihnen, Väterchen.« (Am besten gefiel ihm die letzte Szene mit Lisa.) »Eine solche Frische gibt es in unserem Alter nicht mehr – und bei keinem anderen Schriftsteller. Lew Tolstoi wiederholt in seinem letzten Roman nur, was ich schon früher bei ihm gelesen habe, nur war es vorher besser.« (Das sagt Nekrassow.) Die Selbstmordszene und die Erzählung hält er für den »Gipfel der Vollendung«. Und stell Dir vor: ihm gefallen auch die ersten beiden Kapitel. »Am schwächsten«, sagt er, »ist das achte Kapitel (in dem er sich bei Tatjana Pawlowna versteckt), hier gibt es viele rein äußerliche Ereignisse.« – Und was ist? Als ich die Korrektur las, gefiel auch mir dieses achte Kapitel am wenigsten, und ich habe viel gestrichen. Überhaupt ist Nekrassow sehr zufrieden. [...] Kurz, es ist so, dass man mich bei den »Otetschestwennyje sapiski« außerordentlich schätzt und dass Nekrassow ganz freundschaftliche Beziehungen aufnehmen will. [...]

Ab morgen, Montag, muss ich mich irgendwie mit den geschäftlichen Angelegenheiten befassen. Ich habe manche Deiner Anweisungen ganz vergessen, zum Beispiel ob ich Poljakow Geld geben muss oder nicht. Im Übrigen denke ich, dass ich alles erledigen werde, beunruhige Dich nicht. Ich mache mir nur um Euch Sorgen. Auf Wiedersehen, mein Engel, ich liebe Dich und habe überdies schrecklich großes Verlangen nach Dir. Ich küsse und segne die Kinderchen. Am 15. gedenke ich bestimmt von hier abzureisen, wenn möglich auch früher. Ich umarme Dich, Täubchen, bleib gesund und unterrichte mich über jede Kleinigkeit. An alle einen Gruß.

Ganz Dein Dich küssender Mann

F. Dostojewski

Nach Petersburg

Staraja Russa, Freitag, 14. Februar 1875

Mein lieber, teurer Feditschka, bei uns sind alle gesund außer mir, ich habe schon drei Tage unerträgliche Kopfschmerzen. In dieser Nacht ist etwas geschehen: Unsere Wirtin Alexandra Iwanowna ist an einem Schlaganfall gestorben. Noch vor zwei Tagen war sie bei uns und hat etwa drei Stunden hier gesessen. Mein Liebster, dieser Brief ist der letzte, da ich fest überzeugt bin, dass Du am Sonnabend abreist. Doch wenn nötig, dann bleib bis Sonntag, aber bitte nicht länger. Wenn du keine Zeit hast, fahr nicht wegen des Umhangs zu Snitkins.

Erlaube mir, mein teurer Mann, Dir zum morgigen Tag zu gratulieren. Am 15. Februar sind wir acht Jahre verheiratet! Acht Jahre! Wie schnell sie vergangen sind! Mein Täubchen, ich war die gesamten acht Jahre sehr glücklich und weiß, dass kein anderer mir so viel Glück geschenkt hätte. Und auch Du, dessen bin ich gewiss, wirst an diese Zeit nicht mit unfreundlichen Gefühlen zurückdenken, trotz des törichten Charakters und des Genörgels Deiner Frau. Mein Liebster, ich wünsche mir, noch 28 Jahre mit Dir zu leben, und vielleicht würdest auch Du nichts dagegen haben. Morgen werden wir ungeachtet unserer geringen Mittel ein üppiges Mahl veranstalten. Auf Wiedersehen, mein teurer und ewig geliebter Mann, ich küsse und umarme Dich fest und bleibe Deine Dich ewig liebende Frau Anja.

Wir erwarten Dich alle mit großer Ungeduld.

Nach Ems

Staraja Russa, Sonnabend, 24. Mai 1875

Diesen Brief, mein lieber, teurer Freund Feditschka, schreibe ich Dir am Sonnabend um 6 Uhr abends, und ich bringe ihn gleich zur Post, abgehen aber wird er morgen, am Sonntag, so dass er wahrscheinlich eher in Ems ist als Du. Wir sind Gott sei Dank alle gesund. Wie geht es Dir, mein liebster Feditschka, wie bist Du angekommen, bist Du gesund? Ich werde mich sorgen, bis ich eine Nachricht von Dir aus Ems erhalte. Mein Teurer, ich sehne mich sehr nach Dir und habe gestern und vorgestern sogar etwas geweint, aber ich gebe mir Mühe, mich zu beherrschen, habe mir eine Näharbeit vorgenommen und versuche möglichst viel am Tag zu nähen. Die Kinder sind Gott sei Dank gesund und benehmen sich gut; Lilja sagte heute: »Wann geht dieser Sommer zu Ende, und wann kommt Papa?« Fedja ist ausnehmend zärtlich zu mir, bittet aber oft um Näschereien, obwohl ich angedroht habe, keine mehr zu kaufen, wenn sie alle sind. Ich gebe sie ihm in homöopathischen Dosen. Alexander Karlowitsch hat den Kindern eine Schaukel gebaut, und sie schaukeln oft. Heute sind sie zur Abendandacht in die Georgskirche gegangen. Um sie mach Dir keine Sorgen, alles wird gut sein. Morgen wollen wir ins Bad zum Konzert, weil da die Kursaison eröffnet wird. Die Kinder werden sich schmuck machen und ihre besten Sachen anziehen, die Papa ihnen geschenkt hat; sie freuen sich schon darauf. Mit den Bädern beginnen wir nicht vor Donnerstag, weil wir es nicht früher schaffen, den Arzt herzubitten. Das Dampfbad heizen wir heute nicht, denn jene Dame ist heute sehr beschäftigt und hat versprochen, am Montag zu kommen. Ich habe den »Grashdanin« erhalten sowie die »Semejnyje wetschera« und die »Sankt-Peterburgskije wedomosti«, Briefe sind von niemandem eingegangen. Etwas Neues gibt es nicht. Ohne Dich, mein Schatz, bin ich sehr traurig, ich habe alle möglichen Befürchtungen und Zweifel, vertreibe sie aber, so gut ich kann. Ich schreibe Dir wieder am Dienstagabend, am 27. Mai, dann geht der Brief Mittwoch ab. Ich küsse und umarme Dich, mein teurer Papa, ich liebe Dich und *glaube* unendlich *an Dich.* Die Kinder lassen Dich grüßen und küssen Dich viele Male. Deine Dich liebende Anja, Lilja, Fedja und der liebe Unbekannte.

Hast Du auch unsere Adresse *nicht vergessen:* Pererytiza, Haus Gribbe.

Lieber Papa, ich weiß, dass Du an dem Tag, als Du in Petersburg ankamst, sehr böse auf mich warst. Du hast Dein helles Halstuch nicht gefunden. Mein Liebster, ich war fest überzeugt, dass ich es Dir eingepackt hätte!

Nach Staraja Russa

Berlin, Dienstag, 27. Mai / 8. Juni 1875

Liebes Täubchen Anja, gestern um Mitternacht bin ich in Berlin angekommen, und heute schon fahre ich weiter nach Ems, wo ich morgen eintreffe. – Ich schreibe, um auch Dich möglichst schnell, wenigstens einen Tag früher, zu einer Antwort zu veranlassen, sonst wirst Du vielleicht auf etwas von mir aus Ems warten und bis dahin nicht schreiben, das aber dauert mir zu lange. Von Petersburg bin ich am Sonntag um 9 Uhr früh völlig unausgeschlafen abgereist; unterwegs war ich sehr abgespannt, obwohl wir schönes warmes Wetter hatten. Das Geld verschleudere ich nicht, aber es hat schon sehr abgenommen. Die Fahrt hierher kostete vierzig Rubel pro Platz. In Berlin habe ich mich gar nicht ausschlafen können (nur 5 Stunden) vor lauter Gepolter und Gelärme. Ich habe ein Bad genommen. Die Preise hier sind horrend. Unterwegs haben sie mir den Koffer schrecklich zerkratzt, ich war selbst Zeuge, wie unachtsam sie mit dem Gepäck umgehen, besonders im Ausland die *Träger**.

Wie mag es Euch ergehen? Ich denke ununterbrochen an Dich, an Feditschka und an die liebe Lilitschka, und über vieles mache ich mir Sorgen. Schreib öfter, führe unsere Korrespondenz regelmäßig. Ich bitte Dich sehr, sei frohen Mutes. […] Ich war bei den Snitkins. Michail Nikolajewitsch lächelt nur über meine und Deine Zweifel und sagt, alles spricht dafür, dass Du großartig entbindest. Ich habe Angst, dass Dich etwas durcheinanderbringt, Du warst so nervös in letzter Zeit. Auf Wiedersehen, mein Engel, morgen schreibe ich vielleicht noch. Ich habe Euch alle sehr, ja unsagbar gern. Ich umarme Dich fest und küsse die Kinderchen.

Ganz Dein F. Dostojewski

Nach Ems

Staraja Russa, Mittwoch, 28. Mai 1875, 7 Uhr morgens

Wie geht es Dir, mein teurer, lieber und unschätzbarer Feditschka? Was macht Deine Gesundheit? Hast Du Dich schon eingerichtet und mit der Kur begonnen? Ich warte voller Ungeduld auf einen Brief von Dir, damit ich mich nicht um Dich sorgen muss; mit einem Brief von Dir rechne ich nicht vor nächstem Dienstag. Wir sind alle bei bester Gesundheit, die Kinder essen ordentlich, schlafen ausgezeichnet und verbringen den ganzen Tag an der frischen Luft. Im Dampfbad waren wir am Montag, und eine gewisse Person wurde hergebeten, die fand, dass alles in Ordnung sei, das Kind die richtige Lage habe und seine Ankunft frühestens um den 25. Juli zu erwarten sei, höchstwahrscheinlich aber zwei Wochen später. Im Grunde hat sie mir nichts Neues gesagt. Also kannst Du beruhigt sein. Doktor Wassiljew rufe ich am Freitag, ich werde auch ihn fragen und Dir dann alles schreiben, was er gesagt hat. Die Zeitungen erhalte ich regelmäßig, aber dafür von niemandem Briefe, nicht einmal von Mama. Deinen Brief aus Petersburg habe ich erhalten und daraus geschlossen, dass Du Sonntag früh abgefahren bist. Am

Sonntag war ich mit den Unseren im Theater und habe den Abend fröhlich verbracht. Es ist eine riesige und sehr ordentliche Truppe. Die Kinder sind sehr lieb; Fedja singt oft mit lauter Stimme:

> Es kommt ein graues Wölfchen,
> packt Fedja am Schlafittchen,
> schleppt ihn fort ins Wäldchen
> hinters Weidenbüschchen.

Er bat mich sehr, ihm Eis zu kaufen; ich versprach es, trug ihm aber auf, den Eismann selbst abzupassen; plötzlich hörte er die Rufe des Eisverkäufers und geriet so aus der Fassung, dass er geradewegs zu mir stürzen wollte, doch mitten im Lauf sprang er hinter die Pforte und rief der Kinderfrau zu: »Pass ihn ab!« Dann erst kam er angerannt, verkündete freudestrahlend, man habe süßes Eis gebracht, und lief gleich hinunter. Ich kaufte welches. Als sie anfingen zu essen, bat ich sie, das Eis so lange im Mund zu behalten, bis es zergeht, und fragte Fedja: »Ist es sehr kalt im Mund?« Er antwortete: »Ja, sehr.« – »Nun, dann brauchst du es nicht zu essen.« – »Nein, Mama, mir ist vom Eis sehr heiß im Mund!« Lilja ist auch sehr lieb; kürzlich sagte sie das Vaterunser so gut auf, dass ich staunte. Ich habe angefangen, sie auf die Ankunft eines neuen Brüderchens oder Schwesterchens vorzubereiten, aber sie will nichts davon wissen: »Ich hätte lieber ein Ziegenböckchen und ein Zicklein.« Mein lieber Fedoscha, mehr gibt es nicht zu schreiben, keinerlei Neuigkeiten, ich nähe immer noch, nähe, nähe und sehe kein Ende. Heute gedenke ich 24 Rubel abzuschicken, drei Monate Miete für den Lagerraum, auch möchte ich Alexander Karlowitsch für das Sommerhaus bezahlen. Alle lassen Dich grüßen. Die Kinder küssen Dich herzhaft und fangen schon an, Dich zurückzuerwarten. Liebster, sei unseretwegen beruhigt; so Gott hilft, bleiben wir am Leben und gesund. Ich schreibe wieder am Sonntag, dem 1. Juni. Ich küsse und umarme Dich viele, viele Male und liebe Dich über alle Maßen, was Ihr, gnädiger Herr, vielleicht gar nicht verdient; obwohl – Ihr verdient es unbedingt. Ich habe angefangen, Dich im Traum zu sehen, Liebster, was ein sehr schlechtes Zeichen ist. Wir küssen und umarmen Dich Millionen Mal.

Deine Lilja, Fedja, Anja und Ljolja oder Natascha

Die Bediensteten führen sich gut.

Mein Lieber, verzeih mir die Bitte: Voriges Jahr hast Du mir die Photographie von Gambetta nicht gekauft; tu mir den Gefallen, besorge sie diesmal und lege sie dem Brief bei; man bittet mich sehr darum.

Nach Staraja Russa

Ems, Donnerstag, 29. Mai / 10. Juni 1875

Mein liebes Täubchen Anja, ich bin gestern hier angekommen und sofort zur Post gegangen, wo ich den versprochenen Brief *poste restante* nicht vorfand, was mich sehr aufregte, so dass ich jetzt in großer Unruhe bin. Mich tröstet nur der Gedanke, dass Du ihn vielleicht am Sonnabend nach 9 Uhr früh abgeschickt hast und er erst am Sonntag befördert wurde, ich aber schon am Sonntag von Petersburg abgereist bin und, da ich bis Ems mit dem Kurierzug fuhr, trotz eines eintägigen Aufenthalts in Berlin die Post überholt habe. Ich denke, dass vielleicht heute etwas kommt. Sonst werde ich mich sehr sorgen. Falls Du jedoch beschlossen hast, bevor Du mir schreibst, erst etwas von mir aus

Ems abzuwarten, um darauf zu antworten, dann werde ich nicht so bald von Dir hören. Deshalb hatte ich Dir einige Zeilen aus Berlin geschickt, um Dich zu einer schnelleren Antwort zu bewegen. Wir müssen einen regelmäßigen Briefwechsel einführen: ohne gegenseitig auf Briefe zu warten, so alle drei Tage schreiben. Jetzt schreibe ich zum Beispiel am Donnerstag, den nächsten Brief sende ich am Sonntag, ohne die Antwort abzuwarten. Das schließt übrigens die Möglichkeit nicht aus, auch sofort nach Erhalt eines Briefes zu schreiben, wenn es etwas gibt, was eine unverzügliche Antwort erfordert. Ich ging gestern auch zum Telegraphenamt, um mich zu erkundigen, ob nicht ein Telegramm von Dir *poste restante* eingetroffen sei. Und überhaupt bin ich in großer Unruhe.

In Berlin habe ich mich vierundzwanzig Stunden gelangweilt bei abscheulich windigem und regnerischem Wetter. Ich habe einen Schirm und einen Hut gekauft. Für den Schirm, sagte man mir im Hotel, hätte ich 2 Taler zu viel bezahlt. Ich habe 10 Taler bezahlt, übrigens ist die Seide gar nicht schlecht. Für den Hut bezahlte ich 5 Taler, Hemden *fand ich nicht* und habe daher keine gekauft. Ein Zigarettenetui zu besorgen habe ich vergessen. Von Berlin bin ich am Dienstag um 11 Uhr abends abgereist. Unterwegs habe ich zwar nicht viel geschlafen, aber doch ein wenig. Gestern hatten wir einen heißen, hochsommerlichen Tag, heute aber gießt es wie aus Kannen, so dass ich nicht weiß, wie ich hinausgehen soll. Ems ist furchtbar hässlich bei Regen. Gestern war mir den ganzen Tag öde und traurig zumute, und nachts konnte ich wieder nicht richtig schlafen, wurde dauernd gestört. Der erste Anblick von Ems machte auf mich einen abscheulichen, miserablen Eindruck. – Ich war beim Arzt: Er fand mich unvergleichlich wohler als im vergangenen Jahr. Die Kaverne, die noch nicht verheilt war, hat sich vergrößert, doch dafür sind die drei anderen, die im vorigen Jahr verheilt waren, nicht wieder aufgebrochen. Ich musste mich ganz entkleiden, und er horchte mich aufs Sorgfältigste ab. Körperlich hätte ich mich, wie er meinte, den Winter über erstaunlich erholt (natürlich weil wir nicht in Petersburg gelebt haben). Er erhofft sich einen Erfolg. Wir haben beschlossen, die Kur gleich heute zu beginnen, d. h. ab Donnerstag. 2 Glas morgens mit Milch und 1 Glas abends, dann will er es allmählich erhöhen. Heute fange ich nach dem Mittagessen an und trinke das erste Glas, und ab morgen stehe ich um 6 Uhr früh auf. Wenn diese Kur nicht hilft und ich umsonst gefahren bin, werde ich sehr unglücklich sein, weil ich so viel Zeit verschwendet habe (und in solch einer Zeit), getrennt von Euch, und so viel Geld.

Gleich gestern habe ich eine Wohnung gemietet, nicht im Hôtel d'Alger, dort war besetzt, sondern zwei Häuser weiter, im Hôtel Lucerne. Aber nicht im 1., sondern im 2. Stock, dafür zwei recht gute Zimmer mit Balkon. Ich habe sie für genau denselben Preis gemietet wie damals im Hôtel d'Alger und zu denselben Bedingungen. Madame Bach (vom Hôtel d'Alger) bot mir im 2. Stock etwas an, ohne Balkon, und obwohl sie im Preis etwas herunterging und sehr gern wollte, dass ich bei ihr einziehe, ist doch mein jetziges Quartier im Hôtel Lucerne unvergleichlich besser, nur weiß ich nicht, ob es auch ruhiger ist. Ich habe einen Nachbarn, der morgens sehr laut spricht und mit der Tür klappt (wenn er hinausgeht), und oben eine miserable Klavierschülerin, die mich 1 ½ Stunden mit grässlichem, stümperhaftem Spiel traktiert hat. Im Übrigen werde ich sehen, und sollte irgendwas sein, ziehe ich zur Bach, wenn meine vorjährige Wohnung bei ihr (bald) frei wird. Meine jetzige Wirtin, Madame Moser, ist eine hochgewachsene spindeldürre rotblonde Deutsche (etwa zehn Zentimeter größer als ich), noch nicht alt, mit einem offiziellen Lächeln. – Ich weiß nicht, ob ich mich einleben werde.

Russen sind noch nicht viele da, die Saison hat gerade erst begonnen. Ich traf nur Tatschalow, den Geistlichen, er ist auf einen Sprung hier. Von ihm erfuhr ich auch, dass niemand da ist. In der Liste, die das Kurhaus herausgibt, sind 15 russische Namen verzeichnet (alles russische Ausländer) und mehrere unbekannte Namen aus der Aristokratie und der Kaufmannschaft. […] Also bin ich hier mutterseelenallein, und ich befürchte eine ungeheure Langeweile.

Wenn ich nur schnellstens einen Brief von Dir bekäme. Unerträglich, wie die Ungewissheit auf mir lastet. Wie geht es den Kindern? Schreibe über sie möglichst ausführlich. Gestern dachte ich voller Qual an Dich und Deine Gesundheit und machte mir den ganzen Abend Gedanken. – Anja, Täubchen, sei guten Mutes, Gott ist gnädig, vielleicht wendet sich alles zum Besten. Ich umarme Dich von ganzem Herzen. An die Kinder denke ich ununterbrochen. Gib Lilja noch einen Kuss und sag Fedja, dass hier kleine Pferdchen (Esel und Maultiere) an der Brücke stehen, mit roten Sätteln, hübsch anzusehen, sie werden von jungen Mädchen und kleinen Jungen und Mädchen zum Reiten gemietet, und diese hätten mich schon gefragt, warum ich Fedja nicht mitgebracht habe, und ich hätte gesagt, ich würde ihn bestimmt nächsten Sommer mitbringen. Sag ihnen, dass ich hier bestimmt Naschwerk für sie kaufen werde. Schreib mir ausführlicher, Anja, was Du die ganze Zeit machst.

Das Geld nimmt hier so ab. Die Fahrt ist nicht billig und das Leben auch nicht. Gestern habe ich Erdbeeren und Kirschen gekauft, zum letzten Mal für die Dauer meines Aufenthalts, denn all das hat mir der Arzt verboten. Mein Magen hat sich unterwegs sehr erholt. Seltsam, dass sich mein Magen auf der Reise stets erholt. Gestern habe ich den Anzug von Scharmer zum ersten Mal getragen und mich gleich geschämt: Erstaunlich, ich sah plötzlich aus wie einer aus dem Modeheft, bei Gott. Er ist tadellos gearbeitet; der Hut, den ich mir gekauft habe, hat eine ganz andere Form, und ich finde, er steht mir überraschend gut. Ich kann mir vorstellen, als was für ein Geck ich Dir jetzt ob dieser Worte erscheine. Ich küsse Deine Augen und schließe Dich fest in die Arme, mein lieber Engel. Du bist mir mehr wert als alles auf Erden, eine Frau wie Dich gibt es nicht wieder. Ich habe Dir das übrigens schon gesagt, aber Du weißt nicht, wie oft ich das empfinde. Vor allem, sei munterer. Und versäume auch nicht, mir zu schreiben. An alle einen Gruß. Die Kinderchen küsse ich tausendmal. – Ich fühle mich schrecklich zerschlagen von der Reise; gestern beim Einschlafen bin ich furchtbar zusammengezuckt, was in letzter Zeit selten vorkam. Wenn ich die erste Woche Kränchen trinke, schlafe ich gewöhnlich schlecht, habe schlimme Alpträume, Leberbeschwerden und bin schrecklich reizbar, so geht es eine Woche oder länger.

Der Monarch soll heute von hier abreisen, es ist mir nicht gelungen, ihn zu sehen. Kaiser Wilhelm ist angekommen. Gestern spielte die ganze Zeit eine Kapelle unter seinen Fenstern. Im Garten ist viel Publikum, alles Flegel und Gecken und viele hübsche Damen aller Nationalitäten.

Was ist, wenn ich auch heute keinen Brief von Dir erhalte? Ich hätte gestern schon geschrieben, hatte mich aber verspätet, denn nur ein bis 3 Uhr eingeworfener Brief geht noch am selben Tag ab. Ich umarme Euch alle fest.

Ganz Dein F. Dostojewski

Stell Dir vor, gestern, ich war gerade um 11 Uhr angekommen und im Hotel abgestiegen, bestellte ich mir Tee und Roastbeef, man brachte es mir, ich setzte mich aufs Sofa, schloss ein wenig die Augen und schlief plötzlich für anderthalb Stunden ein. So zerschlagen war ich.

Nach Ems

Staraja Russa, Dienstag, 3. Juni 1875
7 Uhr morgens

Mein lieber, teurer Fedja, mit Deinem Brief aus Berlin hast Du mich unsagbar erfreut, zumal ich vor Dienstag nichts erwartet hatte. Ich erhielt ihn am Samstagabend, eine halbe Stunde nachdem ich den Brief an Dich abgeschickt hatte; deshalb beschloss ich auch, Deinen ersten Brief aus Ems abzuwarten und dann zu antworten. Diesen erwarteten und mir kostbaren Brief erhielt ich gestern, am Montag, um 11 Uhr abends, und jetzt am Morgen eile ich, Dir zu schreiben und den Brief zur Post zu bringen, damit er heute noch abgeht. Sei unbesorgt, mein Liebster, wir sind alle gesund, und alles ist in Ordnung bei uns. Die Bäder nehmen wir ab übermorgen, weil wir schon die ganze Woche sehr starken Wind haben (der allerdings warm ist) und jede halbe Stunde Regen, obwohl bei dem strahlenden Sonnenschein alles schnell trocknet, aber ich denke, es ist besser, noch zu warten, als das Risiko einzugehen, dass die Kinder sich nach den heißen Bädern erkälten. Die Kinder sind die ganze Zeit im Garten oder auf dem Hof und benehmen sich so gut, dass ich nur staune. Ich bin auch gesund, habe aber jede Nacht Alpträume, und vor allem sind meine Nerven völlig zerrüttet, ich könnte bei jeder Kleinigkeit in Wut geraten, und das einzige Mittel, mich zu beruhigen, ist eine halbe Stunde völligen Alleinseins. Mein Liebster, das schreibe ich Dir, damit Du siehst, dass ich Dir nichts verheimliche; mach Dir aber keine Sorgen meinetwegen, das alles geht vorüber, wenn das Wetter wechselt und ich mehr hinauskann. Ich freue mich unbändig, dass Orth fand, Du hättest Dich erholt, und dass vor allem die kleinen Kavernen nicht wieder aufgegangen sind; gebe Gott, dass Du Dich endgültig auskurieren kannst. Siehst Du, Fedotschka, und Du hast noch gezweifelt, ob Du nach Ems fahren sollst, es hätte damit geendet, dass auch die kleinen Kavernen wieder aufgebrochen wären, und wer weiß, was dann geschehen wäre. Jetzt aber kuriere Dich und mach Dir, ich flehe Dich an, vor allem um uns keine Sorgen, das könnte Dir schaden; ich versichere Dir, dass ich Dich über alles benachrichtige und unbedingt telegraphiere, wenn etwas vorfallen sollte. Schreiben werde ich mittwochs und sonntags oder sofort nach Erhalt eines Briefes; den nächsten Brief schreibe ich, wenn ich Deinen erhalten habe, sollte ich jedoch keinen erhalten, dann am Sonnabend. Überhaupt, mein Lieber, beunruhige Dich nicht, selbst wenn Du am versprochenen Tag keinen Brief von mir bekommst, es gibt alle möglichen Verzögerungen bei der Post, und manchmal schaffen wir es auch nicht, den Brief frühmorgens abzuschicken. Fedja fragt mich oft: »Wann kommt Papa?«, ich sage, noch nicht so bald. »Du neckst mich ja bloß, er kommt bestimmt bald.« Als Fedja neulich schlafen ging, baute er sich im Bettchen aus der Decke ein kleines Nest und versicherte mir, er habe Vöglein darin und sie würden ihm Eier legen, verschiedene, *gefärbte*, und er fragte mich, ob sich die Vöglein bei ihm im Nestchen auch vertragen werden. Jetzt, da ich den Brief schreibe, steht er vor mir und sagt gerade: »Immer musst du emsig sein, Mama!« Lilja stellt ihre neue Puppe an die Wand und bemerkt: »Du bist sehr gewachsen seit der Butterwoche.« Einmal rutschten Fedja die Höschen herunter, und Lilja sagte: »Ach, Mama, er hat mir seine ganze Scham gezeigt.« Fedja habe ich einen Strohhut gekauft, zwei Anzüge genäht, Lilja zwei Kleidchen, sie sehen bildhübsch aus. Die Zeit verbringe ich einförmig, ich sitze meistens im Garten und nähe; gestern war ich übrigens beim Väterchen Popen. [...] Ich küsse und umarme Dich Millionen Mal, mein teurer Schatz, ich liebe Dich unendlich, die Kinder küssen und umarmen Dich fest.

Anja

Bitte verguck Dich nicht in die hübschen Damen verschiedener Nationalitäten. Das mag ich gar nicht.

Nach Staraja Russa

Ems, Mittwoch, 4. / 16. Juni 1875

Mein Täubchen Anja, vorgestern erhielt ich Deinen Brief vom 28. Mai, es ist schrecklich, wie lange die Post geht. Ich danke Dir für das Briefchen, dafür, dass Ihr im Dampfbad wart, und für die Nachrichten über Dich und die Kinderchen. Bitte, verschaff Dir Abwechslung, geh ins Theater und öfter spazieren und *muntere* Dich auf, so gut Du kannst, d. h., wehre Dich gegen den Trübsinn. In Deiner Lage braucht man nur anzufangen, sich unterkriegen zu lassen und diversem Druck nachzugeben, und gleich wird alles dreimal so schwer. Vor allem schreibe oft, rasch, unbedingt alle drei Tage (mindestens), sonst bilde ich mir hier Gott weiß was ein. Sprich mit den Kindern manchmal über mich. Fedjas Liedchen ist sehr hübsch, Lilja küsse ich besonders. – Ich leide hier buchstäblich Qualen, Anja. Kein einziger Bekannter (wenn wenigstens Kublizki herkäme). Mit keinem kann man ein Wort reden. Russen sind da, aber ich kenne keinen von ihnen, und die Hälfte aller Russen sind Ausländer und russische Kaufleute. Wenn es die ganze Zeit so bleiben sollte, wird es sehr schwer. Das Wetter bei uns ist hundsmiserabel. Bisher hatten wir Dauerregen und Wind, gestern aber regnete es nur dreimal am Tag. Früh um 7 Uhr sind 13, 14 Grad, danach steigt das Thermometer bis 2 Uhr auf 24 Grad, und dann kommt plötzlich irgendwann Wind auf, und es fällt wieder auf 15 oder 14 Grad. Vorgestern merkte ich schon, dass ich mich erkältet habe, und gestern hatte ich den ganzen Tag einen fürchterlichen Schnupfen, ich nieste in einer Stunde 200- bis 300-mal (ohne Übertreibung) und verbrauchte an einem Tag fünf Taschentücher und ein ganzes Handtuch, in das ich schließlich auch noch schnauben musste. Gegen Abend hatte ich Fieber, Kopfschmerzen und ein Schwächegefühl, dass ich fast schon einen Schreck bekam; aber heute Morgen bin ich viel munterer aufgestanden, als beim Schlafengehen zu vermuten war. Der Schnupfen ist zwar noch da, aber längst nicht mehr so stark. Das Fieber ist auch weg, nur der Kopf schmerzt ein wenig. Am meisten Hoffnung schöpfe ich daraus, dass der Appetit nach wie vor ausgezeichnet und die Zunge *kein bisschen* belegt ist (d. h., morgen bin ich wieder vollkommen gesund). Deshalb suche ich auch den Arzt nicht vor der festgelegten Zeit auf, um keinen Taler mehr als nötig zu bezahlen. Danach höllische Langeweile, unaussprechliche Schwermut, es ist schrecklich voll hier, auf der Kurliste stehen schon 5000 Namen. Unglaublich hochnäsige, affektierte, dreiste und grobe Visagen. Keinerlei Zerstreuungen, nirgends kann man spazieren gehen (alles ist mir zuwider). Ich war am zweiten Pfingstfeiertag in der russischen Kirche, dort war viel Volk, mehr, als ich erwartet hatte, aber weiß Gott was für Leute.

Die Damen benehmen sich geziert, setzen sich auf Stühle und fallen in Ohnmacht. In meiner Gegenwart sanken in der Kirche drei in Ohnmacht (angeblich vom Weihrauch und von der stickigen Luft), aber auf dem Ball tanzt so eine bestimmt die ganze Nacht oder häuft sich zum Mittagessen derart viel auf den Teller, dass zwei Bauern davon satt werden könnten. Widerlich. Der Arzt hat mir noch drei Glas zu 6 Unzen morgens und 2 Glas zu 4 Unzen nach dem Mittagessen verordnet. Über die Kur lässt sich bis jetzt nichts sagen. Am schlimmsten ist, dass ich noch nicht einmal daran gedacht habe, mit der Arbeit zu beginnen: Die Schwermut, all die Zipperlein und Schweinereien rauben mir jegliche Lust. Und da denken manche, ich wäre zu meinem Vergnügen ins Ausland gefahren. [...] Wer eigentlich möchte das Bild von Gambetta haben? Ich weiß es nicht mehr. Den Gambetta habe ich noch nicht aufgetrieben, mir steht auch nicht der Sinn danach, zudem ist mir unbegreiflich, warum sie sich nicht gedulden können, warum ich es im Brief schicken muss. Sie sollen warten, bis ich es mitbringe. Wenn ich es hier nicht auftreibe, muss ich mich in Berlin danach umsehen, dort werde ich schon eins finden. Mein liebes Täubchen Anja, ich bin immer wieder entsetzt bei dem Gedanken an die Verpflichtungen, die ich übernommen habe; ich sehe, dass ich beim besten Willen kaum Zeit haben werde zum Schreiben. Dabei werde ich nach dem Aufenthalt hier erst recht nicht mehr zum Schreiben kommen – da ist die Reise, die Übersiedlung nach Petersburg und alles, was dann noch folgt. Mich befällt einfach eine große Hoffnungslosigkeit. Überleg auch, Anja, wie wir bezüglich einer Wohnung in Petersburg entscheiden wollen: Soll ich auf der Durchreise eine suchen, oder fahren wir von Russa aus zusammen hin, ziehen erst einmal in ein Hotel und suchen dann? Das muss *klar* und *endgültig* entschieden werden. Desgleichen hinsichtlich der Dienstmädchen: Es wäre nicht schlecht, wenn Lukerja mitkäme.

Sonst habe ich Dir nichts weiter zu schreiben. Wenn ich nur heute wieder ganz gesund würde! Den Brunnen trinke ich pünktlich. Das Leben hier ist nicht gerade billig, aber ich vergeude eigentlich kein Geld. – Ich küsse und umarme Dich überschwänglich, aber ob Du mich liebst, Täubchen, das ist die Frage! Ich denke unablässig an Euch. Küss die Kinder und schreibe mir Einzelheiten über sie. Es wäre gut, wenn Du jede Einzelheit, die Du mir über die Kinder schreibst, auch für Dich in ein Extraheftchen eintragen würdest, zur Erinnerung. Du könntest dafür ein besonderes Heft kaufen. Das wäre doch sehr schön, für sie wie für uns, in vielen Jahren, wenn wir noch eine Weile leben. Du hattest ja mal eine solche Idee.

Liebe Anja, glaube an meine unendliche Liebe, ich bitte Dich flehentlich, achte auf Dich und die Kinder. Lass Dir übrigens nicht einfallen, Dich wegen meines Schnupfens zu sorgen. All das ist Unsinn. – Aber vielleicht wirst Du beim Lesen auch loslachen und mich einen Gecken nennen. Dass Du Dich nicht sorgen sollst, schreibe ich deshalb, weil ich das gute, liebe Herz meiner kleinen Frau kenne, ohne die ich nun schon 2 Wochen leben muss. Anja, meine Liebe, hab mich gern und denk manchmal an mich, bei dieser Vorstellung wird mir wohler.

Die Kinder küsse ich, an alle einen Gruß. Hast Du vielleicht Nachricht von Mama, von Iwan Grigorjewitsch? Ach, Anja, wie sehr fürchte ich, dass bei ihnen wieder etwas passiert ist und Dich das bedrückt. Die verfluchte Olga Kirillowna, das widerliche Kaufmannsgezücht! Ich umarme Euch alle, alle.

Ganz Dein F. Dostojewski

Nach Ems

Staraja Russa, Sonnabend, 7. Juni 1875
7 Uhr morgens

Gestern am späten Abend erhielt ich Deinen Brief, mein lieber, teurer Feditschka, und ich schreibe gleich, damit die Antwort heute noch abgeht. Mein Lieber, aus Deinen Zeilen ersehe ich, dass Du sehr traurig bist, Dich langweilst und Dich sorgst um uns; mein Liebster, glaube mir, bei uns geht alles seinen Gang, die Kinder und auch ich sind bei bester Gesundheit; wenn Du Dir so viele Sorgen machst, schadest Du sicher Deiner Genesung. Die Kinder lasse ich nicht aus den Augen, und ich schreie sie überhaupt nicht an, das versichere ich Dir; zudem benehmen sie sich erstaunlich gut, so dass ich mich gar nicht über sie zu ärgern brauche. Am Mittwoch war Doktor Wassiljew hier, er hat die Kinder untersucht und gefunden, dass sie *kein bisschen skrofulös* sind, aber dennoch eine kleine Veranlagung zur Skrofulose haben, weshalb die Bäder von Nutzen sein können. Fedja betrachtete er sogar mit Vergnügen, und auf meine Frage, ob seine Rundlichkeit nicht skrofulös sei, antwortete er, er sei überhaupt nicht dick, sondern einfach ein gesunder, stämmiger Junge von sechs Jahren. Als ich ihm die Kinder vorstellte und ihr Alter nannte, fragte er erstaunt: »Ist es nicht umgekehrt?« Er verschrieb ihnen 10 Solbäder mit Eisenpulver, und da sie gewachsen sind, können sie nicht mehr in den kleinen Wannen sitzen, also wurde angeordnet, dass beide in einer großen Wanne baden. Mir erlaubte er, Kohlensäurebäder zu nehmen, und sagte, sie seien in der letzten Zeit der Schwangerschaft sehr nützlich, da sie die Gebärmutter erweitern und die inneren Teile auf die Erweiterung während der Geburt vorbereiten; doch dürfe ich sie nicht jeden Tag nehmen (das würde mich sehr schwächen), sondern nur jeden dritten Tag und mit höherer Temperatur, nämlich 26 Grad. Über mich äußerte er, ich sei etwas blutarm, und wenn ich wolle, könne ich Schwalbach trinken. Überhaupt versteht er sich anscheinend auf sein Fach. Zum Zeitpunkt der Niederkunft bemerkte er, sie müsse seiner Meinung nach etwa Ende Juli bis Mitte August erfolgen; auf meine Frage, ob unter den Zugereisten vielleicht ein Arzt oder Geburtshelfer sei, sagte er, Rochel sei Geburtshelfer und verstehe seine Sache großartig; siehst Du, mein Liebster, Du kannst beruhigt sein, ich bleibe nicht ohne Hilfe, falls etwas Unvorhergesehenes eintreten sollte.

Gestern, am Freitag, haben wir das erste Bad genommen, heute nehmen die Kinder das zweite. Im Bad betragen sie sich ausgezeichnet, sie weinen nicht und schreien nicht, und beim Konzert verhalten sie sich so gesetzt, dass es zum Lachen ist. Vor einigen Tagen fielen ihn die Krebse wieder ein, und sie bestellten sich fürs nächste Mittagessen Suppe mit Fleischklößchen (die Lilja gern isst), Krebse und Kompott, und außerdem sagten sie, was ich ihnen zum Naschen kaufen soll. Süßigkeiten bekommen sie viermal am Tag, aber in kleinen Mengen, und Fedja äußerte sogar: »Bei Papa muss man beide Hände aufhalten, aber bei Mama reicht eine Hand.« Sie denken an Dich und fragen oft, wann Du zurückkommst. […] Neues gibt es nicht, es sind nur wenig Zugereiste hier, und auch die sind geizig, im Theater sitzen jedes Mal höchstens 15 Leute. Gestern waren wir mit unserer ganzen Gesellschaft im Theater, aber ich habe mich gelangweilt. Meine Gedanken weilen ständig bei meinem ewig lieben und teuren Papa, den ich unendlich liebe und achte. Ich vermisse Dich sehr, und ich habe höchst ungehörige Träume, immer sehe ich in ihnen Papa. Denkt Papa denn ebenso oft an seine dumme kleine Frau? Mein Lieber, langweile Dich nicht, sei nicht traurig und sorge Dich nicht um uns, alles ist bestens, doch wenn Du Dich aufregst, ist Deine ganze Kur vergebens. Ich küsse Dich Millionen und Billionen Mal und liebe Dich unendlich.

Die Kinder umarmen und küssen Dich innig.

Deine Anja, Fedja, Ljuba

und die beiden unbekannten, aber teuren Wesen – (ich bin überzeugt, dass ich Dir ein Pärchen schenken werde).

Ich schreibe Dir bestimmt am Mittwoch früh.

Nein, wie unschön von dir, du hast es doch tatsächlich für nötig befunden, mir eine Lektion über Hygiene zu erteilen.

Nach Ems

Staraja Russa, Montag, 9. Juni 1875

Gestern am späten Abend erhielt ich Deinen Brief, mein lieber, teurer und wunderbarer Feditschka, aber ich habe heute Morgen nicht geantwortet, weil ich erstens bis 8 Uhr geschlafen habe und folglich zu spät zur Post gekommen wäre und zweitens am Sonnabend ein Brief an Dich abgegangen ist; ich schreibe Dir um 5 Uhr abends und gehe gleich mit meinem Fedotschka in die Stadt Stiefel kaufen, da nehmen wir den Brief mit auf die Post. Mein Teurer, ich begreife nicht, weshalb die Briefe zu Dir so lange gehen; ich erhalte Deine am fünften, spätestens am sechsten Tag: So kam Dein Brief vom Mittwoch am Sonntagabend an. Deine Briefe machen mich ganz betrübt, ich sehe, dass Du in bedrückter und trauriger Stimmung bist. Mein armer Feditschka, wenn Du nur Bekannte finden würdest, damit Du auch einmal mit jemandem ein Wörtchen reden könntest:

ich wäre schrecklich froh, wenn Du die Schalikowa träfest. Deine traurigen Briefe schaden Deiner Kur und auch Deiner Arbeit; Du bist immerfort unglücklich, dass Du nicht arbeiten kannst; mein Lieber, gräm Dich nicht, vielleicht kommst Du doch noch ein wenig zum Arbeiten; es tut mir so leid, dass ich nicht bei Dir bin, ich denke, ich würde Dich aufmuntern. Bei uns sind alle gesund, und alles ist in Ordnung. Heute wird für Alexander Karlowitsch Brennholz vom Lastkahn abgeladen, die Kinder sind den ganzen Tag am Fluss, haben zugeschaut, wie der Kahn auf die Sandbank auflief und mit Stangen angehoben wurde, wie die Frauen das Holz trugen und dabei ihre Lieder sangen. Das hat die Kinder sehr beschäftigt. Gestern waren wir beim Konzert, die Kinder hatten ihre guten Sachen an und waren sehr stolz, dass sie so hübsch gekleidet waren; Fedja wurde müde und schlief plötzlich in der Pause ein; später fragte ich ihn: »Aber Feditschka, du bist doch nicht etwa eingeschlafen?« Er antwortete mir: »Lass mich in Ruhe mit deinem Einschlafen.« Abends spielen die Kinder mit ein paar kleinen Mädchen Katze und Maus; Lilja ist ein sehr flinkes und pfiffiges Mäuschen, aber der arme Feditschka wird immer gleich gefangen. Heute sagte Fedja zu mir: »Schreib Papa einen Brief, dass wir mit dem Spielzeug spielen!« Fedja denkt sehr oft an Dich und kommt an manchen Tagen gleich mehrmals mit dem Vorschlag: »Fahren wir doch Papa im Ausland abholen.« Lilja hingegen spricht nur von Dir, wenn man sie erinnert. Deine Küsse und Worte gebe ich den Kindern weiter, sie sagen dann: »Und was noch?« Sie haben schon vier Bäder genommen und ich zwei, nach den Bädern hören sie Musik und gehen schaukeln, und stell Dir vor! Beide schaukeln zusammen ziemlich hoch, und Fedja bittet mich: »Höher, Mama, höher.« Dann schaukelt Lilja auf der anderen

Schaukel, und Fedja klettert am Klettergerüst ganz hoch hinauf. Alexander Karlowitsch verwöhnt Fedja sehr und fragte ihn einmal: »Was möchtest du denn werden, wenn du groß bist, Fedja – Offizier?« – »Ich möchte Hirte werden.« – »Was für ein Hirte?« – »Na, Kühe hüten!« Wir konnten nicht herausbekommen, warum er diesen Beruf gewählt hat. Lilja sagt oft: »Nun, was ist, *Bruder* Alexander Karlowitsch!« Mehr fällt mir über die Kinder nicht ein. (Deinen Gedanken, die Gespräche der Kinder aufzuschreiben, finde ich gut, und ich werde ein Büchlein anlegen.) Ich fühle mich kerngesund, der Unbekannte auch, ich gehe um 10 Uhr schlafen und stehe ½ 8 auf, esse viel und halte mich überhaupt gut. Alle unnützen Gedanken und Befürchtungen verscheuche ich. Ich sitze die ganze Zeit im Garten und arbeite, mache meine Spätzchen schön, die sich über hübsche Kleidung freuen und sie auch schonen. Fedotschka aber ruiniert mich mit seinen Stiefeln: Unlängst habe ich ihm zwei Paar gekauft, das eine Paar hat er verschlissen, und die anderen waren aus minderwertigem Leder und sind aufgeplatzt. Heute will ich neue kaufen. Mein lieber Papotschka, obwohl ich nichts verprasse, geht das Geld weg, wenn auch nicht in beängstigendem Maße. Die Miete für das Haus, 75 Rubel, habe ich Alexander Karlowitsch gegeben, und jetzt schulden wir ihm keine einzige Kopeke mehr; für den Lagerraum habe ich für drei Monate je 8 Rubel = 24 Rubel abgeschickt. Ich danke Dir, dass Du wünschst, ich solle ins Theater gehen; ich war zweimal da, weiß aber nicht, ob ich bald wieder hingehe. Der Photograph ist nicht gekommen, ich kann also keine Aufnahmen von den Kindern machen lassen. Mein Lieber, sicher gibt es in Ems ein ausgezeichnetes Photoatelier; wenn Du Dich im neuen Anzug photographieren ließest, würdest Du mir eine große Freude machen, und auch für die Kinder wäre es schön. Was bist Du nur für einer geworden! Sowie Du etwas über Dich schreibst, setzt Du hinzu: »Sicher wirst Du mich einen Gecken nennen.« So wenig kennst Du Deine Anka, wenn Du nicht weißt, dass mir jede Kleinigkeit, die Dich betrifft, kostbar ist. Ich freue mich sehr, dass Du wie ein Modebild aussiehst und der Hut Dir steht. Obwohl ich durchaus nicht wünsche, dass auch andere – Damen – dies finden. Ich nehme an, dass Deine Erkältung jetzt vorüber ist, obwohl ich Dich dringend bitte, ruf den Arzt, wenn Du Dich krank fühlst, hörst Du, unbedingt. Alle lassen Dich grüßen. Zugereiste sind sehr wenige hier, Leontjews Haus ist ganz leer.

Nun, auf Wiedersehen, mein teurer Schatz, ich schreibe Dir wieder am Freitag oder am Sonnabend. Bis dahin hätte ich gern etwas von Dir gehört. Unzählige Male umarme und küsse ich meinen teuren, guten, lieben und zärtlichen Mann. Anja. Ljuba. Fedja.

Fedja strotzt vor Gesundheit und ist ungeheuer braungebrannt, Lilja sieht gesund aus und hat rote Lippen.

Briefe habe ich von niemandem erhalten. Neuigkeiten gibt es keine.

Nach Staraja Russa

Ems, Dienstag, 10. / 22. Juni 1875

Deinen lieben Brief, meine teure Anetschka, habe ich am Sonntag erhalten, d. h. denjenigen, den Du am Dienstag, dem 3. Juni, geschrieben und auf dem Du 7 Uhr morgens vermerkt hattest. [...] – Mich beunruhigt sehr, was Du über Deine Nerven und über Deine Gereiztheit schreibst. Wohin soll das führen? Ich mache mir hier über alles Sorgen, weil ich selbst schrecklich gereizt bin. Um Gottes willen, Täubchen, sieh nicht so schwarz, es gibt tausendmal Schlimmeres als bei uns, wir aber haben doch noch Freude, wenigstens an den Kindern. Es hat mich sehr gefreut, zu lesen, was Du über sie schreibst. Aber ich bin immer in Sorge, Tag und Nacht denke ich an sie und an Euch alle; da ist alles gut, und plötzlich passiert etwas. Zufälliges fürchte ich am meisten.

Auf jeden Fall sehen wir uns bald. Ich denke nicht, dass ich lange hierbleibe. Und selbst wenn ich nicht dazu komme, am Roman zu schreiben, kehre ich früher zurück. Ich weiß nicht, ob mir die Kur diesmal überhaupt Nutzen bringt. Bis jetzt sehe ich gar keinen. Allerdings sind es heute erst zehn Tage. Schleim sammelt sich noch mehr als in Staraja Russa, und die kleine Kaverne, das fühle ich [ein Wort durchgestrichen] deutlich, heilt nicht zu. Zudem ist das Klima hier einer Kur ganz und gar abträglich. Seit meinem letzten Brief bis zum heutigen Tag hat es buchstäblich ununterbrochen gegossen wie aus Kannen: Wie soll man sich in einer solchen Feuchtigkeit kurieren, man ist ständig leicht erkältet. Diese Feuchtigkeit und noch dazu die Langeweile: Ich fürchte, ich werde vor Langeweile noch den Verstand verlieren oder etwas ganz Irrsinniges tun. Mehr als ich kann keiner aushalten. Es ist geradezu eine Folter, schlimmer, als im Zuchthaus zu sitzen. Die Hauptsache ist: Wenn ich wenigstens arbeiten würde, dann ließe ich mich fortreißen. Aber auch das kann ich nicht, weil der Plan noch nicht steht und ich außerordentliche Schwierigkeiten sehe. Solange der Gedanke nicht ausgereift ist, kann ich nicht anfangen, und auch die Inspiration fehlt bei solcher Schwermut, sie aber ist das Wichtigste. Ich lese über *Elias* und *Henoch* (das ist wunderbar) und »Unser Zeitalter« von Bessonow. Die einfältigen Bemerkungen und Erklärungen von

Bessonow, der sich nicht einmal richtig auf Russisch ausdrücken kann, bringen mich auf jeder Seite in Wut. – Ich lese das Buch Hiob, und es versetzt mich in schmerzliche Begeisterung: Manchmal höre ich auf zu lesen und gehe eine Stunde im Zimmer umher, bin nahe am Weinen, und ohne die niederträchtigen Anmerkungen des Übersetzers wäre ich vielleicht glücklich. Dieses Buch, Anja – das ist merkwürdig –, war eines der ersten im Leben, das mich tief beeindruckt hat, ich war damals fast noch ein Kleinkind! – Davon abgesehen gibt es hier keinerlei Zerstreuungen, nicht die geringsten. Einzig und allein dass zweimal täglich am Brunnen Musik erklingt, aber auch sie ist schlechter geworden: höchst selten wird etwas Interessantes gespielt, meistens nur irgendein Potpourri oder ein »Deutscher Ruhmesmarsch«, Strauss, Offenbach und schließlich gar eine *Emspastillen-Polka** – man kann es gar nicht mehr hören. Zudem stört mich die dichte fünftausendköpfige Menge auf recht engem Raum, die Menschen drängen sich, laufen sinnlos hin und her wie die Hühner. Und an diesen Regentagen ist es noch enger, alle drängen sich pitschnass, mit nassen Schirmen unter einer Galerie zusammen, und zwar alle auf einmal, weil man pünktlich am Brunnen sein muss, und genau zu dieser Zeit spielt das Orchester die *Emspastillen-Polka**. An russischen Zeitungen werden nur zwei bezogen. Den »Russki westnik« habe ich bekommen – er ist voller Schund. – Russen sind zwar da, aber noch nicht so viele und alles nach wie vor Fremde. [...] – Ich hoffe ständig, dass vielleicht doch noch jemand kommt, aber dann werde ich, so Gott will, schon am Roman sitzen und keine Zeit mehr haben. Ach, was werde ich wohl zustande bringen, werde ich überhaupt etwas schreiben können? Ich mache mir schreckliche Sorgen, weil ich allein bin. Zwar saß ich zu Hause, in Russland, auch allein, aber da wusste ich zumindest, dass im anderen Zimmer die Kinder sind, ich konnte manchmal zu ihnen hinübergehen, ein wenig mit ihnen sprechen, mich sogar darüber ärgern, dass sie zu laut sind – das erst gab mir Leben und Kraft. Vor allem aber wusste ich nebenan Anja, die tatsächlich meine andere Hälfte ist und von der ich mich, wie ich jetzt sehe, wirklich nicht trennen kann, mit der Zeit immer weniger.

[...] Unten, in der Beletage, direkt unter mir, bewohnt eine zugereiste deutsche Familie drei Zimmer. Die gnädige Frau, Mutter dieser Familie, eine ziemlich dicke Deutsche, ist so zerstreut, dass sie statt der zwei Treppenabsätze manchmal vier in den 2. Stock steigt und geradewegs auf meine Tür zusteuert, sie mit Schwung öffnet, dann etwa drei Sekunden dasteht und nicht weiß, wohin sie geraten ist. Danach ein Aufschrei: *»Ah, mein Gott!«**, und sie eilt wieder nach unten; so ging es schon zweimal, einmal am Morgen, das andere Mal am Abend. – Übrigens bin ich selber genauso zerstreut: Erst gestern ging ich statt in mein Hotel Luzern nebenan ins Hotel Genz, nahm meinen Schlüssel vom Brett, d. h. die Nr. 10, stieg in den zweiten Stock und will mein Zimmer 10 aufschließen (das ganz genauso gelegen ist wie im Luzern), doch da liefen die Wirtin und das Dienstmädchen herbei und erklärten mir, dass ich nicht hier, sondern nebenan im Luzern wohne. Nur gut, dass sie mich schon von Angesicht kannten, d. h. wussten, dass ich im benachbarten Luzern wohne, sonst hätten sie mich vielleicht noch für einen Dieb gehalten.

Anja, mein Liebes, schreibe mir alle drei Tage, und schreibe möglichst viele Einzelheiten. Ich lechze nach den Briefen wie nach dem himmlischen Manna. Sei mir nicht böse, mein Engel, dass ich in meinen Briefen so niedergeschlagen bin; so Gott will, setze ich mich an die Arbeit und vergesse meine Trübsal. Dann wird womöglich auch die Kur erfolgreicher verlaufen. – Heute scheint die Sonne, und es ist warm. – Von einer Art Wehmut, das weiß ich, kann ich mich nicht befreien: vom Bangen um Euch. Ich fürchte ständig, Euch könnte etwas zustoßen. Ich bin in diesen 8 Jahren zu Hause schrecklich weibisch geworden, Anja; ich kann mich nicht von Euch trennen, nicht einmal für ganz kurze Zeit – so weit ist es gekommen. Anja, mein Liebes, ich denke immerfort an die Zukunft, sowohl an die nähere als auch an die weitere, immer dasselbe: Möge Gott uns Zeit geben, dann würden Du und ich etwas für die Kinder schaffen.

Täubchen, führe ein fröhlicheres Leben, geh spazieren, an die Luft, vertreibe die schlimmen Gedanken. Hast Du einen Arzt? Du solltest ihn unbedingt zu Dir bitten. [...]

Ich umarme Dich und segne die Kinder, alle. Anja, warum sollten wir es nicht Anna nennen, wenn es ein Mädchen wird? Dann haben wir eben in der Familie eine zweite Njutja! Nicht wahr? Ich möchte es sogar sehr gern.

Ich umarme Dich und Euch alle nochmals.

Ganz Dein

F. Dostojewski

An alle einen Gruß.

Ich träume *oft von Dir.* Übrigens habe ich jetzt auch Alpträume (die Wirkung des Brunnens). Ich befürchte sehr, einen Anfall zu bekommen, schon zu lange hatte ich keinen. Und wenn, dann bekomme ich innerhalb eines Monats drei, so ist es stets nach einer langen Pause. Was wird dann mit dem Roman?

Nach Ems

Staraja Russa, Donnerstag, 12. Juni 1875

Sei gegrüßt, mein teurer und lieber Fedja, wie steht es mit Deiner Gesundheit, wie geht es Dir? Mein Lieber, Deinen Brief vom 7. Juni (Sonnabend) erhielt ich gestern, am Mittwoch, spätabends, und ich antworte Dir genau nach drei Tagen (wie Du selbst es festgelegt hast); den letzten Brief schickte ich am Dienstag, dieser geht morgen früh ab. Ich verstehe einfach nicht, warum mein Brief vom 31. Mai erst am 3. Juni befördert wurde, weiß Gott, was das ist! Ich werde auf der Post mit ihnen darüber reden, aber ich weiß im Voraus, dass sie mir irgendwelchen Unsinn antworten und sagen werden, die Briefe würden in Petersburg zurückgehalten. Ob womöglich Gotski angeordnet hat, dass ihm meine Briefe zwecks Überwachung zugestellt werden, doch ist er anscheinend nicht in Russa. Überhaupt bin ich höchst aufgebracht ob solcher Unpünktlichkeit, aber ich versichere Dir, Liebster, dass ich in keiner Weise daran schuld bin, denn ich bringe die Briefe selbst zur Post.

Mein Lieber, wir sind alle bei bester Gesundheit, und alles ist in Ordnung. Die Kinder gehen jeden Tag baden und haben schon sieben Bäder genommen, ich bis jetzt drei; beide sehen gesund und blühend aus, besonders Fedja; sie sind sehr folgsam und denken oft an Dich. Lilja hat sich jetzt mit Mascha angefreundet, dem Mädchen, das bei Anna Gawrilowna aufwartet, sie weicht ihr nicht von der Seite und hat bei ihr allerlei Liedchen gelernt. Sie bat mich sehr, diese Liedchen an Papa zu schicken; ich erfülle ihren Wunsch und schreibe sie auf:

Dort unter der Brücke
schwimmt ein muntrer Fisch,
keiner kann ihn fangen!
In Staraja Russa gibt es viele Burschen.
Keinen kann man lieben!

Das andere kann sie nicht ganz:

… geblieben.
Die Kinder klein, ein junges Weib,
ein Rappe im Stall, Zaumzeug aus Gold,
zwei Körbe voll Beeren,
ein großer Sack Pilze –
ist das denn keine Liebe?
Nimm eine zahnlose Vettel!

Ferner:

Kauf mir ein Häkeltuch,
lieb mich, fröhliches Mädchen,
kauf mir für ein Kleid weißen
………
Bin nach der Kleidung eine Bäuerin,
nach dem Gang ein deutsches Fräulein,
ich, ein Mädchen aus Staraja Russa.

Außerdem kennt sie ein ellenlanges Lied über das Jahr 54 und möchte unbedingt, dass ich es Dir schicke; ich schreibe es bestimmt auf, aber jetzt habe ich keine Zeit. Heute bettelten mich die Kinder, ich solle mit ihnen Boot fahren (damit liegen sie mir jeden Tag in den Ohren), und ich entschied, die Kinderfrau solle rudern, sie war früher Bootsführerin; begeistert liefen die Kinder zur Anlegestelle, doch plötzlich nahm ein anderer das Boot (es sind nur zwei da). Die Kinder waren ganz verzweifelt und klagten: »Mama, Mama, wir sind zu spät gekommen.« Da bot der Herr, der im Boot saß, an, er würde die Kinder spazieren fahren; mir war es natürlich peinlich, abzulehnen, und so ruderte er uns zweimal über den See. Die Kinder waren entzückt, zumal sie das erste Mal im Leben Boot fuhren.

[...] Auf Wiedersehen, mein lieber, teurer Fedotschka, ich küsse Dich viele, viele Male und bitte Dich, nicht traurig zu sein und Dich nicht um uns zu sorgen. Ich schreibe bestimmt am Montag.

Wir küssen und umarmen Dich innig.

Deine Anja, Lilja, Fedja

und die beiden unbekannten Wesen

Wir haben schon zwei Wochen herrliches und heißes Wetter.

Nach Staraja Russa

Ems, Freitag, 13./25. Juni 1875

Mein liebes Täubchen Anja, Dein nettes Briefchen vom Sonnabend (7. Juni) erhielt ich gestern, am Donnerstag, und ich danke Dir dafür. Vor allem für die beruhigenden Nachrichten und dass Du den Arzt gerufen hast. Das hat mich besonders beunruhigt. Es war immer schwer für mich, dass Du *daraus* um jeden Preis, bis in allerjüngste Zeit, gewissermaßen ein Geheimnis machen wolltest. Wegen der Kinder danke ich Dir auch – sowohl dafür, dass Du auf sie aufpasst und zufrieden mit ihnen bist, als auch dafür, dass Du sie dem Arzt vorgestellt hast. – Trotzdem erhalte ich von Dir nur alle vier Tage einen

Brief, ich hingegen schreibe alle drei Tage. Den letzten Brief schickte ich Dir am Dienstag. An diesem Tag hüllte sich Ems plötzlich in Nebel, der ganz milchig war und so undurchsichtig, dass man auf 20, 30 Schritt nichts erkennen konnte, und so lag er 24 Stunden über der Stadt, bei 20 Grad Wärme und Windstille, das bedeutete Schwüle und Feuchtigkeit, so dass man gar nicht wusste, was man eigentlich anziehen sollte – in leichter Kleidung erkältet man sich wegen der Feuchtigkeit, in warmer fängt man an zu schwitzen und erkältet sich auch. So ging es einen Tag und eine Nacht, und plötzlich fing es an zu regnen. Seitdem gießt es schon drei Tage wie aus Kannen. Wenn ich schreibe *aus Kannen*, dann ist das wortwörtlich zu verstehen. Es ist ein Regenguss, wie er bei uns, in unserem Klima, bei einem starken Gewitter nur eine Viertelstunde dauert. Hier pladdert es den dritten Tag – buchstäblich pausenlos –, und da soll einer leben und Brunnen trinken gehen. Meine ganze Kleidung ist durchnässt. Der Boden hier ist steinig, sobald die Sonne scheint, trocknet er sehr schnell, aber in diesen drei Tagen ist er so aufgeweicht, dass man wie in Grütze läuft und nasse Füße und Hosen bekommt. Der Schirm bietet keinen Schutz mehr. Was für Nutzen kann die Kur hier bringen, wenn ich ständig erkältet bin – leicht zwar, aber eben doch erkältet, mit Schnupfen und Husten. Angeblich soll es heute gegen Abend aufklaren. Übrigens weiß ich noch nicht, was ich zu meiner Kur sagen soll; trotz des Klimas gibt es einige Anzeichen, dass sie in gewisser Weise womöglich doch etwas nützt. Ich trinke jetzt schon das Maximum, 4 Glas morgens und 2 nach dem Mittagessen. Aber Du kannst Dir vorstellen, wie groß meine Schwermut hier ist und wie angegriffen meine Nerven sind. Am meisten quält mich das Misslingen der Arbeit: Bis jetzt sitze ich da, quäle mich, zweifle und habe nicht die Kraft anzufangen. Nein, so sollte man schöngeistige Werke nicht schreiben, nicht auf Bestellung, unter Zwang, sondern in Muße und Freiheit. Immerhin hat es den Anschein, als werde ich mich bald an die wirkliche Arbeit setzen, doch was herauskommt, weiß ich nicht. Bei dieser Schwermut kann ich selbst die Idee verderben. Ich rechne jeden Tag mit einem Anfall, aber es kommt keiner. Seltsam ist auch: Ich habe den Eindruck, dass ich abgemagert bin, was voriges Jahr nicht der Fall war, obwohl es offenbar eine Wirkung des Brunnens ist. Im Übrigen sind Appetit und Verdauung gut. Nun, das ist alles über meine Gesundheit.

Mir geht es vor allem um Dich. Ich warte, dass Du mir etwas schreibst wegen der Wohnung, die wir mieten wollen. Vermutlich werde ich die Kur hier jetzt nicht sehr lange ausdehnen, folglich muss auch die Wohnung zeitig gemietet werden, d. h. wohl noch in der ersten Julihälfte. – Ich möchte sehr gern möglichst schnell zu Euch: Zumindest werde ich mich Euretwegen nicht so sorgen, wenn ich Euch vor Augen habe. Auch werde ich bei Euch aufleben. Und besonders Dich, Anja, habe ich dann im Blick in dieser schweren Zeit, hier aber fürchte ich ständig irgendetwas Unvorhergesehenes. Doch der Roman und die Frage, wann ich ihn schreiben soll, macht mich ganz irre. Verspäten darf ich mich nicht, wir brauchen ja auch das Geld. – Wie wird es uns diesen Winter ergehen, Anja, was wird werden? Von mir aber haben sich jedenfalls alle in der Literatur abgewandt; ich werde ihnen nicht nachlaufen. Sogar das »Journal de Saint-Petersbourg« wollte den »Jüngling« schon loben, doch dann hat offenbar jemand befohlen, den Roman zu schmähen, und so las ich in der letzten Nr., dass am Ende des 2. Teils alles flau sei, »et il n'y a rien de saillant«*. Das heißt, man mag sagen, was man will, mir sogar überflüssige Effekte zum Vorwurf machen, aber was man nicht sagen darf, es gäbe nichts, was saillant wäre. Im Übrigen sehe ich, dass der Roman verloren ist: man wird ihn in allen Ehren unter allgemeiner Verachtung begraben. – Genug, die Zukunft wird es zeigen, doch ich will keine Energie für die Zukunft verschwenden. Bleib Du nur gesund, meine Gehilfin, dann werden wir es irgendwie schaffen.

Ich bin nach wie vor ganz allein hier, habe keine Bekannten. Russen sind viele angereist, aber nur *aus Reval**, *aus Livland**, irgendwelche Storchs, Borchs, und an russischen Namen – Paschkow, Pantschulidsew u. a. Lauter Fremde. Aber seltsam: Mich kennt man anscheinend. Neulich, an der Quelle, wandte ich mich mit einer ganz nichtigen Frage auf Deutsch an einen Gentleman, der mir sofort auf Russisch antwortete, dabei wusste ich nicht einmal, dass er Russe ist. Also hatte er über mich schon Bescheid gewusst, denn er konnte ja nicht Gott weiß woran erkennen, dass ich Russe bin. Ich halte mich übrigens von allen fern. Das Leben hier ist mir zuwider, unerträglich. Der Kaffee und das *Abendbrot** bei den Wirtsleuten sind furchtbar schlecht; das Mittagessen aber lasse ich aus einem anderen Hotel kommen (das 1. habe ich schon aufgegeben), und es ist buchstäblich doppelt so gut wie das Essen aus dem Hotel Goedeke. – Vom »Grashdanin« haben sie mir eine Nummer geschickt und dann plötzlich gestreikt. Es lohnt nicht, ihnen zu schreiben, dass sie ihn mir schicken sollen. An der Quelle begegne ich ziemlich oft Kaiser Wilhelm. Er ist sehr schlicht und freundlich, ein gutaussehender alter Herr von

* (franz.) Und es gibt nichts Herausragendes.

80 Jahren, wirkt aber nicht älter als 60. Er kleidet sich zivil und elegant. Einmal saß in der Menge eine Dame mit einem Glas, groß und hager, etwa 30 Jahre, mit einem schwarzen, völlig zerknitterten Schal und in einem ganz schlichten schwarzen Kleid. Plötzlich begrüßte der Kaiser sie wie eine Bekannte, unterhielt sich fast eine Viertelstunde mit ihr, zog beim Abschied den Hut und gab ihr die Hand, die jene drückte, als sei er ein ganz gewöhnlicher Sterblicher, ohne besondere Etikette und Reverenz. Es war eine Herzogin aus einem ehemaligen Herrschergeschlecht, schwerreich. Dabei sah sie in der Menge aus wie eine ganz einfache Frau, und unsere russischen vornehmen Schlampen maßen sie wahrscheinlich mit verächtlichen Blicken, wenn sie vorübergingen, jetzt aber rissen plötzlich alle den Mund auf.

Ich habe heute von Fedja und Lilja geträumt und bin in Unruhe, ob ihnen womöglich etwas zugestoßen ist! Ach, Anja, auch an sie denke ich Tag und Nacht. Wenn ich nun sterbe, was hinterlasse ich ihnen? Nur erst diese verfluchte jetzige Arbeit beenden und dann etwas unternehmen! Doch all das beim Wiedersehen. Jetzt aber geb's Gott, dass das unmittelbar Notwendige irgendwie geregelt wird. Ich küsse und segne Fedja und Lilja und ... Nebenbei, Anka, was schreibst Du da *von Zwillingen*? Ach, Du! Übrigens küsse ich auch die Zwillinge, so Gott will. Dich aber küsse ich fünfunddreißigmal, wie Fedja sagt. Schreib öfter etwas über Dich. Ich aber werde wie bisher pünktlich alle drei Tage von mir hören lassen.

Ich küsse Dich und die Kinder Millionen Mal.

Ganz Dein F. Dostojewski

Nach Ems

Staraja Russa, Sonntag, 15. Juni 1875
4 Uhr nachmittags

Mein teurer Schatz, mein lieber Mann, liebster Fedotschka! Deinen Brief vom Dienstag, dem 10. / 22. Juni, erhielt ich gestern, am Samstagabend, und ich antworte Dir heute, damit ich den Brief gleich noch zur Post bringen kann und er auf jeden Fall morgen abgeht. Ich freue mich sehr, mein teurer Fedja, dass Du gesund bist, obwohl es mich sehr betrübt, dass Du noch immer so in Aufregung und Unruhe lebst. Es tut mir sehr leid, dass Du keine Bekannten gefunden hast, sonst würdest Du weniger Trübsal blasen, und Deine Kur ginge besser vonstatten. Vor allem, mein Lieber, sorge Dich in keiner Weise um uns; so Gott will, wird alles zum Besten sein, und wir werden Dich gesund und munter begrüßen. Die Kinder benehmen sich ausgezeichnet, sie gehen jeden Tag baden, bewegen sich viel an der frischen Luft, essen gut und sind mir überhaupt ein großer Trost. Fedja fragt nach jedem Brief von Dir: »Wann kommt denn Papa nach Hause?« und malt sich aus, wie wir zur Landungsbrücke gehen und an verschiedenen Stellen stehen und dass Du sie nicht erkennst, weil sie so gewachsen sind, sie aber rennen auf Dich zu, fassen Dich am Mantel und schreien los: »Papotschka, Papotschka!« Lilja fragt seltener nach Dir, doch zu mir ist sie sehr lieb. Heute sagte sie zu Fedja: »Komm, ich lese dir aus der Hand, als ob ich eine Zigeunerin wäre.« – »Na gut, lies!« Sie nahm seine Hand und sah sie sich an. »Du wirst eine glückliche Frau haben, du wirst spazieren gehen, wirst ein goldenes Zehnkopekenstück haben, du wirst gesund sein, wirst einen goldenen Gürtel haben, ein goldenes Ringlein, du wirst reich sein!« Er hörte sie bis zu Ende an, dann sagte er: »Na, du Zigeunerin, du hast mir ja eine Menge zusammengeschwindelt!« Als er bemerkte, dass ich Dir einen Brief schreibe, bat er mich, Dir auszurichten, dass »wir nicht ungezogen sind«. Lilja hilft Fedja oft, knöpft ihm die Höschen auf und zu, gerade hat sie sich selbst angekleidet und ihm ohne fremde Hilfe saubere Sachen angezogen, weil sie zu Väterchen gehen wollen. Bei unserem Väterchen hat sich die Familie des Kaufmanns Sytow einquartiert, mit neun Kindern. Unsere Kinder haben mit ihnen Bekanntschaft geschlossen, und sie spielen zusammen draußen. Meine Stimmung hat sich etwas gebessert, was ich der Wirkung der Bäder zuschreibe, ich bin ruhiger, nicht mehr so gereizt und denke nicht an die nähere und für mich beängstigende Zukunft. So Gott will, wird alles günstig verlaufen, und wir werden uns einrichten; mein Lieber, gräm Dich nicht und sei nicht betrübt, wir waren schon manches Mal in einer sehr schwierigen Lage, und Gott hat uns stets geholfen, er wird uns auch jetzt beistehen und uns nicht im Stich lassen.

[…] Mein Teurer, Du bittest mich, Fakten zu schreiben, aber bei uns ist alles so ruhig und immer beim Alten, dass ich wirklich in Verlegenheit gerate, was ich Dir mitteilen könnte. Ich habe Leinen und Barchent gekauft und nähe die Säuglingsausstattung für ihn oder sie. Ich danke Dir, mein teurer, lieber Schatz, dass Du unser zukünftiges Töchterchen gern Anna nennen möchtest, aber ich mag diesen Namen ganz und gar nicht, und deshalb wollen wir es anders nennen. Ich nehme auch meine Bäder, gehe zum Konzert und heute mit unserer ganzen Gesellschaft zu »Kretschinskis Hochzeit«. Das ist schon das dritte Mal in diesem Sommer; sei nicht böse, Liebster, dass ich mich in Deiner Abwesenheit so vergnüge und das Geld für Nichtigkeiten ausgebe.

Ein gewisser Jegor Michailowitsch Kublizki, Literat, ist am 6. Juni in Moskau gestorben! Ist das nicht Dein Kublizki?

Wir haben herrliches Wetter, aber manchmal starken Wind, und neulich wurden auf dem See rund 90 Lastkähne mit verschiedener Ladung beschädigt.

Mein Teurer, ich küsse und umarme Dich Millionen Mal und liebe Dich unendlich, und ich werde Dich immer so lieben, wenn Gott mir nur das Leben erhält. Ich beneide mich selbst, wenn ich daran denke, wie glücklich ich diese ganzen acht Jahre war. Auf Wiedersehen, mein Teurer, wir küssen Dich innig. Anja, Lilja, Fedja und …

Den nächsten Brief schreibe und sende ich am Donnerstag, dem 19.

Nach Staraja Russa

Ems, Mittwoch, 18. / 30. Juni 1875

Liebste Freundin Anetschka, diesen Brief schreibe ich am Mittwoch, abgehen wird er aber erst morgen, am Donnerstag, wie ich Dir bereits schrieb.

Erst heute, am Mittwoch, erhielt ich Deinen Brief, den Du am Donnerstag, dem 12. Juni, geschrieben hast und der nach Deinen Worten gleich am nächsten Tag, d. h. am Freitag, also am 13., hätte befördert werden müssen. Dabei trägt das Kuvert den Stempel des Postamtes in Staraja Russa vom 14., d. h., er ist erst am Sonnabend abgegangen, und ich erhielt ihn nicht gestern, am Dienstag, wie es hätte sein müssen, sondern erst heute, am Mittwoch. Offensichtlich werden die Briefe auf dem Postamt in Staraja Russa zurückgehalten und geöffnet, und es kann sehr wohl sein, dass es Gotski ist. Sprich deshalb unbedingt im Postamt vor, Anja, schlag Krach, verlange, dass der Brief am selben Tag befördert wird. Das geht doch nicht an!

Deinen Brief habe ich natürlich mit Vergnügen gelesen, und ich bin froh, dass alle gesund sind, zumal ich mich immer vor Eingang der Briefe sehr um Dich und die Kinder sorge. Schade nur, Anja, dass Du mir trotz meiner wiederholten Anfragen nichts zu einer sehr wichtigen Sache schreibst, und zwar: Wie soll meine Wohnungssuche in Petersburg vor sich gehen? 1. Soll ich die Wohnung auf der Durchreise mieten?, und 2. was soll ich tun, wenn ich lange keine finde? Ich muss Dir sagen, Anja, dass Zeit jetzt für mich sehr kostbar ist und dass ich in Petersburg, wenn ich mich sehr lange dort aufhalte, nicht in der Lage sein werde, eine Wohnung zu mieten und gleichzeitig den Roman zu schreiben. Vor allem aber, wenn ich sehr lange, über eine Woche, in Petersburg bleibe, was soll ich dann tun? Wäre es da nicht besser, wir würden alle zusammen bei unserer Rückkehr eine Wohnung mieten? Wenn wir auch im Hotel absteigen, so bezahlen wir doch für das Zimmer nur so viel (wenn nicht gar wesentlich weniger), wie wir für die Wohnung in der Zeit bezahlen müssten, in der sie noch leer steht, bis wir aus Staraja Russa umziehen. Ich bin natürlich bereit, zwei oder drei Tage in Petersburg zu bleiben, aber nicht gerne länger. Jedenfalls bitte ich Dich (und nun *dringend*), auf diese meine Frage, die ich Dir schon mehrmals gestellt habe, einzugehen und mir endlich Deine Entscheidung zu schreiben. Wenn Du sofort antwortest (und *auf der Post* darauf drängst, dass sie Deinen Brief sofort und nicht erst in ein oder zwei Tagen befördern), dann wäre das für mich eine große Beruhigung. Zu allen meinen ohnehin schon zahlreichen Sorgen kommt auch noch die quälende Sorge um das Mieten einer Wohnung und um den dafür erforderlichen Aufenthalt in Petersburg. Wenigstens wird dann einer meiner Zweifel geklärt sein.

Ich kann womöglich bald von hier abreisen, aber lass Du Dich nicht beirren und schreib mir weiter. Ich teile Dir mit, wann Du aufhören sollst. […]

Nun, das ist das Wichtigste über mich. Was alles andere betrifft, so habe ich gar keine Neuigkeiten und Einzelheiten mitzuteilen. Ich bin gesund, und das Wetter bei uns ist schon drei Tage nicht schlecht (wenn auch nicht heiß). Ich bin nach wie vor allein. Habe keinen Bekannten. Mein deutscher Nachbar ist nach Berlin abgereist, und neben mir ist ein Russe eingezogen (seinen Namen weiß ich nicht und will ich auch nicht wissen). Russen sind viele da – keinen davon kenne ich. Ein gewisser Herr Sorokin trat heute an mich heran und ließ mich wissen, dass wir uns bei Lisaweta Atamarowna (Baranowa) begegnet seien. Ich hatte ihn ganz vergessen. Er ging neben mir her und fing gleich an, über Literatur zu reden. Ich war heilfroh, als er zu seinem Platz einbog. Was meine Arbeit betrifft, so schreibe ich Dir nichts darüber: Nichts rührt sich vom Fleck, nur den endgültigen Plan habe ich erstellt, mit der eigentlichen Arbeit aber noch nicht begonnen. Nicht eine Seite ist geschrieben. Was mit mir wird, weiß ich wirklich nicht. Überdies habe ich schreckliche Angst, einen Anfall zu bekommen.

Die Einzelheiten, die Du über die Kinderchen mitteilst, muntern mich auf und erfreuen mich, aber warum, mein lieber Engel, schreibst Du so wenig über Dich? Weißt Du denn nicht, wie ich Dich liebe und was für eine Freude es für mich ist, auch nur die kleinste Einzelheit von Dir zu erfahren? Küss die Kinder, erinnere sie an mich, damit sie mich nicht vergessen. Die Liedchen von Lilja trag eigens in ein Büchlein ein, bitte (das ist sehr wichtig und nötig). […]

Deinetwegen und wegen der *beiden* bin ich sehr aufgeregt.

Warum eigentlich zwei? Hast Du etwa einen Hinweis von der Hebamme? Wie gern möchte ich bei Euch sein! Und dabei soll ich hier noch so viel Seelenruhe finden, um zu arbeiten, einen Roman zu schreiben – ist das denn möglich!

Nun, auf Wiedersehen, Täubchen, den nächsten Brief schreibe ich am Sonnabend und schicke ihn am Sonntag ab. Ich umarme Dich fest, küsse Dich tausendmal. Die Kinderchen segne ich. Die lieben! Du glaubst nicht, Anja, in was für einer Verbannung ich hier lebe! Ein Außenstehender kann sich das gar nicht vorstellen.

Ganz Dein F. Dostojewski

Die Musik ist heute besser geworden (wahrscheinlich mit dem Wetter), sie spielten zwei Stücke von Beethoven – ein Hochgenuss!

Nach Ems

Staraja Russa, Sonnabend, 21. Juni 1875
2 Uhr nachmittags

Mein teurer, lieber Papotschka, ich danke Dir für Deine Pünktlichkeit im Schreiben! Du glaubst nicht, wie mich Deine Briefe erfreuen und aufmuntern und wie ich auf den Abend des Tages warte, an dem ich denke, Nachricht von Dir zu erhalten. Aber jetzt stellen sie die Briefe nicht mehr abends, sondern am frühen Morgen zu, und so brachten sie auch heute Deinen Brief vom Sonntag, dem 15. Juni. Ich antworte sogleich und schaffe den Brief selbst noch zur Post, damit er morgen abgeht, genau nach 3 Tagen (der letzte ging am Donnerstag ab, den nächsten schicke ich am Mittwoch). Ich freue mich, mein teurer Schatz, dass Du Dich jetzt schon besser fühlst; allerdings habe ich Angst, Du könntest auf den Gedanken kommen, Deine Kur früher als nötig zu beenden, um nur schnell hierher zurückzukehren. Liebster, Du weißt ja, wie froh und glücklich ich über die Ankunft meines teuren Mannes sein werde, aber ich möchte auch, dass Du Dich möglichst gut auskurierst, weil ich mit meinem teuren Fedotschka noch mindestens 30 Jahre leben möchte (wie schade, dass es nicht noch mehr sein können). Fasse das nicht als Scherz auf! Liebster, wenn Du mein Herz etwas besser kenntest, würdest Du an die Aufrichtigkeit meiner Worte glauben. Ich halte unsere Familie für mustergültig (trotz kleiner Streitereien), unter tausend Familien wird sich kaum eine finden, wo Mann und Frau so tief und dauerhaft zusammengefunden haben und einander verstehen und sich vor allem mit der Zeit immer mehr lieben und *achten* (darf ich hoffen, dass Du meine Gedanken diesbezüglich teilst?) und ihre Familie werthalten. Mein Lieber, ich betrachte mich als die glücklichste aller Frauen und beneide mich oftmals selbst, d. h., ich glaube, mein Leben ist so schön, dass es nicht sehr lange währen und ich es folglich nicht lange genießen kann. Ich wünschte, Papotschka, dass Dir unser jetziges Leben wenigstens halb so wertvoll und teuer wäre wie mir.

Die Kinder sind alle drei so gesund und munter wie nur möglich, wir gehen alle zu den Bädern. Unsere Billetts sind zu Ende, und für neue mussten wir wieder Wassiljew herbitten. Er erlaubte mir, jeden zweiten Tag ein Bad zu nehmen, und versicherte, dass mir das sehr helfen und die Entbindung erleichtern werde. Die Kinder sollen die Solbäder fortsetzen. Fedja habe ich ein Spazierstöckchen gekauft, von dem er sich gar nicht trennt; gestern kam ein Hausierer, und Fedja wollte eine kleine Peitsche und Lilja ein Armband haben; beide waren begeistert. Fedja bittet mich zu schreiben, dass er zwei Eier gegessen hat. (Beachte, er bittet von sich aus, Dir etwas zu schreiben, sobald er sieht, dass ich Dir schreibe.) Vor einigen Tagen aß Fedja schlecht, und ich sagte zu ihm, »der Arzt meint, du seiest sehr abgemagert, du hättest einen großen Magen, aber du tust wenig hinein«. Er antwortete mir ganz ernst: »Ihr tut mir zu wenig Suppe auf, und da bin ich abgemagert! Schreibt nur Papa nicht, dass ich abgemagert bin, sonst kommt er nicht!« Danach aß er treu und brav seine Suppe auf und einen halben Klops.

Mein Teurer, wegen der Wohnung habe ich Dir im vorigen Brief ausführlich geschrieben; ich denke, es wäre am besten, ich käme zu Deiner Ankunft für drei Tage nach Petersburg, oder aber, wenn Du selbst keine Möglichkeit siehst, eine Wohnung zu finden, soll ich dann lieber nach Deiner Ankunft hier *allein* hinfahren und eine aussuchen? Es heißt, es gebe Wohnungen in rauen Mengen, doch die Preise seien sehr hoch; aber was soll man machen, wir werden so viel bezahlen müssen. Was hingegen die Absicht betrifft, mit der ganzen Familie nach Petersburg zu fahren, *ohne eine Wohnung zu haben*, im Hotel abzusteigen und dann eine zu suchen, so ist das ausgeschlossen, es würde Unsummen verschlingen, und in zwei Wochen werden wir keine Wohnung finden. Du grämst Dich, dass Deine Arbeit nicht vorangeht, das tut mir sehr leid, und ich möchte Dir gern helfen, kann es aber nicht, doch so Gott will, wird schon alles ins Lot kommen, und Du kannst wenigstens etwas schreiben. Du fürchtest, Nekrassow könnte böse werden und uns kein Geld geben; aber, mein lieber Papotschka, ich sehe nicht ein, warum Du Dir solche Sorgen machst; angenommen, Du behältst keine Kopeke mehr, so habe ich doch zur Zeit außer den

200 Rubeln der Kinder über 600 Rubel zu Hause. (875 Rubel waren noch da, 75 Rubel haben wir für das Haus bezahlt, 28 Rubel für den Lagerraum, in dem unsere Möbel untergebracht sind, rund 30 Rubel haben wir für verschiedene Kleidungsstücke ausgegeben, etwa 30 Rubel für den Arzt und die Heilbäder, das Übrige für den Lebensunterhalt.) Folglich werden wir fürs Erste über eine Summe von 750 Rubeln oder mehr verfügen, und das ist mehr als genug für den Anfang. Und dann wird Gott weiterhelfen!

Auf Wiedersehen, mein teurer Fedotschka, ich küsse und umarme Dich heiß, Deine Anka, Fedja, Ljuba und die unbekannte, aber teure Person. Das Geld für die Brandgeschädigten von Morschansk schicke ich gleich morgen ab.

Nochmals küsse ich Deine rosigen, lieben, süßen Lippen. (Mein Teurer, kaufe für mich Fünfpfennigbriefmarken ...)

Nach Ems

Staraja Russa, Dienstag, 23. Juni 1875
3 Uhr nachmittags

Heute Morgen bin ich furchtbar erschrocken, mein lieber, teurer Feditschka, und ich kann mich bis jetzt nicht beruhigen. Ich lag noch im Bett, da brachte man mir einen Brief von Poljakow, in dem er schreibt, er habe in der Nr. 159 der »Sankt-Petersburgskije wedomosti« vom 20. Juni die Nachricht gelesen, dass »der bekannte Schriftsteller F. M. Dostojewski ernstlich erkrankt« sei; er bittet mich, ihm mitzuteilen, ob das wahr sei. Du kannst Dir meinen Schrecken und meine Aufregung vorstellen. Ich eilte sofort zum Kurhaus und las diese Notiz in der Nr. 159. Danach ging ich zum Telegraphen und gab ein Telegramm auf, in dem ich Dich frage, ob Du wirklich krank bist, und um Antwort bitte. Das Telegramm wurde um 10 Uhr früh aufgegeben, die Antwort kann heute spätabends oder morgen früh kommen. Heute weinte ich und marterte mich Gott weiß wie sehr, eine Zeit lang fürchtete ich, das könnte eine vorzeitige Geburt auslösen. Ich warte voller Ungeduld, bis es sechs Uhr abends ist, damit ich auf die Post gehen kann; heute ist der dritte Tag, und von Dir könnte ein Brief kommen; vielleicht würde er mich beruhigen. Herrgott, wie ich mich martere und sorge. Ist es etwa wahr, und Du bist in der Tat gefährlich erkrankt? Ich weiß nicht, was ich tun, wie ich mich verhalten soll. Wenn ich ein Telegramm bekomme, dass Du wirklich krank bist, dann komme ich zu Dir, sonst verliere ich den Verstand vor Sorge. Herrgott, Herrgott, erbarme Dich unser, schick uns kein solches Unglück! Die Kinder sind gesund, ich auch, aber ich habe mir die Augen ausgeweint. Mein Teurer, wie ich Dich liebe und wie sehr ich jetzt unter der Ungewissheit leide.

Deine Dich liebende Frau Anja

Für alle Fälle die Adresse: Staraja Russa, am Fluss Pererytiza, Haus Gribbe.

Telegramm
Nach Staraja Russa

Ems, 5. Juli 1875, 2.35 Uhr

*Ems. Starja Russa Madame Dostoewsky. Ich bin ganz gesund; warum fragen Sie. Schreibe alle drei Tage einen Brief. Dostoewsky**

Nach Staraja Russa

Ems, 5. Juli / 23. Juni 1875
Montagabend

Dieser Brief, liebe Anja, geht morgen, Dienstag, ab, heute um ein Uhr mittags erhielt ich Dein Telegramm. Es hat mich sehr verwundert und gequält. Weshalb nimmst Du an, ich sei krank? Also hast Du von mir gar keine Briefe mehr erhalten, d. h., ein Brief ist verloren gegangen. Aber wozu die Aufregung? Glaube mir, meine teure Freundin, mir kann nichts geschehen. Den letzten Brief habe ich *gestern, am Sonntag*, an Dich abgeschickt. Davor schickte ich einen am *Donnerstag* (d. h. den vorletzten), und dann, vor Donnerstag, ging ein Brief am *Montag* ab, d. h. vor genau 8 Tagen. Also *drei* Briefe in 8 Tagen. Ich schreibe regelmäßig und pünktlich alle drei Tage. Ich habe Dir gleich mit einem Telegramm geantwortet, das gegen 2 Uhr abgegangen ist. Jetzt haben wir bald neun Uhr, und es muss schon angekommen sein; aber ich bin nach wie vor in schrecklicher Sorge. Erstens war das Telegramm von Dir in deutscher Sprache und kam ganz verdreht an. Staraja Russa hieß *Skraja Russe**, von meinem Namen war keine Spur mehr geblieben. Es ist einzig und allein deshalb angekommen, weil Haus Luzern, Nr. 10, draufstand. Also werden sie (in Berlin) auch mein Telegramm verdrehen, und was ist, wenn es nicht in Russa ankommt oder wenn sie es nach Rusa schicken? Und wenn Dich das Telegramm nicht erreicht, so stelle ich mir jetzt immerzu vor, dann wirst Du am Freitag oder Sonnabend plötzlich meine Tür öffnen und zu mir hier ins *Hotel Luzern* hereinstürzen. Du glaubst nicht, Anja, was für eine Qual das ist! Wie soll ich mich in solcher Gemütsverfassung kurieren. Vorhin erstarrte ich, als ich Dein Telegramm erhielt, und fiel auf einen Stuhl. In meinem Telegramm schrieb ich: *Ich bin ganz gesund**, und jetzt verwünsche ich mich, dass ich *ganz** geschrieben habe: mir nichts, dir nichts kann in Berlin *ganz gesund* zu *nicht gesund** verballhornt werden. Danach zu urteilen, wie verdreht Dein Telegramm ankam, ist alles möglich. Jetzt werde ich die ganze Woche in schrecklicher Sorge verbringen.

Ich ging heute um 4 Uhr zum Arzt, nachdem ich eine volle Woche nicht dort war, und bat ihn angesichts meiner in drei Tagen ablaufenden vierwöchigen Kur, mich gründlich und ernsthaft zu untersuchen. Er untersuchte mich lange, gründlich und ernsthaft und fand, dass die Brust sich in einem vortrefflichen Zustand befinde, alles sei geheilt. Aber die Rauheit und die erschwerte Atmung sind geblieben; er sagte, dass vergehe möglicherweise von selbst wieder, und wenn ich wolle, könne ich am Donnerstag (genau nach vier Wochen Kur) abreisen. Obwohl das Gurgeln mit Kesselbrunnen in dieser letzten Woche sehr geholfen hat, ist doch der Hals immer noch gereizt, und »wenn er ab heute noch eine Woche behandelt würde, könnte es nichts schaden«. So haben wir es auch beschlossen. Also werde ich mich ab heute noch genau eine Woche behandeln lassen. Heute ist der 5. Juli / 23. Juni, am nächsten Montag ist dann der 11. Juli / 30. Juni, und an diesem nächsten Montag (d. h. am 30. Juni nach unserem Kalender) – genau in einer Woche – reise ich ab. Also schreibe mir nun nicht mehr hierher, sondern *sofort bei Erhalt dieses Briefes* nach Petersburg, *poste restante.* In diesem Brief teile mir mit, ob ich eine Wohnung in Petersburg mieten soll, trotz des noch so frühen Zeitpunkts, oder nicht und wie lange ich bleiben soll, um eine zu mieten u. a. Darum bitte ich Dich ganz dringend und jetzt zum letzten Mal.

Du wirst verstehen, dass es bei mir seit meinem gestrigen Brief, den Du sicher vor diesem Brief erhältst, nichts Neues geben konnte außer vielleicht, dass es mit der Niederschrift meines Romans überhaupt nicht vorangeht. Ich warte auf Ruhe, doch wann wird das sein? Hier ist es so widerwärtig, so widerwärtig, dass ich noch lange an diesen höllischen Monat zurückdenken werde.

Vergiss nicht, mir in dem Brief wenigstens etwas über die Kinder zu schreiben.

Wenn ich am 11./30. abreise, kann ich am Freitag oder sogar schon am Donnerstag in Petersburg sein. Und falls ich nicht sehr lange in Petersburg sitzen muss, könnte ich am Montag, dem 7. Juli, schon in Staraja Russa sein. Also in genau zwei Wochen.

Auf Wiedersehen, bleib um Gottes willen ruhig; es ist ja gar nicht mehr lange bis zum Wiedersehen. Ich umarme und küsse Dich und werde immerzu von Dir träumen. Ich segne die Kinder; richte Grüße aus. (Schreib, ob ich in Petersburg vielleicht etwas kaufen soll.) Sag den Kinderchen, dass ich bald komme.

Ganz Dein ewiger und unwandelbarer

F. Dostojewski

Wenn mit Dir *in gewisser Beziehung* etwas geschehen sollte (was Gott verhüte), dann schicke mir sofort ein Telegramm, bis zum 30. Juni nach unserem Kalender bin ich hier. Bei Deiner Nervosität wird es vielleicht noch so kommen. Ach, Anja, wie schwer ist die Trennung in solcher Zeit!

Nach Ems

Staraja Russa, Dienstag, 24. Juni 1875
10 Uhr morgens

Du weißt nicht, mein lieber, teurer Feditschka, in welch schrecklichen Zweifeln und Qualen ich den ganzen gestrigen Tag verbracht habe, bis ich Dein Telegramm erhielt. Aus meinem gestrigen Brief hast Du ersehen, dass in der Nr. 159 der »Sankt-Peterburgskije wedomosti« vom 20. Juni eine Meldung über eine *ernste* Erkrankung des bekannten Schriftstellers Dostojewski gebracht wurde. Dieselbe Nachricht war auch in vier anderen Zeitungen abgedruckt. Ich ging selbst zum Kurhaus, um sie zu lesen, und danach gab ich das Telegramm auf. Den ganzen Tag war ich wie von Sinnen, ich weinte, schluchzte, stellte mir vor, Du seiest gestorben, machte mir Vorwürfe, dass ich all diese Tage so ruhig und heiter war, während Du vielleicht auf der Bahre lagst. Vor Unruhe bekam ich Leib- und Kreuzschmerzen, so dass ich eine Zeitlang stark eine Fehlgeburt befürchtete. Ich konnte mir nicht vorstellen, dass diese Nachricht völlig aus der Luft gegriffen ist, und dachte, Du habest einen starken Anfall gehabt, man habe Dich zur Ader gelassen und Du seiest infolgedessen sehr krank. Ich beschloss, wenn ich von Dir ein Telegramm erhalte, dass Du wirklich krank bist, oder wenn ich gar kein Telegramm erhalte, am heutigen Tag zu Dir zu fahren; ich hätte den Verstand verloren oder eine Fehlgeburt bekommen, wenn ich Dich dort krank und allein gewusst hätte oder in Ungewissheit geblieben wäre. Mein Lieber, bei so einem Vorfall begreift man, wie sehr man einen Menschen liebt und wie teuer er einem ist! Am Abend ging ich zur Post und erhielt Deinen Brief vom 18. (abgeschickt am 19. Juni); das beruhigte mich ein wenig; aber endgültig beruhigt war ich dann beim Eingang Deines Telegramms. Doch wie sind sie darauf verfallen, dass Du krank bist, und welcher gemeine Kerl hat ihnen so etwas mitgeteilt! Diesen Schurken müsste man hängen. Bedenke, mein lieber, teurer Feditschka, was hätte geschehen können! Ich hätte gestern eine Fehlgeburt haben können, vielleicht mit dem Leben bezahlt und Dich und meine armen Kinderchen allein zurückgelassen. Schrecklich, daran auch nur zu denken. Mein lieber Engel, wir beide sind ganz untaugliche Menschen, mussten wir uns denn so liebgewinnen; besser wäre und ruhiger hätten wir es, wenn wir uns mit mehr Gleichmut begegneten und alles Gottes Willen anheimstellten. Meine armen Kinder waren gestern plötzlich sehr still, und Fedja fragte flüsternd die Kinderfrau: »Ist unser Papa gestorben, dass Mama so weint?« – »Nein, Feditschka, er ist nicht gestorben, aber er ist krank, bete für ihn.« Da beteten Fedja und Lilja inbrünstig für Dich. Ich frage: »Fedja, tut Papa dir leid?« – »Ja.« – »Wie tut er dir denn leid?« – »Er tut mir leid, aber ich weiß nicht, wie er mir leidtut.« Als wir das Telegramm erhalten hatten und ich ihnen sagte, dass Du gesund bist, erklärte Fedja, er sei froh, doch noch mehr werde er sich freuen, wenn Du ganz zu uns kommst. Lilja aber meinte, dass heute wahrscheinlich so ein Tag sei (der 1. April), an dem alle angeführt werden. Gestern hüpften die Kinder durchs Gras, wie es hier vor dem Johannistag Brauch ist.

[…] Für den gestrigen Tag habe ich mit furchtbaren Kopfschmerzen gebüßt, die mich die ganze Nacht nicht schlafen ließen, und jetzt gehe ich mit umwickeltem Kopf umher und rechne nicht damit, dass ich mich vor drei Tagen wieder erhole. Angeblich bin ich nach dem gestrigen Tag schrecklich abgemagert und sogar gealtert. Böser Papotschka, ich bemühe mich, Dich nicht mehr zu lieben, wenn das nur möglich wäre. Mein

Teurer, Du musst mich doch belohnen für meine Liebe, und deshalb kaufe mir Briefmarken zu 3, 4, 6 Pfennig und zu 1, 2, 3, 7 Kreuzer. Ich hoffe, es macht Dir keine große Mühe. Mein Liebster, ich erinnere Dich nochmals daran, dass Du für Anna Gawrilowna ein Arbeitstäschchen aus rotem Leder mit Verzierungen kaufen musst und für Alexandra Pawlowna auch ein Täschchen, einfacher, für etwa 1 ½ Taler, sie sorgt sich so um mich. Für mich kaufe bitte nichts. Sei unbesorgt, ich bekomme keine Zwillinge, das war ein Scherz. Ich küsse und umarme Dich innig. Deine Anka, Fedja, Lilja.

Nach Staraja Russa

Ems, Freitag, 9. Juli / 27. Juni 1875

Liebste Freundin Anetschka, ich schreibe Dir noch ein paar Zeilen; abgehen wird der Brief morgen, am Sonnabend.

Gestern erhielt ich Dein Briefchen vom Sonnabend (diesmal ist es in Staraja Russa pünktlich abgegangen, d. h. am 22., dem Tag, an dem Du es aufgegeben hast, am Sonntag). Dieser Brief bereitete mir viel Freude, ich ersah aus ihm, wie sehr Du mich liebst, zumal ich schon mehrere Tage, Tag und Nacht, ständig davon träume, wie sehr ich Dich liebe. So Gott will, werden wir uns bald wiedersehen, und dann können wir uns ausgiebig unterhalten, ich aber bin *mehr* in Dich verliebt als am Tag vor der Hochzeit. – Jetzt ein paar notwendige Worte. Ich schrieb Dir, meine Liebe, dass ich am Montag abreise, aber aus mehreren Gründen habe ich es mir anders überlegt: Ich reise nicht am Montag (30. Juni) ab, sondern am Mittwoch, dem 2. Juli. Übrigens vielleicht auch am Dienstag, aber wisse, *auf keinen Fall später als Mittwoch.* Also bin ich entweder am Freitag oder am Sonnabend in Petersburg. Wenn ich am Dienstag fahre, dann schreibe ich von hier nicht mehr, sondern direkt aus Petersburg. Fahre ich aber am Mittwoch, dann schreibe ich von hier noch ein paar Zeilen am Dienstag, dem 1. Juli. Solltest Du also einmal einen Tag länger keinen Brief erhalten, dann beunruhige Dich nicht: es bedeutet, dass ich unterwegs bin. – Zwei Gründe waren es vor allem, die mich bewogen, meine Abreise um ganze zwei Tage zu verschieben: 1. Weil ich aus Deinem Brief vom Sonnabend ersehe, dass alles in Ordnung war und meine Briefe zwar mit Verspätung, aber regelmäßig eingingen, und deshalb verstehe ich auch nicht, was eigentlich vorgefallen ist, dass Du mir am Dienstag ein Telegramm geschickt hast. Würde ich am Montag abreisen, erhielte ich Deinen Brief mit der Erklärung vielleicht nicht mehr hier (der Schnellzug geht früh um 20 nach 6), und ich würde mich unterwegs sorgen; deshalb bleibe ich bis zum Erhalt Deines Briefes, der wahrscheinlich am Montag oder Dienstag eintrifft. (Auch ist mir der schreckliche Gedanke gekommen, ob das Telegramm womöglich verdreht wurde und es anstatt *Sind Sie wirklich krank** nicht heißen sollte: *Ich bin wirklich krank**!) Wenn es nun so ist? Jedenfalls erfahre ich es hier bestimmt, und so warte ich den Brief ab. Und der zweite Grund für die Verzögerung ist, dass ich immerhin noch zwei Tage länger Brunnen trinke und gurgle. Auf diese Weise sind es dann insgesamt 4 Wochen und 5 Tage Kur. Das ist fast ebenso lange wie voriges Jahr, als die Krankheit schlimmer war.

Nun, jetzt umarme ich Dich, Täubchen; vielleicht bis zum Brief aus Petersburg. Aber wahrscheinlicher ist, dass ich am Dienstag noch schreibe. Anetschka, dass Du mir um Himmels willen nicht von Staraja Russa nach Petersburg fährst. Das ist Wahnsinn. Nur das ängstigt mich jetzt.

Vielleicht sehen wir uns am 8. oder 9. Juli.

Ich umarme und küsse Dich unzählige Male. Die Kinder ebenfalls. Endlich werde ich sie wiedersehen.

Ganz Dein F. Dostojewski

Ich reise *auf gar keinen Fall später als Mittwoch* ab.

NB: In Petersburg wird mein Geld reichen, um die Wohnung für einen Monat im Voraus zu bezahlen.

Postscriptum

Sonnabend 10. Juli / 28. Juni

Soeben, um ½ 12 Uhr morgens, ich hatte den Brief gerade zugeklebt, um ihn zur Post zu bringen, kam der Briefträger und brachte mir Deinen Brief vom Dienstag (23. Juni, Tag des Telegramms). Das also ist die Enträtselung des Telegramms! Und ich dachte, die Briefe kommen nicht an. Aber wie merkwürdig! Musste ausgerechnet dieses Nilpferd auftauchen und Dich so erschrecken! Ich habe mich gesundheitlich niemals wohler gefühlt als in diesem scheußlichen Ems: Anfälle hatte ich Gott weiß wie lange nicht mehr, mit der Brust ist es offenbar besser, und körperlich fühle ich mich frisch und munter. Ach, Täubchen, wie konnten sie Dich nur so erschrecken und betrüben! Mein einziger Trost ist, dass Du inzwischen das Telegramm erhalten hast, doch wann? Sehr spät. Du hattest Dein Telegramm um 10 Uhr abgeschickt, also nach unserer Zeit um 8 Uhr (für den Telegraphen gibt es keine Meridiane). Folglich brauchte Dein Telegramm zu mir 5 Stunden (ich erhielt es um 1 Uhr mittags und antwortete um 2). Aber wenn sie mein Telegramm noch irgendwie verdreht haben? Wer konnte diesen Unsinn nur drucken (natürlich im Ernst und nicht als üblen Scherz, denn was sollte wohl ein solcher Scherz)? Ach, ein Unglück ist es, ein »großer Mann« zu sein! Liebes Täubchen, jedenfalls kannst Du jetzt beruhigt sein, dafür mache ich mir Sorgen, ob es sich nicht doch auf die Geburt auswirken könnte! Vielleicht erreichen mich Deine folgenden Briefe noch hier! Ich will nach wie vor am Dienstag oder Mittwoch abreisen, aber wenn Du in Deinem *Brief* etwas Beunruhigendes über Deine Gesundheit schreibst, dann fahre ich selbstverständlich sofort. – Auf Wiedersehen, Täubchen, ich umarme Dich und küsse Dich hunderttausendmal.

Ganz Dein F. Dostojewski

Wir hatten drei heiße Tage, heute aber Sturm, Regen, böigen Wind, Kälte. Das Barometer steht auf *Sturm.*

NB: Es kann übrigens durchaus sein, dass ich am Dienstag, dem 1. Juli, abreise.

Der eifersüchtige Ehemann

Ein einsamer Sommer in Ems
1876

Nach einem kurzen Aufenthalt in Berlin verbrachte Fjodor 1876 den dritten Sommer in Folge in Bad Ems. Im Unterschied zum vergangenen Jahr, als die Gedanken überwiegend um den Unbekannten kreisten, wollte er sich diesmal wieder mehr der Arbeit widmen. Im Januar 1876 hatte er begonnen, das »Tagebuch eines Schriftstellers«, das nach seinem Ausscheiden beim »Grashdanin« 1874 nicht mehr erschienen war, selbst zu verlegen, und er bemühte sich um die Erarbeitung weiterer Texte.

Die Äußerungen des Dichters zu anderen Autoren und Werken, wie beispielsweise Émile Zola, zeichnen sich durch Spontaneität, Frische, aber auch starke Subjektivität aus und gelten jeweils nur für den Moment, in dem sie formuliert wurden. Im »Tagebuch eines Schriftstellers« erscheinen entsprechende Kommentare deutlich nuancierter, was die Unverblümtheit seiner privaten Briefe unterstreicht.

Ein weiteres Element zieht sich durch den Briefwechsel dieser Tage, das für Dostojewski als Liebenden und Ehemann charakteristisch ist: Als Anna von einem unerwarteten Besucher berichtet, überfällt Fjodor ein wahrer Eifersuchtsexzess, den er in seinen Briefen auslebt.

1876

Nach Staraja Russa

Berlin, Mittwoch, den 7. / 19. Juli 1876

Meine liebste Freundin Anetschka, ich bin heute früh um halb sieben in Berlin angekommen und im British Hotel Unter den Linden abgestiegen. Aber wo magst Du jetzt sein, wahrscheinlich noch in Nowgorod? Ich war den ganzen Weg in schrecklicher Unruhe um Dich, Anja. Vor allem weil Du die letzten Tage überhaupt nicht geschlafen, aber für vier gearbeitet hast und hin und her gerannt bist, dazu jetzt diese Fahrt. Ehe ich nicht einen Brief von Dir erhalte (wann aber wird das sein), finde ich keine Ruhe, und die ganze Zeit ist für mich vergiftet, ich weiß das inzwischen aus Erfahrung, ungeachtet der Reiseeindrücke und Scherereien. Was mich betrifft, so bin ich gut angekommen, ohne große Abenteuer, ich konnte in diesen zwei Tagen im Eisenbahnwagen sogar etwas schlafen. Allerdings war weder in den russischen noch in den deutschen Waggons viel Platz, im Gegenteil, sie waren voll besetzt, aber die Leute waren erträglich [...] In Eydtkuhnen wechselte ich 100 Rubel und erhielt ohne weiteres 265 Mark und etwas Kleingeld, in Petersburg aber hatten sie mir gerade mal 262 Mark gegeben. Ich bedauerte, dass das übrige Geld weggesteckt war und ich es nicht gleich wechseln konnte. Danach jagte der Zug nur so dahin. Die Reisegefährten waren alles Deutsche, ein überaus höfliches und freundliches Volk, alles Kaufleute, sie redeten ständig von Geld und von Zinsen, mir ist nur nicht klar, für wen sie mich wohl hielten, aber alle waren ausgesprochen zuvorkommend zu mir und begegneten mir fast mit Hochachtung. Sie ließen mich auch ein wenig schlafen, indem sie für mich die Polster des Wagens herauszogen u. a. Einer, ein junger Deutscher aus Petersburg, erzählte den Übrigen lange Geschichten: Sein Papa treibe in Petersburg Handel, er verkehre in Petersburg in den höchsten Gesellschaftskreisen, mit einer allerhöchsten Gesellschaft sei er zur Bärenjagd gefahren, dann schilderte er, wie der Bär sich auf die Hinterbeine stellte und brüllte, wie er schoss und den Bären verwundete und wie jener, verwundet, flüchten wollte, auf den Bahndamm zurannte, neben dem nach Moskau rasenden Zug herlief und erst nach 8 Werst verendete. Dieser deutsche Chlestakow machte sonst einen durchaus soliden Eindruck und sprach offenbar vernünftig über Geschäfte und Prozente, denn die übrigen Deutschen (besonders einer) waren offenbar vom Fach und sehr solide Leute. Aber sowohl in den russischen als auch in den deutschen Waggons ging es immer nur um Geschäfte und Prozente, um die Preise für dies und das, für Waren, um das fröhliche materielle Leben mit Kameliendamen und Offizieren, um nichts anderes. Keine Bildung, keine höheren Interessen – nichts! Ich verstehe gar nicht, wer jetzt überhaupt noch irgendetwas liest und warum das »Tagebuch eines Schriftstellers« einige tausend Käufer hat. Dennoch sind diese Deutschen ein feinfühliges und freundliches Volk, wenn sie einen nicht aus der Ruhe bringen, denn dann kommt man nicht umhin, sie zu tadeln. In Bromberg verkündete der Schaffner um ein Uhr nachts, wir hätten 8 Minuten Aufenthalt. Bei diesem Schnellzug bedeuten 8 Minuten eher 3. Ich rannte eiligst für eine Minute auf ein gewisses Örtchen, hatte es kaum gefunden, da ertönten schon zwei Signale, ich wollte zurückstürzen (schrecklich weit) und höre plötzlich, wie der Schaffner bereits die Türen zuschlägt. Ich renne aus Leibeskräften, komme an und kann meinen Wagen nicht finden, die Nr. 163 ist in der Dunkelheit nicht zu sehen. Der Schaffner ist schon weitergegangen, ein Pfiff, sie wollen abfahren. Plötzlich höre ich aus einem geöffneten Fenster, zwei Waggons von der Stelle entfernt, an der ich stehe: *»Pst, pst, hier, hier!«** Ah, denke ich, das sind unsere Leute: sie haben mich gesehen und rufen mich, ich renne los, sehe genauer hin; ein Deutscher steckt den Kopf aus dem Waggon und – es ist ein Fremder. Trotzdem rufe ich ihm zu: *»Ist das hier?«** Er fragt: *»Was hier?«** Zum Teufel! Ich will weiterrennen, da sagt er: *»Hören Sie, hören Sie, was suchen Sie?«** *»Ah, der Teufel, meinen Waggon! 163, ist das hier?«** – *»Oh nein, das ist nicht hier …«** – Warum rufst du mich dann, Dummkopf! Plötzlich setzt sich der Zug in Bewegung, und da erkenne ich neben mir meinen Waggon! Im Lauf öffnete ich die Tür, meine Reisegefährten halfen mir, und ich konnte gerade noch aufspringen, sonst wäre ich zurückgeblieben. Das widerfährt mir zum zweiten Mal im Leben auf dieser Strecke. Erinnerst Du Dich, wie wir in Dresden einen Deutschen nach der *Gemälde-Galerie** fragten?

Dann musste sich ein Deutscher von sehr ehrbarem und wohlhabendem Aussehen plötzlich übergeben, und das ging so bis Berlin, aus dem Fenster selbstverständlich. Wir alle, sechs Mann, nahmen Anteil, und jeder gab ihm einen guten Rat – der eine sagte, er müsse *mehr* Bier trinken, also sprang jener bei der nächsten Station auf und trank – es half nicht. Ich riet zu Kognak. – »Einen Kognak, daran habe ich auch schon gedacht!« Er sprang auf der nächsten Station hinaus und trank. Die Ratschläge gingen so weit, dass er einen Marzipanlebkuchen essen solle (sie wurden ab Eydtkuhnen verkauft), und er aß den Lebkuchen. Schließlich riet der deutsche Chlestakow zu Champagner, doch da näherten wir uns schon Berlin, und der Geplagte sagte, sobald er in Berlin ins Hotel komme, werde er sich Champagner bestellen. Nachts begann es zu regnen, und so fuhren wir in das triste Berlin ein, bei strömendem Regen, der auch jetzt noch anhält. Dabei muss ich zur Post, weil ich nicht weiß, wie der Brief zu frankieren ist. Am Abend fahre ich um 10 Uhr weiter nach Ems.

Anja, mein Täubchen, küsse die lieben Kinder, vor allem Ljoschinka. Irgendwie vermisse ich ihn besonders. Wie schade, dass ich nicht durch Berlin bummeln kann, sondern im Hotel sitzen muss. Ich sehe, dass ich mir ein Plaid kaufen müsste: die Nächte sind kalt; vergiss nicht, die Adresse der Prochorowna aufzuschreiben, und wie habt Ihr wegen des Mantels entschieden? Täubchen, verzeih mir die Unruhe, die ich Dir verursacht habe. Mir tut es leid um diese 500 Rubel für Ems. Eines tröstet mich, dass ich aus diesen 500, wenn ich gesund werde, 5000 machen werde. Meine Liebe, wie gern möchte ich Dir einen Kuss geben. Küsse Lilja und Fedja, Lilja besonders und Fedja auch. Sprich mit ihnen über mich, mit Fedja mehr. Wie werde ich mich nach Euch sehnen. Geb's Gott, dass Du Dich ausruhst und erholst, mein Engel.

Ich küsse Dich über und über, viele Male, so viele Male *wie am Vorabend der Abreise*. Denk an mich.

Ganz Dein und ganz Euer F. Dostojewski

PS: Berichte über alles, mehr Einzelheiten, Kleinigkeiten. Jetzt schreibe ich erst wieder übermorgen, wenn ich bei Orth war und eine Wohnung gemietet habe. Dein

Dostojewski

Nach Ems

Staraja Russa, Mittwoch, 7. / 19. Juli 1876
10 Uhr abends

Alles ist in Ordnung!

Ich schreibe Dir meinen ersten Brief, mein teurer Liebster, um Dich unseretwegen möglichst schnell zu beruhigen, obwohl ich unglaublich müde bin und kaum die Feder halten kann. Ich will ab ovo beginnen. Abgefahren bin ich am Montagabend, begleitet hat mich Nikolai Michailowitsch, dem ich auch die Schlüssel gegeben habe. In Nowgorod bin ich gut angekommen, unterwegs konnte ich sogar schlafen. Gestern, am Dienstag, ging ich zum Notar und gab ihm den Auszug, er nahm ihn entgegen und bestellte mich in ein paar Tagen wieder hin, obwohl er es in zwei Stunden hätte aushändigen können; ich stritt mit ihm, sagte ihm alles andere als Liebenswürdigkeiten, aber auch damit erreichte ich nichts. Mit einem Wort, es lohnte nicht, sich länger aufzuhalten. Der Tag verging schrecklich langsam, und um ihn zu verkürzen, begab ich mich zusammen mit meiner Tante in das von Dir so wenig geliebte Jurjew-Kloster; hier sah ich die Schätze und wurde neidisch. Übernachtet habe ich bei meiner Tante. Am Morgen reiste ich ab und traf wohlbehalten wieder in Russa ein. Zu Hause fand ich nur Ljoscha vor (die Kinder waren mich abholen gegangen, und wir hatten uns verfehlt), der viel kräftiger geworden ist. Er blickte mich lange und aufmerksam an, dann lächelte er und streckte seine Ärmchen aus. Anscheinend erkannte er mich. Er hat sich sehr entwickelt und ist ein richtiges Plappermäulchen, immerfort geht es ta-ta-ta, o-o. Er hat sich sehr, sehr herausgemacht. Dann kamen die Kinder, und Fedjas erstes Wort war: »Hast du das Netz für die Fische mitgebracht?« Die Kinder sind erstaunlich kräftig geworden, Fedja hat zugenommen, ist jetzt wie ein weiches Brötchen. Über mich haben sie sich sehr gefreut und auch über die Geschenke. Am meisten gefiel ihnen die Schaukel. Foma drehte gleich Schrauben ein und hängte sie an, und die Kinder schaukelten. Das größte Vergnügen an der Schaukel findet Ljoscha, er schaukelt, schnalzt mit der kleinen Zunge und kreischt sogar vor Freude. Zu Hause ist alles in Ordnung und bestens. Briefe sind viele gekommen, aber meist von Abonnenten, die umgezogen sind, und von Poljakow. Einige Geldanweisungen sind dabei (im nächsten Brief schreibe ich Genaueres). Die Kinder führten mich in den Garten, um mir die Gurken und Beeren zu zeigen, und pflückten welche für mich. Im Garten hat sich nach den Regenfällen alles sehr erholt. Nach Dir habe ich große Sehnsucht, Du mein teurer Liebster, ich warte auf einen Brief von Dir aus Berlin, erst dann werde ich zur Ruhe kommen. Ich schreibe Dir ausführlicher am Freitagabend (am Sonnabend geht der Brief ab), inzwischen aber küsse und umarme ich Dich unzählige Male.

Deine Dich liebende Frau Anja

Die Kinder grüßen ihren Papotschka und küssen ihn herzhaft. Sie fragten nach Dir, und ich erzählte ihnen von Dir und küsste sie in Deinem Namen. Mein Teurer, ich liebe Dich sehr.

Nach Ems

Staraja Russa, Freitag, 9. Juli 1876
abends

Ich schreibe Dir, wie versprochen, am Sonnabend und teile Dir mit, dass wir alle wohlauf sind und alles bei uns zum Besten steht. Die Kinder sind gesund und sehen einfach blühend aus. Ich wollte morgen mit den Bädern beginnen, habe es aber verschoben, weil ich meine Regel bekam, die bei mir 10 Tage dauert. Also wird es nichts mit vielen Bädern, ich werde höchstens 15 nehmen können; nun, auch das wäre gut. Alle sagen, ich sehe wohl aus, aber ich will es nicht recht glauben. Das ist alles über uns. Heute habe ich an diejenigen Abonnenten abgeschickt, die ich hier fand; es sind 12 Personen – für 29 Rubel, manche von ihnen haben 2 Rubel, 1 Rubel oder 3 Rubel geschickt, für die Zusendung musste ich 1 Rubel, 40 Kopeken bezahlen. [...] Mein Lieber, ich bin nach all diesem Durcheinander noch nicht zu mir gekommen, deshalb weiß ich auch nicht, was ich Dir schreiben soll, außer dass ich Dich sehr, leidenschaftlich, unglaublich liebe. Wir küssen Dich alle, Deine Anja, Ljuba, Fedja, Ljoscha. Ich schreibe wieder am Dienstag.

Deine Anka

Mein Lieber: Wen habe ich am letzten Tag getroffen? Ihn!!! Rate, wen, und sei eifersüchtig! Einzelheiten im nächsten Brief.

Nach Ems

Staraja Russa, Montag, 12. Juli 1876

Endlich erhielt ich heute Morgen um 10 Uhr Deinen ersten teuren Brief aus Berlin, mein liebster Feditschka, und ich bin sehr glücklich, dass Du gut in Berlin angekommen bist; voller Ungeduld warte ich auf den nächsten Brief, damit ich mich endgültig beruhigen kann. Bei uns ist alles in Ordnung, obwohl es hin und wieder Unannehmlichkeiten gibt. Das junge Kindermädchen, das wir zurückgelassen hatten, ist noch vor meiner

Ankunft gegangen, und an ihre Stelle ist eine alte Frau getreten, die eine Woche hier war und dann auch den Dienst aufgekündigt hat; so haben bei uns in einem Monat dreimal die Kinderfrauen gewechselt, und jetzt sind wir ohne Kinderfrau (sie haben eine gute versprochen, die übermorgen kommt). Alle sagen, wenn sie gehen, bei uns sei es nicht auszuhalten, denn die Kinder (unsere Kinder!) hätten einen schlechten Charakter; tatsächlich hat ihr der kleine Fedja das Gesicht zerkratzt, allerdings nicht ohne Grund, sondern weil sie ihn beim Spaziergang geschlagen und gekniffen hat. Ich denke, sie werden von unseren Mädchen angestiftet, die gern möchten, dass wir ihre Schwester nehmen. Es ist höchst ärgerlich, ich wollte mich erholen, und nun muss ich auf die Kinder aufpassen. Aber so Gott will, wird sich alles regeln.

Väterchens Kinder sehen wir nicht, weil Serguscha und Faina Keuchhusten haben, und ich fürchte, dass sich unsere anstecken. Die Kinder baden, und morgen beginne auch ich mit den Bädern. Ljoscha hat schon viel dazugelernt, wenn man ihn fragt, wo seine Zunge ist, wo das Köpfchen, dann zeigt er darauf; er weiß, wer die Oma ist, wer die Kinderfrau. Die Kinder sammeln Beeren (Himbeeren), die wir in Hülle und Fülle haben, essen aber selbst nicht viel davon. Wir gingen zur Prozession, die bei uns vorbeizog; Lilja war sehr eifrig dabei, möglichst viele Blumen vor den Kreuzen auf die Straße zu streuen, denn »man muss sich für Gott mühen«.

[...] Überhaupt werde ich mich bis zu Deiner Rückkehr schön langweilen. Bücher habe ich nicht mitgenommen, ich hatte keinen Platz, und hier sind nirgends welche zu bekommen. Bleibt nur das Nähen. Ins Konzert zu gehen, habe ich nicht die geringste Lust. Auf Wiedersehen, mein lieber Papotschka, ich küsse und umarme Dich ganz fest und möchte Dich furchtbar gern sehen. Die Kinder küssen Dich herzhaft.

Deine Dich liebende Frau

Anja

Der vorige Brief ging am Sonnabend ab, nun schicke ich wieder einen am Freitag, dem 16.

Mein Lieber, damit Du Dir wegen des rätselhaften Schlusses im vorigen Brief nicht allzu viele Gedanken machst, will ich Dir sagen, was es damit auf sich hat: Am letzten Tag gegen 6 Uhr traf ich im Gostiny dwor meinen ehemaligen Bräutigam. Er freute sich riesig, mich zu sehen, wurde aber so verlegen und rot, dass er auch mich ganz verwirrte. […] Wir trennten uns als Freunde; offensichtlich ist es wahr: *Alte Liebe rostet nicht*; was hätte Marja Michailowna gesagt!!! Ich war wirklich gerührt von dieser aufrichtigen und herzlichen Begegnung. Er ist ein guter Mensch, und er muss doch von den Erinnerungen an früher zehren. Ich riet ihm zu heiraten; er schüttelte den Kopf und sagte ernst: »*Sie* sollten mir das, bitte, nicht raten.« Über das »Tagebuch« spricht er mit Begeisterung, er heftet die Nr. selbst zusammen. Das versteh nun einer!

Nach Staraja Russa

Ems, Dienstag, 25./13. Juli 1876

Mein teures Täubchen Anetschka, Deinen (ersten) Brief vom Mittwoch erhielt ich erst heute, am Dienstag, und jetzt entsinne ich mich, dass die Briefe wohl auch voriges Jahr erst am 5. Tag eintrafen. Sie werden in dem verfluchten Petersburger Postamt zurückgehalten. Aber ich habe gestern solche Qualen ausgestanden, dass ich gar nicht weiß, was mir alles in den Sinn gekommen ist. Vor allem war ich fast davon überzeugt, dass Dir unterwegs etwas zustoßen würde, dass Du krank wirst oder dergleichen. Erinnere Dich, auch als wir uns in Petersburg verabschiedeten, habe ich ständig davon gesprochen. Gestern Nacht schlief ich höchstens vier Stunden, ich konnte einfach nicht einschlafen und grübelte. Das ist nicht gut für die Kur, hier ist die Hauptsache Ruhe. Aber Gott sei Dank, jetzt bin ich *froh* und schreibe sofort. Mein gestriger Brief wird Dir vielleicht sehr missfallen; was soll ich tun, Täubchen, ich hätte fast den Verstand verloren. In den durchgestrichenen Zeilen des gestrigen Briefes hatte ich schon geschrieben, falls ich auch telegraphisch am Dienstag keine Antwort erhalten sollte, reise ich am Mittwoch von hier ab, und das hätte ich bestimmt getan. Aber Gott sei Dank ist alles gut, und ich küsse und vergöttere Dich. Ich freue mich schrecklich über das, was Du von den Kindern geschrieben hast. Wie erstaunlich gut Du schreiben kannst, Anja! Deinen Brief habe ich beim Lesen alle drei oder vier Zeilen geküsst. Ich freue mich für Fedja und für Ljoscha besonders, doch von Lilja hast Du nur wenig erwähnt. Ansonsten erwarte ich von Dir mehr Einzelheiten im nächsten Brief, den ich folglich übermorgen, am Donnerstag, erhalten werde. Wahrscheinlich sah ich gestern auf der Post sehr verzweifelt aus, denn stell Dir vor, der Postmeister schickte mir Deinen Brief in die Wohnung, nachdem er anhand der Adressen in der Kurliste erfahren hatte, wo ich wohne, um 10 Uhr morgens, als die Post gerade erst gekommen und das Postamt für das übrige Publikum noch geschlossen war. Wie liebenswürdig! Vor allem tat er das von sich aus, denn ich hatte natürlich kein Recht, ihn darum zu bitten. Würde das einer von unseren be...nen Beamten tun!

Jetzt will ich Dir von mir erzählen. Im Grunde gibt es keinerlei Erlebnisse zu berichten, die Langeweile ist unerträglich. Zwei Tage lang war es so heiß, dass ich mehrmals das Hemd wechseln musste. Dabei wurde es gestern, an einem glutheißen Tag, plötzlich zweimal, morgens und abends, ganz trübe, böiger Wind kam auf, Wolken jagten heran (eigentlich völlig unerwartet), und es regnete, allerdings nicht lange. Hier kann man sich schrecklich leicht erkälten, und ich habe mir schon etwas weggeholt. Vorgestern zeigte sich bei mir plötzlich eine gewisse Wirkung des Brunnens (was in den vergangenen Jahren nicht auftrat) in einer Art Ohnmacht (éblouissement), aber nur für eine Sekunde, ich ging gerade eine Allee entlang und hielt mich an einem Baum fest. Danach bekam ich Herzklopfen, das bis zur Nacht anhielt, und starken Blutandrang zum Kopf. Aber ich war kein bisschen beunruhigt: Das alles steht in dem Buch über die Emser Heilquellen, nur mit dem Unterschied, dass sich bei mir die Wirkung des Brunnens sehr schnell einstellte, d. h. gleich in den ersten drei Tagen. Orth sagte mir gestern, das sei vortrefflich, und erhöhte die Einnahme des Kränchens auf drei Glas morgens. Ich stehe früh um 6 Uhr auf, um 7 trinke ich Brunnen, was 1 ½ Stunden in Anspruch nimmt. Dabei spielt die Musikkapelle, und eine sechstausendköpfige Menge quirlt durcheinander. Dann nehme ich um ½ 9 Kaffee mit Zwieback zu mir – einen miserablen Kaffee, aber mit ungeheurem Appetit. Übrigens trinke nicht ich allein solchen Kaffee, ganz Deutschland tut das. In ganz Deutschland kennt man ihn nicht besser. Dann esse ich um ein Uhr zu Mittag – zwei derbe Gerichte: Suppe und Rindfleisch mit Kartoffeln, Kompott (2 Mark) – aber der Brunnen steigert den Appetit, und ich esse, als wäre es ein Diner von Dussot. Abends gegen 5 Uhr trinke ich wieder Brunnen und höre Musik, dann gehe ich spazieren, und um 8 Uhr trinke ich Tee, esse ein Stückchen Rindfleisch und lege mich um 10 Uhr schlafen. Schlimm ist nur, dass ich nie ausschlafen kann, gestern zum Beispiel und vorgestern weckten mich zudem meine Nachbarn, und zwar sehr früh am Morgen. – Ich konnte meine griechischen geschwätzigen Elstern nebenan nicht mehr ertragen (es war ganz unmöglich), und Madame Bach gab mir jetzt die beiden Zimmer oben, die etwas niedriger und schlechter möbliert sind, dafür billiger. Nur weiß ich nicht, ob dieses Ville d'Alger überhaupt das Richtige für mich sein wird, obwohl Madame Bach sehr aufmerksam ist. Sie ist verwitwet und, wie sich herausstellte, Französin, aber aus Algier; ich wusste das gar nicht, zumindest spreche ich jetzt mit ihr französisch. Sie ist dreiunddreißig Jahre und hat einen *Bräutigam*, einen sehr gesetzten vierzigjährigen Emser, auch *Gutsbesitzer**, den sie aber nicht in den Zimmern empfängt, sondern mit dem sie nur auf der Bank am Tor sitzt, das aber Tag und Nacht. Wenn ich hinausgehe, wird sie ganz rot, wie schuldbewusst. Ich habe ihr gesagt, es wäre doch am besten, wenn sie recht bald heiratete, obwohl sie drei Kinder hat und im Gesicht schon ältlich wirkt. – Danach kaufte ich Krawatten, schrieb mich für die Bibliothek ein, legte meine Sachen zurecht, gab die Wäsche zum Waschen, spendete für *blödige Kinder** usw. usw. Bekannte habe ich keine, Russen sind eine Unmenge hier, im Kursaal gibt es vier russische Zeitungen, die »Nowoje wremja« ist nicht dabei. Zwei Russen kamen mir zufällig auf der Promenade entgegen, und der eine sagte zum anderen (ich hörte es): »Weißt du, das ist doch Dostojewski.« Aber Bekannte sind keine hier.

Viele Gedanken quälen mich, sie quälen mich buchstäblich und schrecklich. Vor allem dass ich das »Tagebuch« schreiben muss, aber gar keine Ideen habe, und wann ich anfange, weiß ich nicht – als ich Orth nach literarischer Betätigung fragte, hat er sie mir strikt untersagt. Natürlich höre ich nicht auf ihn, doch nun sind schon 5 Tage vergangen, und ich habe noch nichts getan. – Um die Kinder, an die ich mit einem gewissen Schmerz im Herzen denke, mache ich mir keine Sorgen, denn Du bist ja bei ihnen, und wie könnte ich mich auf Dich nicht verlassen? Aber Du darfst auf keinen Fall krank werden, eben das bereitet mir Qual. Du hast Dich sehr überanstrengt in letzter Zeit. Wer sollte sich dann um Euch alle kümmern?

Anetschka, Täubchen, ich denke ständig an Dich, mache nichts anderes; ich denke in allen möglichen Bildern und Vorstellungen. Du weißt, dass ich mich jedes Mal nach einer langen Trennung in Dich verliebe und in Dich verliebt zurückkehre. Aber, mein Engel, dieses Mal ist es etwas anders: Wahrscheinlich hast Du bemerkt, dass ich diesmal auch schon in Dich verliebt war, als ich von Petersburg abfuhr. Nach unserem großen Streit war ich zwar brummig und ungeduldig beim Packen für die Reise (das ist nun mal mein Charakter), aber gleichzeitig begann ich mich in Dich zu verlieben, worüber ich mir augenblicklich Rechenschaft ablegte und mich sogar wunderte. Während unserer neunjährigen Ehe war ich vier- oder fünfmal in Dich verliebt, jedes Mal für einige Zeit. (Noch jetzt erinnere ich mich mit wahrer Freude daran, wie ich mich vor 4 Jahren in Dich verliebte, als wir uns einmal sehr gestritten hatten und mehrere Tage nicht miteinander redeten; wir fuhren irgendwohin zu Besuch, dort setzte ich mich in einen Winkel und beobachtete Dich, und mit stockendem Herzen freute ich mich darüber, wie fröhlich Du mit den anderen sprachst.) Stell Dir vor, mir ist hier der Gedanke gekommen, dass ich mich in Petersburg in den letzten Tagen zum Teil auch deshalb in Dich verliebte, weil wir beieinander schliefen. Wir schlafen schon lange nicht mehr beieinander, viele Jahre (seit die Kinder da sind), und das hat wohl plötzlich auf mich gewirkt. Sag nicht, Anja, dieser Gedanke sei allzu materiell; hier geht es nicht allein um das Körperliche. Der Gedanke, dass dieses Wesen *mein* ist, ganz und gar, sich nicht von mir trennen will und sogar in einem Bett mit mir schläft – dieser Gedanke hat eine große Wirkung. Allerdings war ich ein Egoist; Du schliefst auf Stühlen und hattest es unbequem, aber trotzdem, jedes Mal, wenn ich mich selbst gegen Morgen hinlegte, empfand ich es als so angenehm, Dich neben mir zu wissen, dass dieses Gefühl für mich natürlich ganz *neu* war, obwohl wir vorher auch so geschlafen haben, aber ich hatte es längst vergessen. Urteile jetzt, da wir getrennt sind, mit welcher Wonne ich mich an Dich erinnere. Und obgleich ich, um es zu wiederholen, viermal mehrere Tage in Dich verliebt war zu verschiedenen Zeiten, war es doch niemals so wie jetzt. Ich denke an Dich und sehe Dich jeden Augenblick vor mir, vergegenwärtige mir alles, worüber wir gesprochen haben. [...] Schreibe mir, Täubchen, ich würde Dir am liebsten 10 Seiten über dieses Thema schreiben. Ich küsse Dich ganz, bis zum letzten Atom, und selbst hier küsse ich Dich jeden Augenblick ganz, wirklich ganz. Ich liebe Dich geradezu qualvoll, Anja, lach nicht über mich. Es tut mir sogar unendlich wohl, Dir meine Liebe zu gestehen. Küsse die Kinder. Ich segne sie alle.

Ganz Dein F. Dostojewski

An alle einen Gruß. Ist Mama zu Hause oder schon abgereist?

Nach Ems

Staraja Russa, Donnerstag, 15. Juli 1876

Mein teurer, lieber Papotschka, ich beginne meinen Brief mit dem üblichen »alles ist in Ordnung« und würde mich schrecklich freuen, wenn ich Dir diese ganze Zeit über nichts anderes mitzuteilen brauchte. Wir sind gesund und munter, bereiten uns vor, morgen Fedjas Namenstag zu feiern; wir wollen ihn nicht irgendwie feiern, sondern richtig. Lieber Feditschka, da wir das Haus nach dem Kauf nicht geweiht haben, will ich morgen Väterchen bitten, zu uns zu kommen und bei uns eine Andacht zu halten und zugleich Fedjas Geburtstag mit uns zu feiern. Außer Väterchen kommen Alexandra Pawlowna und Anna Gawrilowna. Ich hoffe, mein Täubchen, Du bist nicht böse, dass wir ohne Dich prassen wollen. Gestern war ich mit den Kindern Verschiedenes einkaufen; diesmal ist Fedjas Geschenk keine Überraschung für ihn: Er hat sich selbst ein Pferd und eine Leine ausgesucht und ist sehr zufrieden. Die anderen Spätzchen haben auch Geschenke erhalten. Mein teurer Papotschka, am Dienstag, dem 13. Juli, erhielt ich Deinen ersten Brief aus Ems und beruhigte mich ein wenig, als ich las, dass Du gut angekommen bist. Aber ich war bestürzt von der Nachricht, dass sich Deine Krankheit verschlimmert hat; ist das wirklich wahr? Ich denke immerfort darüber nach und bin traurig. Schreib mir, was hat Orth gesagt? Ich bitte Dich, kuriere Dich gründlich, wenn nötig, ganze sechs Wochen, damit es nur hilft. Mein Teurer, Du langweilst Dich, wie tust Du mir leid! Ich bin auch in ewiger Unruhe und Trauer: Du bist nicht da, Mama fährt am Sonnabend, die Dienstboten sind grob, keine Kinderfrau, es ist einfach eine Qual! Aber sei nicht betrübt meinetwegen, es wird schon alles gehen.

[…] Ich küsse Deine lieben Augen und Hände und bleibe Deine Dich heiß liebende Anja.

Den vorigen Brief schickte ich am Dienstag, jetzt schreibe ich wieder Montag, den 19. (d. h., da geht der Brief ab). Nochmals küsse und umarme ich Dich innig. Mama will noch ein paar Worte hinzufügen.

Nach Staraja Russa

Ems, Donnerstag, 15. / 27. Juli 1876

Meine liebste Freundin Anja, gestern erhielt ich Dein zweites winziges Briefchen, vom 9. Juli, und ich will Dir gleich antworten, ohne unsere Zeit abzuwarten. Denn Dein Brief hat mich bedrückt. Es wird Dir also schwerfallen, Dich zu erholen; aber warum schreibst Du, dass Du nur 15 Bäder nehmen kannst? Vielleicht wird die Regel nicht 10 Tage dauern, sondern infolge der Luftveränderung und unter den neuen Lebensbedingungen wie gewöhnlich verlaufen, und selbst wenn es 10 Tage sind, bleibt Dir immer noch über ein Monat für die Bäder: Nimmst Du sie denn nur alle zwei Tage? Könntest du sie nicht täglich nehmen? Mein Engel, ich träume hier nur davon, dass Du nach diesem Jahr der Entbindung, des Stillens und der Mühen um das »Tagebuch« endlich in Russa Deine Gesundheit wiederherstellen kannst. Ach, meine Liebe, mein Herz schmerzt bei dem Gedanken an Dich; ich habe mir hier alles noch einmal vor Augen geführt, wie Du Dich gequält, wie Du gearbeitet hast – und um welchen Lohn? Wenn wir wenigstens mehr Geld bekommen hätten, aber dem war nicht so, und uns bleibt nur die Hoffnung auf das kommende Jahr, und das liegt alles in weiter Ferne. Ich, Anja, habe mich so in Dich verliebt, dass ich an nichts anderes denke als an Dich. Ich träume vom kommenden Winter: Wenn Du Dich in Russa erholt hast und wir wieder in Petersburg sind, wirst Du mir nicht mehr stenographieren und abschreiben, das habe ich beschlossen, und wenn wir viele Abonnenten haben, dann nimmst Du *unbedingt* eine Gehilfin, vielleicht die Nikiforowa. Im Übrigen werde ich Dir alle meine Gedanken beim Wiedersehen eingehender darlegen. Ich freue mich für die Kinder, wenn sie gesund sind. Habe Ljoscha lieb, wie gern möchte ich Fedja sehen. Vernachlässige Lilja nicht, und wenn es geht, fange damit an, sie ganz allmählich lesen zu lehren. Lilja hat, glaube ich, Deinen Charakter: sie wird gutherzig, klug, ehrlich und zugleich großzügig sein; Fedja aber hat meinen Charakter, meine Offenherzigkeit. Ich kann mich vielleicht nur dessen rühmen, obwohl ich weiß, dass Du insgeheim vielleicht mehr als einmal über meine Offenherzigkeit gelacht hast. Nicht wahr, Anja? Aber Dir ist alles erlaubt: Du bist meine Herrin und Gebieterin, Du bist die Herrscherin, und ich empfinde es als Glück, mich Dir unterzuordnen. Das heißt, ich behalte meine Eigenart und kann mich nicht von meinen Launen und meiner Hypochondrie befreien, aber Du hast nie gewusst, Anja, wie viel Liebe ich Dir trotz allem entgegenbrachte, jetzt aber, das fühle ich, bin ich wie neugeboren, und ich liebe Dich gleichsam von Neuem, nie habe ich Dich so geliebt wie jetzt. Warte, mein Engel, ich werde mich Dir noch widmen, und vielleicht wirst Du dann auch das Gute in mir sehen.

Über mich gibt es so gut wie gar nichts zu schreiben: Ich sterbe hier vor Langeweile, und vor allem – *ohne Dich.* […]

In Vorbereitung auf das Schreiben lese ich noch einmal meine früheren Notizen in meinen Arbeitsbüchern, außerdem bin ich den gesamten Briefwechsel, den ich hierher mitgenommen habe, nochmals durchgegangen. – Ich habe mich in der Bibliothek eingetragen (einer kläglichen Bibliothek) und mir Zola ausgeliehen, da ich die europäische Literatur in den letzten Jahren schrecklich vernachlässigt habe, doch stell Dir vor: Ich kann es kaum lesen, so ekelhaft ist es. Bei uns aber erhebt man ein Geschrei über Zola, als wäre er eine Berühmtheit, eine Leuchte des Realismus. – Was mein Leben hier anlangt, so beköstigen sie mich schlecht, und ich kann nicht sagen, dass ich viel Ruhe hätte: die Mieter sind schrecklich rücksichtslos, trampeln auf den Treppen, knallen die Türen, schreien laut herum. Ich weiß nicht, was Orth sagen wird; er möchte einen Patienten nur möglichst schnell wieder loswerden, nie untersucht er ihn gründlich außer beim ersten Mal, und auch dieses erste Mal sieht er sich den Patienten nur anstandshalber an, um ihn nicht gleich von vornherein durch seine Nachlässigkeit abzuschrecken. Trotzdem werde ich mich vielleicht auch erholen; nur die Nerven müssten ruhiger werden, dann würde die Kur schon erfolgreich verlaufen. Auf jeden Fall aber wäre sie erfolgreich, wenn Du und ich zusammen hergekommen wären, d. h., wenn das irgendwie möglich gewesen wäre. *Ohne Dich* kann ich nicht längere Zeit bleiben, das steht fest. Zwar wusste ich bei meiner Abreise, wie schwer es für mich sein würde, aber trotzdem freute ich mich im Grunde, dass Du es durch meine Abreise *leichter* haben würdest, weil ich Dich, als ich da war, zu sehr mit Langeweile und Arbeit geplagt habe, so dass Du Dich *von mir erholen* und seelisch aufmuntern könntest. Und da überraschst Du mich plötzlich mit Deinem *post-scriptum.* Und geschrieben sind diese 4 Zeilen so hastig und in so auseinanderlaufenden Buchstaben, als hätte Dir die Hand vor Aufregung gezittert. Also hast Du *ihn* in der allerletzten Stunde getroffen, am Sonnabend früh. Und Du fügst noch hinzu: »Einzelheiten später« – das bedeutet, ich muss bis Sonntag warten! Dabei, Anka, habe ich einfach Angst. Mein lieber und einziger Freund: Obwohl ich weiß, dass ein Mann, der in einem solchen Fall *seine Furcht* nicht verbirgt, sich in den Augen seiner Frau selbst lächerlich macht, begehe ich die Dummheit, Anja, sie nicht zu verbergen: Ich habe Angst, wirklich Angst, und wenn Du mit Deinem lieben Lachen (das mir so gefällt) hinzufügst: *sei eifersüchtig*, dann hast Du Dein Ziel erreicht. Ja, ich bin eifersüchtig, Anja! Ich habe Fedjas Charakter, und ich kann meine erste Empfindung nicht vor Dir verbergen. Täubchen, ich sagte Dir: »Amüsier Dich, spiel, mit wem Du willst« (das *erlaubte* ich), weil ich Dich einfach grenzenlos liebe. Dein reicher, lieber, prächtiger Charakter (Herz und Verstand), bei Deiner *Großzügigkeit*, die bei anderen Frauen fehlt, welkte und darbte neben mir in Wehmut und in Arbeit, und ich konnte es erlauben [eine Zeile durchgestrichen], weil ich an die Großzügigkeit, an das Gewissen und vor allem an den Verstand Ankas glaubte. [Weitere zehn Zeilen durchgestrichen.]

Fröhlich und bezaubernd. [Elf Zeilen durchgestrichen.] Du meine Liebe, Reizende, ich schreibe das alles und (als hoffte ich noch immer, dabei quält es mich so sehr. Du schreibst, dass Du mich liebst und Dich nach mir sehnst, aber das hast Du noch vor der Begegnung mit ihm geschrieben, vor dem *postscriptum*! Anetschka! Wenigstens … aber denk an mich, *kränke* mich nicht so sehr, sonst verliere ich in Dir meinen Freund. Vor allem wirst Du mir doch nicht alles sagen, das ist sicher. Ich wiederhole es Dir: Alles nach Deinem Willen …).

Anka, mein Idol, meine Liebe, Ehrliche [ein Wort durchgestrichen], vergiss mich nicht. Und dass Du mein Idol bist, mein Gott – das stimmt! Ich vergöttere jedes Atom Deines Körpers und Deiner Seele, und ich küsse Dich ganz, *ganz*, weil es *mein*, *mein* ist! Auf Wiedersehen – aber wann wird das sein! Schreibe alles bis ins Einzelne (obwohl Du all das verheimlichen wirst). Welches Kleid hattest Du an? Ich sinke vor Dir auf die Knie und küsse unentwegt Deine Füßchen! Ich stelle mir das jeden Augenblick vor und genieße es. Anka, mein Gott (kränke mich nicht).

Die Kinder segne ich, küsse ich, sprich mit ihnen über mich, Anja! Nochmals küsse ich Dich, jede Minute küsse ich Dich und sogar Deinen Brief, den nämlichen, den 2., habe ich geküsst, wohl fünfzigmal geküsst.

Ganz Dein F. Dostojewski

Nach Ems

Staraja Russa, Sonntag, 18. Juli 1876

Mit Deinem gestrigen Brief von nur ein paar Zeilen hast Du mich sehr betrübt, mein lieber Feditschka. Ich sehe, dass Du unseretwegen in großer Sorge bist; Du wirfst mir vor, dass ich Dir nicht geschrieben habe. Aber, mein Liebster, ich schrieb Dir gleich nach meiner Ankunft, d. h. am Mittwoch, und abgegangen ist der Brief am Donnerstag, folglich hättest Du ihn am Montag haben müssen. Höchstwahrscheinlich hast Du ihn am Dienstag erhalten und ärgerst Dich jetzt nicht mehr über mich (sieh mal an, was für ein Böser Du bist, sicher hat er seiner Frau etwas Schlechtes geschrieben, wenn er es für nötig befunden hat, es selbst durchzustreichen). Versprich mir, mein liebster Mann, dass Du Dich nicht beunruhigst, wenn Du am vereinbarten Tag keinen Brief bekommst. Ich kann doch nichts für die Unzuverlässigkeit der Post; Du weißt ja, dass ich Dir pünktlich schreibe und Dir bestimmt einen Brief oder ein Telegramm schicken würde, wenn es etwas Besonderes gäbe. Ich erwarte morgen einen Brief von Dir, um etwas über Dich zu erfahren. Bei uns ist alles in Ordnung, die Kinder sind gesund und munter. Zu Fedjas Namenstag haben wir ein üppiges Mahl veranstaltet, Väterchen Pope hielt eine Andacht und segnete das Haus, und dann gab es eine ausgiebige Bewirtung. Die Kinder empfingen an diesem Tag das heilige Abendmahl. Gestern ist Mama zusammen mit Väterchen abgereist, der zu den Seinen nach Tscherepowez fährt und Mama bis Twer begleitet. Nun ist es bei uns sehr langweilig. Die Kinder haben mir aufgetragen, Dir einen Kuss mitzuschicken, mich aber gebeten, Dir nicht zu sagen, dass ich sie in die Ecke gestellt habe, weil sie gekratzt hatten. Ljoscha hat den Hund Biksa schrecklich liebgewonnen und vergießt jedes Mal Tränen, wenn Biksa sich auf die Erde legt oder wegläuft, und ist erst wieder getröstet, wenn Biksa wieder aufsteht. Er plappert schon viel und sagt *Papa*. [...] Auf Wiedersehen, mein Lieber, ich umarme Dich innig und küsse Dich heiß, ganz heiß, mein teurer Fedotschka, und bleibe Deine für immer Dich liebende Anja. Alle Kinderchen küssen und umarmen Dich. Ich schreibe wieder am Donnerstag, dem 22., den vorigen Brief habe ich am Freitag geschrieben.

Sonntag, 11 Uhr abends. Mein lieber Papotschka, Dein Brief vom Dienstag hat mich so gerührt, dass mir fast die Tränen gekommen wären. Wie dankbar bin ich Dir für Deinen Brief, und wie glücklich hat er mich gemacht. Mein Teurer, ich bin unsagbar stolz auf Deine Liebe, aber oft denke ich, dass ich eine solche Liebe gar nicht verdient habe. Ich bin eine so gewöhnliche Frau, goldenes Mittelmaß, mit kleinen Launen und Ansprüchen, und ich habe vielleicht nur den einen Vorzug, dass ich Euch alle vier aufrichtig und selbstlos liebe. Und plötzlich liebt mich der großmütigste, edelste, reinste, ehrlichste, heiligste Mensch! Du weißt nicht, Fedja, wie stolz ich manchmal insgeheim auf Deine Liebe bin und wie ich sie schätze. Ich habe Dir schon immer gesagt: »Du bist meine Sonne, Du stehst hoch oben, ich aber liege unten und bete Dich an.« Glaube mir, das ist keine Phrase, ich stelle es mir stets so vor und verstehe es nicht besser auszudrücken. Dich aber liebe und achte ich nicht einfach, sondern ich *vergöttere* Dich und *bete* Dich *an.* Du weißt, ich erachte unsere Streitereien, sogar die großen, doch für nichts; ich komme sofort und bitte um Verzeihung, fest überzeugt, dass sie auch bei Dir keine Spuren hinterlassen haben, ich weiß es von mir, dass das nur unsinnige, böse Worte sind und eine schlechte Angewohnheit, aber im Herzen hegte ich niemals Groll gegen Dich – das kann ich auch gar nicht. Du, mein Goldstück, wenn Du wüsstest, wie sehr ich manches dumme Wort bereue und wie es mich quält: Aber da sind immer die Scherereien und Sorgen und vor allem diese miserablen Nerven, mit denen man nicht zurechtkommt. Was gäbe ich darum, wenn wir uns nicht mehr zankten. Ich will versprechen, nicht mehr über meinen teuren Papotschka herzufallen, wie ich es manchmal tue. Außerdem muss ich die dumme Eifersucht in mir töten, die mich dann und wann plagt. Mein Liebster, wenn ich bei Dir wäre, dann läge ich Dir jetzt zu Füßen für Deinen Brief. Wie schade, dass ich nicht auszudrücken verstehe, was mein Herz bewegt. Was die Ärzte angeht, sei beruhigt: sie alle zusammen können Dir nicht das Wasser reichen; überhaupt sind alle Leute dumm, fade, kleinlich, nachtragend, Du aber bist mein vollkommenes Ideal und stehst hoch über allen! Wie könnte ich an einen anderen denken! Auf

Wiedersehen, mein Teurer, ich küsse Deine lieben Hände und Füße und bleibe die glückliche – glücklicher als alle Frauen der Welt –, aber leider unvernünftige und brummige

Anka

Ich wollte den Brief vorhin bei der Post einwerfen, doch es ging nicht mehr, jetzt aber brachte man Deinen, und deshalb schreibe ich noch etwas hinzu.

Ich wundere mich über Dich, Feditschka. Wie kannst Du eine so alte und hässliche Frau wie Deine Anka lieben.

Teurer Papotschka, wir beide sind seltsame Menschen: Zehn Jahre sind vergangen, und wir lieben einander immer mehr.

Nach Staraja Russa

Ems, Mittwoch, 21. Juli / 2. August 1876

Mein Liebling Anetschka, gestern erhielt ich Deinen Brief vom 15. Juli. Erstens und vor allem gib Fedja einen Kuss und gratuliere ihm nachträglich zum Geburtstag; wenn ich auch nicht früher geschrieben habe, so habe ich doch an seinen Festtag gedacht und ihm in Gedanken gratuliert. Zweitens schreibe Mama und danke ihr in meinem Namen für ihren Zusatz im Brief und für die Gratulation. Liebe Freundin, wenn Mama abgereist ist und Du noch keine Kinderfrau hast, dann kann ich mir vorstellen, wie schwer es für Dich allein mit den Kindern ist bei unserem elenden Dienstpersonal. Gibt es denn keine Möglichkeit, sie alle auszuwechseln – anderenfalls werden sie uns einfach auf dem Kopf herumtanzen und Dich plagen. Das alles beunruhigt mich nicht wenig, glaub mir, Anka. Ich freue mich sehr, dass Du auf den Gedanken gekommen bist, eine Andacht halten zu lassen, das ist recht. – Am meisten bedrückt mich, dass ich so selten Briefe von Dir bekomme: Nach zwei Tagen erst am 3. (und im Grunde am 4.) Nachricht von Dir zu erhalten ist sehr schwer. Täubchen, geht es denn nicht jeden zweiten Tag; auch wenn dann nichts Neues in dem Brief steht, lese ich doch Dein: »Wir sind gesund« und werde ruhiger. Ich erwarte keine langen Briefe, schreibe wenigstens immer eine kleine Seite (anders ist es ja bei sehr häufigem Briefwechsel auch gar nicht möglich), aber schicke trotzdem öfter etwas. Immerhin bin ich dann ruhiger. Ich bemerke, mein Engel, dass ich mehr und mehr an Euch allen hänge und eine Trennung von Euch jetzt weniger ertrage als früher. Du kannst diese Tatsache zu Deinen Gunsten nutzen und mich jetzt noch mehr als früher *unterjochen*, aber unterjoche mich, Anka, und je mehr Du das tust, desto glücklicher werde ich sein. Je ne demande pas mieux.* – In der Nacht vom 18. zum 19. hatte ich einen schrecklichen Alptraum, und zwar dass ich Dich verloren hätte. Wenn Du wüsstest, Anja, was für eine Qual ich ausgestanden habe. Dein ganzes Leben an meiner Seite kam mir in Erinnerung, und ich machte mir Vorwürfe, wie wenig Du belohnt wurdest, und glaub mir, der Alptraum dauerte auch nach dem Erwachen noch den ganzen Tag an, so lebendig war er. Den ganzen Tag, am 19., dachte ich an Dich und sehnte mich nach Dir, und wenn es möglich gewesen wäre, Dich wenigstens für 10 Minuten zu sehen, hätte mich das unendlich glücklich gemacht. Schreib unbedingt, ob Dir vielleicht am 18. oder 19. etwas zugestoßen ist. In der folgenden Nacht, d. h. früh um 5 Uhr, als ich aufwachte und mich vom Bett erhob, hatte ich ein so starkes Schwindelgefühl, dass ich mich nicht auf den Beinen halten konnte und niedersank, und so verstrichen etwa drei Mi-

* (franz.) etwa: Mehr will ich nicht.

nuten. Danach hielt das Schwindelgefühl, wenn auch viel schwächer, den ganzen Tag an.

[...] Mein Täubchen, ich habe noch immer nicht mit der Arbeit begonnen und schwöre Dir, Anja, teilweise bist Du schuld daran: Ich denke immerfort an Dich, träume, warte auf Deine Briefe – und da wird nichts aus der Arbeit. Wie hätte ich denn bei solcher Schwermut, wie ich sie am 19. empfand, arbeiten können? Aber ich bitte Dich sehr, schreib mir über alle Deine Angelegenheiten und verheimliche mir in den Briefen auch die Unannehmlichkeiten nicht: Sonst werde ich mich quälen und alles übertreiben. [...] Nun auf Wiedersehen, mein Engel, ich küsse Dich bis zum letzten Atom, besonders Deine Füßchen. Du bist meine Herrin und Gebieterin, ich bin Deiner nicht wert, aber ich vergöttere Dich, und meine kleine Frau gebe ich keinem, auch wenn ich sie nicht verdiene. Küsse die Kinder, Fedja, Ljuba, besonders Ljoscha. Ich segne sie.

Mit ganzem Herzen Dein

F. Dostojewski

Nach Staraja Russa

Ems, Sonnabend, 24. Juli / 5. August 1876

Mein kostbares Frauchen Anetschka, leidenschaftlich küsse ich Dich für Dein engelhaftes Briefchen vom 18. Juli. Du meine liebe Freude, wie kommst Du darauf, dass Du nur »goldenes Mittelmaß« seiest? Eine ungewöhnliche Frau bist Du und zudem besser als alle anderen. Du hast ja selbst keine Ahnung von Deinen Fähigkeiten. Du führst nicht nur den ganzen Haushalt, nicht nur meine Geschäfte, sondern leitest auch uns alle, die wir launenhaft und strapaziös sind, angefangen von mir bis zu Ljoscha. Aber bei meinen Geschäften hast Du für Deine Mühen nur wenig Erfolg geerntet. Du schläfst nächtelang nicht, besorgst den Verkauf der Bücher und das »Kontor« des »Tagebuchs«, und doch bringen wir vorläufig nur Groschen zusammen, und ob es später einmal Rubel sein werden? Aber für Dich ist das alles ein Kinderspiel. Man mache Dich zur Königin und gebe Dir ein ganzes Königreich, und ich schwöre Dir, Du würdest es regieren wie kein anderer – so viel Geist, gesunden Menschenverstand, Herz und Umsicht hast Du. Deinen Zeilen fügst Du die Frage hinzu, wie ich nur »eine so alte und hässliche Frau« wie Dich lieben könne. Das ist geradezu gelogen. Für mich bist Du bezaubernd, und keine kommt Dir gleich. Und jeder Mensch mit Herz und Geschmack muss dasselbe sagen, wenn er Dich anschaut – eben darum bin ich ja manchmal eifersüchtig. Du weißt selbst nicht, wie reizend Deine Augen sind. Dein Lächeln und Deine gelegentliche Lebhaftigkeit im Gespräch. Schuld allein ist, dass Du wenig unter Menschen kommst, sonst würdest Du selbst über Deine Eroberungen staunen. Mir ist das allerdings ganz recht, obwohl, Anka, Du meine Königin und Herrin meiner Seele, ich alles und sogar meine Eifersuchtsanwandlungen aufgeben würde, wenn Du gern ausfahren und Dich zerstreuen möchtest. Wie glücklich würde mich der Gedanke machen, dass Du fröhlich bist. Und wenn ich auch eifersüchtig wäre, so würde ich mich an Dir durch Liebe rächen. Ich sage Dir aufrichtig, Anka, wenn Du Dich nur ein wenig hübsch machst für die Ausfahrt und Dich ein bisschen anziehst – Du glaubst nicht, wie unendlich viel jünger und erstaunlich gut Du plötzlich aussiehst! Schon viele Male habe ich mich darüber gewundert. Das ganze Unglück ist, dass Du ewig zu Hause Arbeit hast, und deshalb bist Du manchmal einfach (nachlässig). Nein,

Anka, ich wiederhole, Du musst Dir in diesem Winter Kleider nähen lassen und ausfahren, mit mir oder ohne mich, ganz gleich. Du musst Dich zu meinem Ergötzen vergnügen. Weniger Arbeit müsstest Du haben, und mit dem »Tagebuch« müssen wir es unbedingt anders einrichten, was wir nach und nach auch tun werden, aber möglichst bald. Und schließlich – wie kannst Du Dich wundern, dass ich Dich so liebe, d. h. als Gatte und Mann? Wer verwöhnt mich denn so wie Du, wer ist mit mir ein Leib und eine Seele geworden? Alle unsere Geheimnisse *in dieser Hinsicht* gehören uns beiden. Und nach alldem soll ich nicht jedes Atom von Dir vergöttern und Dich *ganz* küssen, unersättlich, wie ich es oft tue? Du begreifst ja selbst nicht, was für eine engelhafte Frau Du in dieser Hinsicht bist! Aber ich will Dir alles beweisen, wenn ich wieder da bin. Mag ich auch ein leidenschaftlicher Mensch sein, aber denkst Du wirklich, dass irgendwer (selbst ein leidenschaftlicher Mensch) eine Frau so unersättlich lieben kann, wie ich es Dir schon tausendmal bewiesen habe. Freilich sind alle diese ehemaligen Beweise nichts; jetzt aber, wenn ich zurückkomme, werde ich Dich wohl auffressen. (Diesen Brief wird doch niemand weiter lesen, und Du wirst ihn keinem zeigen.)

Doch jetzt zur Sache: Mama ist abgereist, und Du bist allein, über die Kinderfrau aber verlierst Du kein Wort, d. h., Du hast noch immer keine, wie steht es deshalb mit Deiner Ruhe? Ich werde nicht eher aufhören, mich zu sorgen, bis ich etwas über die Kinderfrau erfahre. Es freut mich, dass Du Bäder nimmst. Der liebe Ljoscha, schrecklich froh werde ich sein, wenn ich ihn wiedersehe. Schreibe mir auch von Fedja. Die liebe Lilka! Ach, Anka, wenn wir doch etwas erarbeiten könnten! Du schreibst mir Deine ständige Redensart, dass wir seltsame Menschen sind:

Zehn Jahre liegen nun schon hinter uns, und wir lieben einander immer mehr. Aber auch wenn wir zwanzig Jahre erleben, sage ich Dir voraus, dass Du dann wiederum schreiben wirst: »Seltsam sind wir, 20 Jahre liegen hinter uns, und wir lieben einander immer mehr.« Ich jedenfalls bürge für mich, aber ob ich noch 10 Jahre lebe, dafür verbürge ich mich nicht. Übrigens ist mein Gesundheitszustand gut, aber ich weiß nicht, ob die Kur anschlagen wird. Nervlich habe ich mich unvergleichlich erholt; wenn ich spazieren gehe, muss ich zweimal so viel laufen wie vorher, um müde zu werden. Also wird wohl auch die Kur Erfolg haben. Hier begegnete mir ein Baron Hahn, General der Artillerie in Petersburg, mit dem ich bei Simonow gemeinsam unter der Heilglocke gesessen hatte. Er erzählte mir, dass ihm Frerichs in Berlin gesagt habe, er sei *unheilbar* krank, aber er ist (voriges Jahr) zu einer *Wunderfrau** nach München gefahren (Du hast sicher schon von ihr gehört; sie behandelt sämtliche Krankheiten nach einem eigenen Geheimverfahren und *heilt alle*, und man kommt aus aller Welt zu ihr, die Ärzte in Deutschland aber wagen kein Wort dagegen zu sagen, weil sie ganz Unheilbare heilt), und jene habe ihm *sehr* geholfen, so dass er sich jetzt ausgezeichnet fühle. Übrigens trinkt er hier ebenfalls Kränchen. Ich sollte im nächsten Sommer einmal nach München fahren, zusammen mit Dir (wegen Deiner Blutarmut), zumal sie fast kein Geld nimmt. Die ganze Behandlung dauert bei ihr nicht länger als 10 Tage, so dass man, wenn es fehlschlägt, immer noch zum Kränchen reisen kann. Natürlich nur, falls ich fest überzeugt bin, dass die 500 Rubel für die Reise dann als fünftausend wieder hereinkommen. – Doch geht es hier und jetzt mit meiner Gesundheit sowie anscheinend mit der Kur bestens voran. Aber was wirklich ein Unglück ist, Anka: das »Tagebuch«, das »Tagebuch«! Ich habe mich gerade erst ans Schreiben gesetzt und sehe bei allem, dass ich unglaublich in Verzug bin. Mir bleiben hier noch 12 Tage zum Schreiben, aber was sind das für Tage! Glaubst Du, ich habe überhaupt keine Zeit! Um 6 stehe ich auf, ziehe mich an und trinke um 7 Uhr Brunnen. Wenn ich um 9 Uhr zurückkomme, frühstücke ich und ruhe mich bis 10 Uhr aus (war ich doch die ganze Zeit in Bewegung). Ab 10 Uhr arbeiten, eine halbe Stunde für die Vorbereitung, dann schreibe ich bis 12, doch von 12 bis eins muss ich wieder spazieren gehen, so ist es Vorschrift. Um ein Uhr Mittagessen, nach dem Essen darf ich nicht gleich anfangen, und vor allem geht diese Zeit bei mir manchmal für Briefe drauf (deshalb, Anka, sei nicht böse, wenn ich von jetzt an kurze Briefe schreibe). Um 4 Uhr wieder zum Brunnen, in der 6. Stunde nach Hause; hier muss ich mich an die Abschrift setzen, um 7 Uhr jedoch wieder aufstehen und lange Spaziergänge machen. Um 8 Uhr Tee und danach um 10 Uhr schlafen – so dass mir im Grunde nur etwa 2 Stunden für das Abfassen und etwa 1 ½ Stunde für die Abschrift bleiben – schrecklich, einfach schrecklich! Was kann ich da schon schreiben? Ganz anders nachts zu Hause! Und das »Tagebuch« wird so erbärmlich, so miserabel, dabei müsste es doch möglichst elegant herausgebracht werden, sonst geht es kaputt! Mit einem Wort, Anka, ich bin betrübt, wegen des Literarischen betrübt. Und dazu noch die Traurigkeit Euretwegen: Ist Euch auch nichts zugestoßen? Ich bin zu dem Schluss gekommen, dass ich mich davon nicht befreien kann. Wahrscheinlich werde ich am 7. August von hier abreisen, Anja. Ich habe ausgerechnet, dass ich noch etwa 9 Tage in Staraja Russa arbeiten und schreiben kann, wäre das gut! Mein Engel, ich liege Dir zu Füßen, ich küsse und vergöttere Dich. Ich bete

Dich an und bete für Dich. Leidenschaftlich küsse ich Dich, überallhin. Gib den Kinderchen einen Kuss, sage ihnen, dass Papa bald kommt. Ach, Ihr Täubchen, möge der Herr Euch behüten! Ach, Anka, wenn Gott Dir wenigstens etwas mehr Gesundheit schenkte. Du schreibst, Du hättest keine Bücher. Aber, meine Freundin, es gibt doch eine Lesebibliothek, die man abonnieren kann. Du brauchst doch nicht an den paar Groschen zu sparen.

Ganz Dein, Dein Anbeter und Dein in Dich verliebter Mann

F. Dostojewski

Nach Ems

Staraja Russa, Dienstag, 27. Juli 1876

Mein lieber Papotschka, gestern erhielt ich Deinen Brief, in dem Du mich bittest, öfter zu schreiben, d. h. jeden zweiten Tag – und nicht jeden dritten wie bisher. Ich würde es mit Freuden tun, doch das Dumme ist, dass ich den Brief zur Post bringen muss, was sehr beschwerlich ist. Du weißt ja, mein teuerster Papotschka, dass wir von 12 bis 2 zu den Bädern gehen, und der ganze Morgen ist mit Vorbereitungen ausgefüllt, d. h. mit Putzen, Bügeln und Ähnlichem, folglich besteht keine Möglichkeit, morgens zu schreiben und den Brief am Kurhaus in den Kasten zu werfen; immer muss ich zur Post gehen, und das ist doch ziemlich weit. Ich bringe den Brief jedes Mal selbst weg, weil ich diesen Vogelscheuchen nicht traue. Deshalb, mein liebster Mann, wollen wir es lassen, wie es ist; Du weißt doch, dass ich Dir im dringenden Fall schreibe und sogar telegraphiere, sei also unseretwegen beruhigt. Wenn Du es mir aber befiehlst, dann werde ich natürlich schreiben, denn wie kann ich mich dem Wort meines vergötterten Gebieters widersetzen. Nun, wie Du entscheidest, so soll es sein. Jetzt aber, mein Lieber, zu uns: Hier ist alles in Ordnung. Eine Kinderfrau haben wir immer noch nicht, man versprach uns eine gute in den nächsten Tagen. Aber glaube mir, ich weiß nicht, warum (wahrscheinlich weil sich die Nerven beruhigt haben), doch die Kinder fallen mir überhaupt nicht zur Last, sie sind so vernünftig, dass ich mich nur wundere. Seit Freitag machen wir mit ihnen Besuche, und sie sind ganz lieb. Ljoscha wird immer niedlicher, und die Kinder haben ihn schrecklich gern, sie spielen fortwährend mit ihm, und er schwenkt vor Freude die Ärmchen. Schaukeln gefällt ihm sehr. [...] Das Geld, mein Lieber, nimmt auch bei mir ab, obwohl ich geizig bin wie Pljuschkin; kannst Du Dir vorstellen, ich war nicht ein einziges Mal im Theater, in keinem einzigen Konzert, selbst zum Konzert von Slawjanski (A-capella-Chor) zu gehen war ich zu geizig, weil es 1 Rubel 50 Eintritt kostete. Weinberg ist hergekommen, um jüdische Erzählungen zu lesen, doch auch bei ihm war ich nicht. Mit Befriedigung habe ich gelesen, dass Du oft zu Orth gehst. Warum schreibst Du mir nichts über das Gurgeln, gurgelst Du, und hilft es? Mein lieber, billionenfach geliebter Fedotschka, Du und ich werden noch viele, viele Jahre (nicht 8 und nicht 15, sondern 25) leben und an unserem Lebensabend ebenso glücklich sein und einander ebenso lieben wie jetzt. Ich habe mich mit der Nadel in den Finger gestochen und nun am Finger ein Geschwür bekommen, so dass ich weder viel schreiben noch nähen kann, deshalb mache ich Besuche. Mein lieber Papotschka, ich drücke Dich fest ans Herz und liebe Dich so, wie keine einzige Frau je ihren Mann geliebt hat. Die lieben Kinder lassen grüßen und küssen Dich, Fedja aber besteht darauf, dass ich Dir in einem großen Kuvert Konfekt von ihm schicke, damit Du staunst.

[…] Mein Lieber, ich träume oft von Dir, und wenn ich dann aufwache, bin ich traurig, weil Du nicht da bist. Müssen wir uns denn auch trennen!

Nach Staraja Russa

Ems, Freitag, 30. Juli / 11. August 1876

Meine teuerste Anja, gestern erhielt ich Deinen Brief vom Sonnabend, dem 24. Juli (in Staraja Russa abgegangen ist er am Sonntag, dem 25., wie aus dem Kuvert ersichtlich), und ich antworte erst heute, weil ich schrecklich viel arbeite, aber nur furchtbar langsam und wenig vorankomme; was daraus wird – daran mag ich gar nicht denken. Aber sorge Dich nicht um mich. Also hast Du keine Kinderfrau. Nein, Anja, was Du auch schreibst, ohne Kinderfrau ist es schlimm, und ich glaube nicht, dass die Kinder Dir nicht auf die Nerven gehen. Und ist es denn wirklich nicht möglich, Lukerja und Agrafena ganz wegzujagen, sonst tanzen sie uns doch auf dem Kopf herum. Aus Deinem Brief ersehe ich sogar, dass Du mit Lukerja unzufrieden bist. Für die Nachricht über die Kinder danke ich Dir, liebste Freundin. Und wie gut Du das alles beobachtest und beschreibst. Fedjas Worte über die Esel sind ja unübertrefflich! Ich glaube, dass Du Dich nicht schlechter mit den Kindern abgibst und sie ebenso gut beaufsichtigst wie die Kinderfrau, aber das ist schlecht, schlecht. – Schreibst Du die Wahrheit, dass die Kur Dir hilft? Ach, wenn es doch so wäre, mein Liebes. Du warst sehr herunter und erschöpft, und es ist schwer vorstellbar, dass Du Dich schon nach elf Bädern zu erholen beginnst. Du hast versprochen zuzunehmen, vergönne es Dir Gott, dass es nicht einzig und allein deswegen ist. Das versteht sich von selbst, und wir werden nichts durchgehen lassen. Aber gebe Dir Gott, dass Du Dich ganz erholst und mit 30 Jahren eine dicke, gesunde Herrin sein wirst. Dafür werde ich Dich küssen und mich an Dir erfreuen. Und mein Gewissen, mein Geist und mein Herz werden ruhig sein.

Ich schrieb Dir schon im letzten Brief, dass ich am Sonnabend, dem 7. August, bestimmt von hier abreise. Das will ich möglichst auch tun. Wenn alles glattgeht, ohne besondere Verzögerungen und Zwischenfälle, bin ich am 12. in Russa. Jedenfalls schicke am 12. die Pferde in den Ort, wo der Dampfer anlegt. Doch das schreibe ich Dir noch einmal am Tag vor meiner Abreise von hier. Die Kur scheint anzuschlagen und hilft mir bestimmt schon jetzt. Meine Zunge ist ganz rein, was in Petersburg nie vorkommt, und ich habe schrecklichen Appetit, obgleich man mich ausgesprochen schlecht beköstigt. Und glaube mir, ich bin dicker geworden, und wenn ich bis zum 12. nicht wieder abmagere, wirst Du selbst feststellen, dass ich sicher *mehr als Du* zugenommen habe. Nur die Nerven sind manchmal angegriffen; und ich fürchte, womöglich einen Anfall zu bekommen: Das wäre sehr ungelegen. Überdies wird die Langeweile hier einfach unerträglich, und wenn es mir auch schwerfällt, zu arbeiten, so verkürzt die Arbeit immerhin die Zeit. [...]

Auf Wiedersehen, mein Engelchen, meine Schöne, mein Licht und meine *Hoffnung*. Du bist besser und stehst höher als alle Frauen; keine einzige ist Dir ebenbürtig. Wir sind ein Herz und eine Seele geworden. Geb's Gott, dass wir noch lange miteinander leben. Und dass ich Dich mit der Zeit immer noch mehr lieben werde – das ist eine Tatsache! Nun, auf Wiedersehen, bis bald hoffentlich, Gott sei Dank! Aber wie schwer wird mich diese lange Woche ankommen.

Ganz Dein F. Dostojewski

Die Kinderchen segne ich, gib ihnen einen Kuss von mir.

Ich küsse Deine beiden Füßchen und *alles, alles.* Sehr oft sehe ich Dich im Traum. Meine Herrin bist Du, und das macht mich glücklich.

Der Jüngling

Trauerbewältigung und Leidenschaft
1879

Durchgängig, so auch in den Briefen des letzten Kapitels, schwelgt Fjodor in den Bekundungen seiner Liebe – zu den Kindern und vor allem zu Anna. Seine steten Liebesbeteuerungen sind besonders charakteristisch für die Briefe des Sommers 1879, den das Paar wieder getrennt voneinander verbrachte. Auch Annas Erwiderungen auf seine stürmischen Liebesbriefe zeugen von einer Leidenschaft, wie sie bis dahin eher selten zum Ausdruck kam.

Sicherlich hatten die Ereignisse der Zwischenzeit, aus der kaum ein Brief erhalten ist, die Beziehung der beiden noch inniger werden lassen: Der mit so großer Vorfreude erwartete zweite Sohn Alexej war im Mai 1878, noch nicht dreijährig, an einem plötzlich auftretenden epileptischen Anfall gestorben.

Da Anna Fjodors Schmerz nicht länger tatenlos mit ansehen konnte, riet sie ihm zu einer Pilgerfahrt. Im Optina-Kloster bei Koselsk, südwestlich von Moskau, fand er Trost bei dem Klosterältesten und nahm den Mönch später als Vorbild für die Figur des Starez Sossima in seinem letzten Roman »Die Brüder Karamasow«. An diesem Monumentalwerk schrieb er bereits seit April 1878, so dass er sich in dem vorliegenden vierten Emser Sommer noch mitten im Schreibprozess befand, bevor der Roman von Januar 1879 bis November 1880 als Feuilletonfortsetzung im »Russki Westnik« erschien.

1879

Nach Staraja Russa

Berlin, Hotel St. Petersbourg,
Unter den Linden, Zimmer 15
22. Juli / 3. August 1879

Meine liebste Freundin, mein teures Frauchen Anja, ich bin soeben, früh um 7 Uhr (Sonntag), in Berlin angekommen, und – zuerst etwas über mich: Ich fühle mich ganz frisch, obwohl ich noch so weit fahren muss. Das Schlafen habe ich mir ganz abgewöhnt. Zwar konnte ich im Zug mitunter ein wenig duseln und sogar zusammengekrümmt schlafen, aber was ist das für ein Schlaf! Und deshalb staune, was für ein Recke Dein lieber Mann ist, damit hatte ich gar nicht gerechnet, zumal ich in Petersburg, im Hotel Snamenskaja, so mit den Nerven herunter war, dass ich mich überhaupt nicht ausschlafen konnte, wenn es viel war, habe ich nachts 5 Stunden geschlafen. Vielleicht ist meine Forschheit jetzt auch nur Nervenanspannung. Nun, so viel über meine Gesundheit. Der historische Teil der Reise ist nicht ergiebig: Nur gut, dass wir schönes Wetter hatten. Und auch die beiden Tage, die ich in Petersburg weilte, waren wunderbar. Das bedeutet, ich habe das schöne Wetter von Euch mitgebracht, denn vor meiner Ankunft hat es in Petersburg stark geregnet, und wo ich auch hinkomme – überall ist schönes Wetter. […] Der prächtige Strauß von Katerina Prokofjewna begann in der Nacht so stark zu duften, dass ich Kopfschmerzen bekam. Als wir uns Tschudowo näherten, warf ich ihn aus dem Zug in den Wald (ich konnte ihn nicht weiter mitnehmen), und so war es um ihn geschehen. Sie hat mich nur daran gehindert, mich von Euch zu verabschieden. Du glaubst nicht, wie wehmütig ich, besonders abends, die ganze Fahrt an die Kinderchen und an Dich gedacht habe! Und das wird noch schlimmer! Wir müssen etwas zurücklegen, Anja, müssen den Kindern etwas hinterlassen, dieser Gedanke quält mich immer am meisten, wenn ich mit dem Treiben der Menschen persönlich in Berührung komme und sie in ihrem Egoismus sehe, z. B. auf der Reise. – Als ich von Petersburg abfuhr, hatte ich es bequem, im Waggon war viel Platz, und ich konnte sogar recht und schlecht schlafen, doch ab der zweiten Weghälfte stiegen alle Augenblicke Polen und Deutsche zu, und mit dem Schlafen war es vorbei. – Beim Umsteigen auf die deutsche Bahn stellte sich mir ein [...] Arzt aus Petersburg vor, etwa 50 Jahre (ein Freund von Tizner, er arbeitet im Maximilian-Krankenhaus und fährt nach Wiesbaden wegen seines Rheumatismus) – er unterhielt mich auf der Fahrt sehr gut und diente mir als Übersetzer bei den Deutschen. Besonders fürsorglich war ein älterer Deutscher von kolossalem Wuchs, er kümmerte sich darum, dass ich schlafen konnte, und schützte mich vor der Gaunerei der Stationskellner. Unvorstellbare Gauner gibt es sowohl auf den Stationen als auch in Berlin: Etwas kostet 15 Pfennig, er aber verlangt 40, man gibt ihm eine halbe Mark für den Kaffee (25 Pfennig), er aber denkt gar nicht daran, die 25 Pfennig, die er herauszugeben hat, zu bringen, und das passierte dreimal. Das Essen auf den Bahnhöfen in Deutschland war einfach ungenießbar, dafür sind die Preise gegenüber unserer Zeit vor acht Jahren um das Dreifache gestiegen. In Berlin brachten sie mich zuerst in das Hotel Kaiserhof, 3. Etage, düster, die Treppen dunkel wie in der Nacht, und für eine Kammer, in der man sich nicht umdrehen konnte, verlangten sie 7 Mark. Ich fuhr (nachdem ich dem Kutscher draufgezahlt hatte) weiter ins Hotel Petersbourg und habe hier für 7 Mark (das sind bei uns immerhin 3 Rubel!) ein gerade noch erträgliches Zimmerchen, in dem man sich wenigstens umdrehen kann. [...] Auf der deutschen Bahn war die ganze Zeit so ein Staub, dass wir wie verrußt waren und meine Kleidung (buchstäblich) verdorben wurde. Hier im Hotel habe ich mich nur gewaschen und mich gleich hingesetzt, um an Dich zu schreiben. Nun, das ist meine ganze Reise. Jetzt weiß ich noch nicht, wann ich nach Ems fahre: heute Abend – das bedeutet, ich kann nicht ausschlafen. Außerdem möchte ich gern beim Schneider einen Mantel bestellen, doch heute ist Sonntag, und alle Schneider haben geschlossen. Ich muss also bis morgen Abend 10 Uhr bleiben und bin dann übermorgen um 9 Uhr früh in Ems. [...]

Nun schreibe ich wieder aus Ems, sobald ich angekommen bin. Aber Du, wann wirst Du mir schreiben? Als ich abfuhr, haben wir nichts vereinbart! Ob Du wirklich nicht auf den Gedanken kommst, mir schon vor Erhalt meines Briefes zu schreiben? Um Christi willen, schreib über Dich jede Kleinigkeit (vor allem über Deine Gesundheit) und über die Kinder – über sie alles. Wie schlafen sie nachts, wenn ich nicht da bin? Denken sie an mich? Und Du? Ich habe unterwegs von Dir geträumt, aber etwas Trauriges, Du zürntest mir aus irgendeinem Grund, machtest mir Vorwürfe: Du glaubst nicht, wie mich das bedrückte. Ich umarme Dich und küsse Dich unzählige Male, über und über. – Die Kinderchen küsse ich besonders, sag ihnen, dass ich sie liebe, für sie zu Gott bete und sie bitte, Dir zu gehorchen und

Dich zu schonen. Unterwegs sah ich einen Jungen und ein Mädchen (von den Mitreisenden) Arm in Arm, wie Lilja mit Fedja, besonders von hinten, sogar gekleidet waren sie ähnlich! Ich bitte Dich sehr, schreibe. Ich umarme und küsse Dich nochmals (und überhaupt immer, Du gehst mir jetzt nicht mehr aus dem Sinn). Gleich nach meiner Ankunft in Ems schreibe ich weiter an den »Karamasows«, ich fürchte, mich mit der Absendung zu verspäten. Auf Wiedersehen denn, schreibe, ich bitte Dich sehr, schreibe, ich aber bin ewig Dein – Dein Mann.

F. Dostojewski

An alle einen Gruß. Besonders an Anna Wassiljewna und ihren Mann. Frau Rochel sage nichts von dem Strauß.

Achte um Himmels willen auf Deine Gesundheit, und wenn Du auch nur ein ganz klein wenig spürst, dass Du krank wirst, gefährlich krank – dann schnellstens ein Telegramm nach Ems (ich gebe Dir die Adresse). Gott wird Rechenschaft von Dir fordern, wenn Du es nicht tust. Doch das Beste ist, Du bleibst gesund, und deshalb achte, so gut Du kannst, auf Deine Gesundheit. Nochmals küsse ich Dich.

Nach Ems

Staraja Russa, Dienstagabend, 24. Juli 1879

Mein lieber Papotschka bist du gesunt, wir sint Gott sei Dank alle gesunt. Heute war der Doktor bei uns und erlaubte uns, zu Nil Stolbenski zu fahren. Wir feiern ohne dich sehr und haben schon zwei Ausflüge aufs Lant gemacht, deren Beschreibung ich dier noch schike. Leb wohl lieber Papotschka. Deine Ljuba.

Heute, mein teurer Papotschka, hat Lilja gebeten, den Brief anfangen zu dürfen, und so habe ich es ihr erlaubt. Du, mein Lieber, wie bist Du angekommen, und wie fühlst Du Dich? Ich habe noch keinerlei Nachricht von Dir und warte sehnsüchtig darauf. Doch den ersten Brief von Dir werde ich erst am Freitag erhalten. Wir sind Gott sei Dank alle gesund, und heute entließ uns der Doktor, wohin immer es uns beliebt, somit auch zu Nil, wohin wir vom 6. bis 7. August fahren wollen. Das Wetter ist schon seit Deiner Abreise herrlich, und wir gehen alle spazieren, ausgenommen Fedja, der beharrlich verlangt, dass wir ihn zu Hause lassen. Gestern kam er begeistert angerannt und schrie, er habe »mit eigenen Händen« einen kleinen Fisch gefangen! Endlich! Heute hat er den ganzen Tag geangelt und leider nichts gefangen. Beide lernen gut, hören aber, ehrlich gesagt, wenig auf mich, und deshalb schreibe, sie sollen auf mich hören, besonders Fedja. Am Sonntag besuchten wir das Kurkonzert, und die Jaclards und auch Anna Iwanowna bewirteten uns mit Eis. Gestern waren wir mit den Jaclards auf dem Ball, stell Dir vor (Väterchen wollte Dir aus diesem Anlass ein Telegramm schicken), und ich trug das Dir verhasste blaue Kleid. Ich traf Frau Rochel, die überaus liebenswürdig zu mir war, Jaclard aber beinahe verschlungen hätte. Heute sind wir mit Mütterchen ins Dorf gegangen. Am Freitag findet ein Volksfest statt, das wir mit den Kindern besuchen wollen. Das ist unser ganzer Zeitvertreib, ein ziemlich langweiliger, weil Du nicht da bist. [...]

Mein teurer Feditschka, ich weiß nicht, was ich Dir noch schreiben könnte, es gibt gar nichts Neues, das Leben ist so einförmig. Ich sage nur das eine: Wir haben Sehnsucht nach Dir und möchten, dass Du bald zurückkehrst. Erhol Dich gut, mein Liebster. Ach, wenn doch möglichst bald ein Brief aus Ems käme, das würde mich freuen und beruhigen.

Ich schreibe jetzt wieder am Freitag, der Brief geht dann am Sonnabend, dem 28., ab, jetzt aber leb wohl, mein Teurer, sei nicht böse wegen der uninteressanten Briefe. Ich küsse und umarme Dich viele Male und bleibe Deine Dich liebende Anja, aber eine Dich leidenschaftlich und zärtlich liebende, merk Dir das (»je vous aime tendrement«*, wie Anja immer sagt, worauf ihr eine liebe Stimme die ganzen zwölf Jahre stets antwortete: »Et moi aussi«**). Die Kinder geben Dir einen herzhaften Kuss. Väterchen ist schon zurückgekehrt und hat mir aufgetragen, Dich zu grüßen. Die Jaclards ebenfalls.

Nach Staraja Russa

Ems, Mittwoch, 25. Juli / 6. August 1879

Mein lieber Engel und liebste Freundin Anja, gestern war ich bei Orth; er erinnerte sich sofort an mich und empfing mich überaus freundlich. Er untersuchte mich sehr sorgfältig und erkundigte sich eingehend (nach drei Jahren Unterbrechung!). Wie er sagte, habe ich ein Emphysem, aber erst im Anfangsstadium, es sei zwar nicht mehr zu beseitigen, könne aber mit großem und wahrscheinlichem Erfolg bekämpft werden. »Dass Sie drei Jahre nicht gekommen sind, wird die Wirkung des Kränchens erhöhen, und das Kränchen wird Sie stärken. Also zuerst Kränchen, und danach probieren wir Kesselbrunnen.« Er fand, dass bei mir ein Lungenlappen nicht mehr am alten Platz sei, er habe seine Lage verändert, auch das *Herz* habe seine Lage verändert, befinde sich nicht mehr am alten Platz – alles infolge des Emphysems –, obwohl, fügte er zum Trost hinzu, das Herz vollkommen gesund

* (franz.) Ich liebe Sie innig.

** (franz.) Und ich auch.

sei und alle diese Lageveränderungen wenig zu bedeuten hätten und nicht besonders bedrohlich seien. Natürlich ist er als Arzt dazu verpflichtet, tröstliche Dinge zu sagen, aber wenn das Emphysem schon am Anfang so etwas bewirkt, was wird dann erst später werden? Im Übrigen hoffe ich stark auf die Quellen und habe heute bereits mit der Trinkkur angefangen. [...]

Gestern erhielt ich Dein liebes Briefchen und war ja so froh. Mir war gestern furchtbar traurig zumute. Hier gibt es viele Kinder, und ich kann nicht ohne Herzweh an ihnen vorübergehen. Immer sehe ich Lilja und Fedja vor mir. Anja, ich bitte Dich sehr, schreib wenigstens am Anfang öfter. Morgen, so denke ich, werde ich mich an die Arbeit setzen. [...] Schreib mir mehr über Deine Gesundheit und über die Kinder und über das Wetter bei Euch. Möge Gott auch Euch schönes Wetter schicken. Du solltest wenigstens etwas baden, schieb es nicht auf. Ich denke sehr viel an Dich. Fest umarme und küsse ich Dich. Gib den Kindern einen Kuss. Ich liebe sie. Sag Fedja, hier gibt es Eselchen und Maultiere und kleine Hunde. Übrigens wurde in Ems viel Neues gebaut, auch zwei neue Brücken über die Lahn. Viel Obst – herrliche Kirschen, Pflaumen und Aprikosen, aber das alles ist mir verboten. An Publikum 11½-tausend Menschen, ein Gedränge, doch bald reisen viele ab. Ich erwarte kalte Tage, besonders am Ende der Kur, und in meinem Sommermantel ist das Seidenfutter zerrissen. – Auf Wiedersehen, mein Engel, ich schreibe Dir in zwei Tagen. Ich küsse Dich unzählige Male, die Kinderchen segne und küsse ich, und ich bete für sie. Auf Wiedersehen, meine lieben Freunde.

Ganz Dein
F. Dostojewski

Wenn ich auch heute ein Briefchen von Dir bekäme – ach, wie schön wäre das!

Ich habe mich nach der Reise völlig ausgeschlafen und fühle mich munter.

Einen Gruß von mir an Väterchen, Mütterchen, Anna Wassiljewna und Gatten, an Frau Rochel und Anna Iwanowna (sogar an sie).

Schreib über alles, was Du an Neuem hörst. […]

Nach Ems

Staraja Russa, Freitag, 27. Juli 1879

Mein lieber, teurer Fedotschka, ich war so in Sorge um Dich, dass ich es nicht aushielt und gestern Lilja zur Ankunft des Zuges auf die Post schickte nach einem Brief von Dir, den ich auch bekam. Du wirst nicht glauben, mein Lieber, wie froh ich über die Nachricht war, dass Du ohne große Erschöpfung bis Berlin gekommen bist. Jetzt warte ich voller Ungeduld auf einen Brief aus Ems: wie Du Dich eingerichtet hast und was Orth Dir gesagt hat. Wir sind Gott sei Dank gesund, benehmen uns nachts gut und denken ständig an Dich. Deinen gestrigen Brief habe ich dem einen wie der anderen vorgelesen, und beide hörten sehr aufmerksam und interessiert zu. Lilja schreibt Dir heute, von Fedja soll ich Dir ausrichten, dass er Dir schreiben wollte, aber nicht weiß, was, er werde Dir schreiben, wenn er zu Nil Stolbenski fährt. Gerade hatte ich Deinen Brief in Empfang nehmen und mich freuen können, als man mir ein Telegramm brachte. Die Beine knickten mir ein: Gott weiß, was mir in den Sinn kam, aber zum Glück war das Telegramm von Ljubimow, seine Antwort auf meinen Brief, in dem ich ihn gebeten hatte, das

Geld an mich zu schicken und nicht als Überweisung, sondern in bar. Er antwortete, das Geld werde in bar geschickt, und sein Sekretär fügte hinzu, dass noch eine Überweisung auf 800 an mich abgegangen sei, die er zurückzusenden bitte. Mein Brief an Ljubimow war sachlich, aber sehr höflich. Etwas Neues gibt es bei uns nicht. Am Mittwoch, dem 25., war der Annentag; Madame Rochel erschien bei mir mit einem prächtigen Bukett und gratulierte mir zum Namenstag (Du aber bist nicht auf den Gedanken gekommen, mir zu gratulieren). Sie blieb eine Stunde und war überaus liebenswürdig. Am Abend besuchte mich Anna Iwanowna, der ich als richtigem Namenstagskind mein Bukett überreichte. Sie blieb den ganzen Abend und war sehr herzlich. Gestern war ich bei niemandem und habe niemanden gesehen. Heute (Freitag) wollen wir abends zu einem Volksfest zugunsten Orenburgs, doch ohne Fedja, der durchaus nicht in den Park gehen möchte und von mir die 15 Kopeken bekommt, die ich für ihn bezahlt hätte. Das Wetter ist herrlich, und wir sitzen die ganze Zeit draußen im Freien. Ich habe an Anna Petrowna Bergeman geschrieben und sie gebeten, uns zu besuchen, aber keine Antwort erhalten: Weder kommt sie selbst, noch schickt sie einen Brief. Das ist sehr schade, weil wir gern zu Nil Stolbenski fahren wollten. Briefe habe ich (außer von Puzykowitsch, der Deine Ankunft mitteilt und zwei ausländische Briefmarken mitschickt) keine erhalten, und es ist nichts Besonderes vorgefallen, höchstens dass die Kuh krank ist (sie käut nicht wieder) und wir fürchten, sie geht ein. Lilja trinkt Kumys. Mein Gesundheitszustand ist sehr gut, obwohl ich nicht so fest schlafe, weil ich auf ein Uhr und vier Uhr warten muss, deshalb wache ich um zwölf Uhr auf und schlafe nicht bis eins, dann wache ich um drei Uhr auf und schlafe nicht bis vier. Aber ansonsten schlafe ich mich gut aus. Ich habe ganz verführerische Träume, und in ihnen sehe ich einen sehr, sehr lieben und teuren Menschen, einen, der Dir wohlbekannt ist – rate, wen? Mein Lieber, wir denken oft an Dich, wahrscheinlich öfter als Du an uns. Möge Gott Dir Gesundheit schenken, sie ist das Wichtigste, und dann erfolgreiche Arbeit. Aber ich bitte Dich, arbeite um Gottes willen nicht zu angestrengt, sondern achte lieber auf Deine Gesundheit, damit Du das Ziel erreichst, um dessentwillen Du nach Ems gefahren bist. Verspäte Dich lieber mit der Lieferung an den »Russki westnik«, nur stell Deine Gesundheit wieder her. Nun, auf Wiedersehen, mein teurer und mein ewig lieber Mann, wir umarmen Dich fest und küssen Dich und bleiben Deine Anja, Ljuba, Fedja.

Den nächsten Brief schreibe ich am Montag, dem 30., abgehen wird er am Dienstag, dem 31.

Nach Staraja Russa

Ems, 1. August / 13. August 1879

Mein lieber Engel Anja, soeben erhielt ich Deinen Brief vom 27. Juli. Ich dachte schon gestern einen zu bekommen, hatte mich aber in meiner Berechnung geirrt. Mein liebes Täubchen, Du schreibst, dass Du am 25. Namenstag hattest, was mich höchlichst erstaunte: Niemals hätte ich gedacht, dass Du im Sommer Namenstag hast, und noch dazu im Juli! Ich weiß, dass Du am 30. August Geburtstag hast, doch Dein Namenstag ist im Februar, das war stets so. Ich kann mich beim besten Willen nicht entsinnen, dass wir Deinen Namenstag jemals im Juli gefeiert hätten! Entweder hast Du Dich geirrt, oder ich habe überhaupt kein Gedächtnis mehr. Tatsächlich, obgleich ich meine

Anka grenzenlos liebe, werde ich es wohl nie schaffen, mir ein für alle Mal ihren Geburts- und Namenstag zu merken. Du wirfst mir noch vor: »Aber Du hast mir nicht einmal gratuliert.« Wie denn auch, wenn ich mit Sicherheit annahm, dass Du im Februar Namenstag hast. Ich küsse Deine Händchen und Füßchen und außerdem *alles* und bitte um Verzeihung. Und dann gratuliere ich Euch, meine liebe und teuerste Gattin, nachträglich zum Tag Eures Engels. Von ganzem Herzen gratuliere ich Dir, Anka, und möge Gott Dich in Deinem Leben noch 75-mal Namenstag feiern lassen, nicht weniger.

Ihr schreibt ständig von Nil; deshalb antworte ich Dir postwendend auf Deinen Brief in der Hoffnung, dass mein Brief Dich vielleicht noch in Staraja Russa erreicht. Aber Du musst zugeben, dass ich Dir mindestens doppelt so oft schreibe wie Du mir. Und da behauptest Du, ich würde gewiss nicht so oft an Euch denken wie Ihr an mich. Aber ich murre nicht und will Dich nicht quälen, denn ein Brief ist in jedem Fall Arbeit, obwohl ich sogar davon träume, dass ich Briefe von Dir bekomme, so sehr sehne ich mich nach einer Nachricht von Euch. Sag Ljuba Dank für ihr reizendes Briefchen und Fedja für den guten Vorsatz. Ich habe die beiden schrecklich lieb. Ich bange auch sehr um Euch, d.h. um Euer Wohl: Was ist mit Euch, und wie geht es Euch? Übrigens, ist Foma bei Euch, und übernachtet er bei Euch? Du schreibst, dass Du nachts nicht schläfst: Um Gottes willen, Anka, ruhe und schlafe Dich aus, und wozu eine solche Regelmäßigkeit? Wenn Du um 12 aufwachst, dann setze sie eben um 12 auf den Topf, wenn um 3, dann warte nicht bis 4, setze sie um 3 hin. Sonst ruinierst Du Deine Nerven, und außerdem magerst Du ab, was Gott verhüte, Du hast mir versprochen, Du willst Dir Mühe geben, wenigstens etwas zuzunehmen, doch dazu später.

[…] Lilja und Fedja schreibe ich demnächst einen kleinen Brief extra. Allen zu Hause einen Gruß. Besonders grüße Anna Wassiljewna. Hat Anna Iwanowna es denn verdient, dass Du ihr das Bukett von Frau Rochel gabst? Hier sieht man unglaublich viele Blumen, sie werden in Mengen verkauft. Aber ich kaufe keine, wem sollte ich sie auch schenken. Meine Königin ist nicht hier. Und wer ist meine Königin – Ihr seid meine Königin. Zu diesem Schluss bin ich hier gekommen, denn während ich hier sitze, habe ich mich so in Euch verliebt, dass Ihr es Euch gar nicht vorstellen könnt. Jetzt zu etwas *sehr Intimem:* Ihr schreibt, meine Königin und meine Kluge, Ihr hättet »ganz verführerische Träume« [zwei Zeilen durchgestrichen]. Das versetzte mich in Begeisterung und Entzücken, denn ich selbst denke hier nicht nur nachts, sondern auch am Tage unmäßig, geradezu wahnsinnig an meine Königin und Herrscherin. Nicht nur in dieser einen Hinsicht, glaub das nicht, o nein, nein, allerdings bekenne ich aufrichtig, dass ich in dieser Hinsicht geradezu mit glühender Leidenschaft an Dich denke. Du schreibst mir recht nüchterne Briefe, und dann plötzlich dieser Satz [zehneinhalb Zeilen gestrichen], der ihr nicht unversehens entschlüpft wäre, während sie ganz die Kluge und der Engel blieb, und folglich geschah es nur zur Freude und zum Entzücken ihres lieben Mannes, denn der liebe Mann hat es besonders gern, wenn sie (vollkommen aufrichtig ist). Eben das schätzt er, eben davon ist er gefesselt. Plötzlich also der Satz: »ganz verführerische Träume« [sechs Zeilen gestrichen]. Gestatten Sie, gnädige Frau [sechs Zeilen gestrichen], ich küsse Dich wahnsinnig in diesem Augenblick. Doch um den Traum zu beurteilen [zwei Zeilen gestrichen], dass das Herzchen meiner vergötterten kleinen Frau [anderthalb Zeilen gestrichen]. Anka, schon an dieser Briefseite kannst Du sehen, was in mir vorgeht. Ich bin wie im Fieber, fürchte einen Anfall. Ich küsse Deine Händchen, oben und die Handflächen, und die Füßchen – und alles.

Ganz Dein F. Dostojewski

Ich werde jetzt je nach Eingang Deiner Briefe und der Nachrichten über Deine Fahrt zu Nil schreiben. Und betet auch für mich. Denn ich bin doch allzu sündig. An Väterchen einen besonderen Gruß.

[...] Schreib nach Möglichkeit auch von unterwegs. Meine Engel Lilja und Fedja küsse ich und bitte ich sehr, gehorsam zu sein. Auf der Reise erlaube Fedja nicht, in der Nähe der Räder und Pferde herumzulaufen. Und verliere sie nur nicht in der Menschenmenge. Anja, ich flehe Dich an!

Nach Staraja Russa

Ems, Sonnabend, 4./16. August 1879

Meine liebste Freundin Anja, soeben erhielt ich Deinen lieben Brief vom 30. Juli, und ich antworte gleich heute. Also wird die Reise zu Nil verschoben: Darüber bin ich sogar froh, weil ich mich gesorgt hätte, auch würden die Nachrichten von Euch nicht so regelmäßig eintreffen. Was Du über Fedja schriebst, machte mir Sorge, Rochel hat ganz recht, er braucht Bäder, wenigstens einige. Ich hoffe, Du hast schon angefangen. Nun bin ich bereits den 11. Tag hier zur Kur, Du aber hast mir bisher lediglich auf meinen ersten Brief aus Ems geantwortet! Wie weit es ist und wie schwer. Ich denke unaufhörlich an Euch, und obwohl ich in allem auf Dich vertraue, bin ich doch immer in Unruhe. Besonders schwer und trostlos ist es, wenn es Abend wird.

Anja, unerträglich bedrückend und scheußlich ist es hier für mich, kaum leichter und kaum weniger scheußlicher als die Zwangsarbeit, die ich durchgemacht habe. Das sage ich *ohne Übertreibung.* [...] Über Deine Gesundheit, mein Engel, schreibst Du nichts, dabei bist Du mein Augapfel, Du bist mir wert erstens als Mutter der Kinder, zweitens als meine Frau und drittens als mein kostbarster Schatz, der nicht seinesgleichen hat trotz deiner schrecklich vielen Mängel: das fehlende Zutrauen zu mir, das Unvermögen, mich in meiner Liebe zu Dir einzuschätzen, und die Nerven – die Nerven und nochmals die Nerven, nicht besser als meine. Und trotzdem bin ich in Euch verliebt (das ist durchaus kein Scherz), und Ihr seid meine Herrin und Gebieterin auf ewig, das bekenne ich mit allem Nachdruck.

[...] Fedja sagt, ohne mich sei alles schlecht, das glaube ich, allein Anetschka ist gut, aber um die Küche kümmert sie sich doch nicht gern. Dein Traum hat mich sehr überrascht, das bedeutet, Du hast Alpträume. Geb's Gott, dass der Traum etwas Gutes bedeutet. – Endlich reist Anna Iwanowna ab, es wird höchste Zeit! Aber auch die Jaclards, und dann bist Du allein. Deine ganze Zerstreuung besteht darin, zu den Bädern zu gehen. Dass Du mir dort nichts *findest*, Täubchen. Finde Gesundheit und sonst nichts, das würde mich unglaublich freuen. Du wolltest anscheinend etwas über Jaclard bemerken: Hat er wirklich ein Auge auf die Rochel geworfen? Das ist eben französischer Geschmack, doch wie denkt Anna Wassiljewna darüber?

Ich wollte den Kinderchen ein eigenes Briefchen schreiben, komme aber nicht dazu. Wenn ich die Arbeit abgeschickt habe, tue ich es. Lilitschka schreibt sehr lieb, alle ihre Briefe hebe ich auf und küsse sie immer.

[...] Ich befürchte ständig einen Anfall. Mein Engel, Du

schreibst mir einen lieben Zusatz, dass ich Dir oft im Traum erscheine usw. Ich aber träume von Dir mehr im wachen Zustand. Ich sitze da und trinke Kaffee oder Tee und denke nur an Dich, aber nicht allein in dieser einen, sondern in jeglicher Hinsicht. Und da bin ich zu der Überzeugung gelangt, Anja, dass ich Dich nicht nur liebe, sondern auch in Dich verliebt bin und dass Du allein meine Herrin bist, und das nach 12 Jahren! Und im *irdischsten* Sinn gesprochen, ist es auch so, obwohl Du Dich natürlich verändert hast und älter geworden bist, seit ich Dich als Neunzehnjährige kennenlernte. Aber jetzt, ob Du es glaubst oder nicht, gefällst Du mir auch in dieser Hinsicht *unvergleichlich* besser als damals. Das mag unwahrscheinlich klingen, aber es ist so. Zwar bist Du erst 32, und da ist eine Frau in der Blüte der Jahre [fünf Zeilen gestrichen] – das zieht einen Mann wie mich unwiderstehlich an. Wenn Du dazu noch ganz aufrichtig wärst, wäre alles vollkommen. Ich küsse Dich jeden Augenblick in meinen Träumen, *ganz, jeden Augenblick* leidenschaftlich. Besonders liebe ich das, worüber es heißt: Und von selbigem reizenden Etwas ist er entzückt und berauscht.

Dieses Etwas küsse ich jeden Augenblick auf jegliche Weise und will ich mein Leben lang küssen. Anetschka, Täubchen, niemals, unter gar keinen Umständen kann ich in dieser Hinsicht von Dir, meiner entzückenden Verwöhnerin, lassen, denn es ist ja nicht allein das Verwöhnen, sondern auch die Bereitschaft, der Zauber und die intime Offenheit, mit der ich dieses Verwöhnen von Dir empfange. Auf Wiedersehen, ich habe mich zu wer weiß was verstiegen, ich umarme und küsse Dich leidenschaftlich.

Dostojewski

Die Kinderchen küsse und segne ich. Ach, Anja, mir ist ja so trist, so trist. An alle einen Gruß. Schreib fortlaufend, wie jetzt, jeden dritten Tag. Nochmals küsse ich Euch alle drei.

Nach Staraja Russa

Ems, Dienstag, 7./19. August 1879

Heute, mein Engel, erhielt ich Deinen Brief vom 2. August, für den ich Dir vielmals danke. Auf den nächsten Brief muss ich jetzt also bis Freitag warten. Übrigens bist Du gekränkt, weil ich geschrieben habe, dass ich »keinen dränge«, aber ich wollte Dich nicht im Geringsten kränken, das schwöre ich Dir, meine Herzensfreundin Anetschka, meine liebe, hübsche kleine Frau (nein, nicht hübsche, sondern meine Schöne, jawohl!). Alle Nachrichten über Dich und die Kinder lese ich immer mit Wonne. Zumindest an dem Tag, da ein Brief von Dir kommt, bin ich stets ruhiger Euretwegen. Also habt Ihr mit den Bädern begonnen, nimm unbedingt mindestens zwanzig. Und Nil ist nicht aufgeschoben. Nun gut, aber wenn Ihr nach dem 20. fahrt, dann werdet Ihr vielleicht mit Kälte und schon mit Herbstregen rechnen müssen, das macht mir Sorge. Außerdem: Wenn ich plötzlich zum 1. oder 2. September nach Staraja Russa zurückkehre und Euch nicht zu Hause antreffe, das wäre ja reizend! Ich beabsichtige, genau in diesen Tagen zurückzukommen, denn am 28. August (nach unserem Kalender) dauert meine Kur 5 Wochen, also genau so lange wie nötig, und länger als 5 Wochen bleibe ich nicht. – Du schreibst, dass bei Euch einmal Sturm war und Du angekleidet geschlafen hast, sogar mit Schuhen, aber warum hast Du denn solche Angst? Damit und weil Du nachts *zu oft* aufstehst, um nach den Kindern zu sehen, verdirbst Du Dir den

Schlaf und ruinierst Deine Gesundheit. (Und vor allem *magerst Du ab.*) Ich danke Dir für Dein Versprechen, das Geld bald zu schicken, glaub mir, ich sitze da und rechne fortwährend, und stell Dir vor, nach meiner Berechnung kann ich von den gesamten 700 Rubeln nicht nur nichts wieder mit nach Hause bringen, es bleibt nicht einmal ein Rest, um den Kindern wie in den vergangenen Jahren etwas mitzubringen. […] Alles ist hier gegenüber früher wahnsinnig teuer geworden außer vielleicht der Post: Heute, am 7. August, habe ich endlich ein ganz dickes Paket an Ljubimow abgeschickt, d. h. den Roman für Monat August von 53 Halbbogen, sie verlangten für *recommandirt** nur 2 Mark 25 Pfennig, und ich hatte gedacht, es würde bestimmt 5 Mark kosten. Mit dem, was ich abgeschickt habe, bin ich, scheint mir, zufrieden (d. h. mit der Arbeit), es wird eine sehr gute Sache. Zudem sind es nicht nur 3 Druckbogen, sondern fast noch mehr, also für etwa 1000 Rubel. […]

Mein Engel, gib den Kindern weiter Unterricht – wenn nur Fedja möglichst schnell lesen lernt. Und zu meiner Ankunft sollen sie ein Gebet lernen, z. B. das Glaubensbekenntnis, zumindest Lilitschka.

Also hat Jaclard ein Auge auf die Rochel geworfen – sieh an! Du schreibst, dass Du Wodka trinkst, und ich wollte gerade schreiben, Du sollst mehr trinken. Ich trinke keinen Wodka, und die Arsenlösung, die ich 6 Monate hintereinander getrunken habe, nehme ich nicht mehr, indes kommt es mir so vor, als sei ich hier physisch stärker geworden, von der Kur natürlich. Ich gehe 8 Werst am Tag (keinesfalls weniger) und verspüre keine Müdigkeit, Appetit habe ich auch. Aber der Husten ist wie vorher, besonders in den letzten drei Tagen. Die ganzen drei Tage hatten wir Regen und eine schreckliche Feuchtigkeit in unserer elenden Schlucht, heute zeigte sich zum ersten Mal wieder die Sonne. Ach, mein Täubchen, die Landschaft hier ist entzückend, aber wenn Du wüsstest, wie sie mich anödet und wie ich sie hasse! Wie es aussieht, beginnt hier schon die allgemeine Abreise […], meine Nachbarn fahren nächste Woche, und ich werde die Wohnung nicht wechseln. Die Musik hier ist zwar gut, aber man gibt selten Beethoven, Mozart, sondern andauernd Wagner (eine höchst langweilige deutsche Kanaille, trotz seines Ruhms) und allen möglichen Klimbim. Du schreibst, dass Du von meinem Kneifen einen blauen Fleck bekommen hast, aber ich habe Dich aus Liebe gekniffen, und da meine Liebe hier gewachsen ist, verspreche ich Dir, Dich auch in Zukunft zu kneifen, bis ich Dich nicht mehr liebe. Du, mein Engel: Du schreibst, Du stelltest Dir vor, was ich jetzt mache und woran ich denke. Mein Täubchen, zu $^{9}/_{10}$ an Dich, ich sehe Dich immer vor mir. In Gedanken küsse ich Dich jeden Augenblick, ich küsse auch das, wovon ich »entzückt und berauscht« bin. Ach, wie ich Dich küsse, wie ich küsse! Anka, sag nicht, das sei grob, und was soll ich machen, so bin ich, Du darfst mich nicht verurteilen. Du selbst [ein Wort durchgestrichen], Du mein Licht, und ich hoffe nur, dass Du das alles bis in die letzte Feinheit verstehst. Auf Wiedersehen, mein Engel (ach, wenn wir uns doch bald, bald wiedersähen!). Ich küsse Deine Zehen, dann Deine Lippen, dann wieder [ein Wort durchgestrichen].

Ganz Dein Dostojewski

Du bist für mich eine Schönheit, eine Schönheit, und Du bist tatsächlich eine Schönheit, für alle eine Schönheit.

Die Kinderchen segne und küsse ich. – An alle einen Gruß.

Nach Ems

Staraja Russa, Mittwoch, 8. August 1879

Gerade hatte ich vorgestern, am Montag, den Brief an Dich abgeschickt, mein lieber, teurer, bester Feditschka, da erhielt ich am Abend auch einen Brief von Dir. Ich danke Dir dafür und für die lieben, reizenden Worte, aber noch mehr für Deine Gefühle. Dass der Brief aufrichtig ist, daran zweifle ich nicht, denn ich kenne meinen lieben Feditschka. Deine »Königin« küsst und umarmt Dich leidenschaftlich, und noch leidenschaftlicher liebt sie Dich. Nun, wie geht es Dir gesundheitlich, erholst Du Dich? Hustest Du weniger? Du glaubst nicht, wie ungeduldig ich die Nachricht erwarte, dass es Dir besser geht. Wir sind Gott sei Dank alle gesund und benehmen uns gut. Nur eines ist schlecht: Wir sind auf den Gedanken verfallen, Türen und Fenster zu streichen, und glaub mir, da haben wir uns etwas Schreckliches aufgehalst: eine fürchterliche Schmiererei, und der Geruch! Wir mussten nach unten umziehen, nun wohnen wir drei Tage unten. Du glaubst nicht, wie satt ich es habe, meinen Soldaten zu bewachen und andauernd aufzupassen, dass ich mich nicht irgendwo schmutzig mache. Nur gut, dass Du nicht da bist, Du Armer würdest hier Qualen ausstehen. Nein, lieber nicht renovieren, als es zu tun, wenn man zu Hause ist. Dabei haben wir noch eine Woche Arbeit, denn ich will die Decken und Wände weißen und tapezieren. Das Wetter bei uns ist sehr schön, und die Kinder gehen regelmäßig zu den Bädern, acht haben sie schon genommen. […]

Es fällt mir sehr schwer, Dir eine traurige Nachricht zu übermitteln. Gestern erhielt ich ein Telegramm von F. M. Dostojewski, dass Emilia Fjodorowna verstorben ist. Sie starb am 6. August und wird heute, am 8., begraben. Offensichtlich wissen sie nicht, dass Du im Ausland weilst, da sie Dich zur Beerdigung einladen. Ich bin natürlich nicht hingefahren. Und selbst wenn Du hier gewesen wärst, wärst Du nicht rechtzeitig zur Beerdigung gekommen, denn das Telegramm traf erst nach Abfahrt des Zuges ein. Die arme Emilia Fjodorowna, das tut mir sehr leid. Sei nicht traurig, mein Täubchen, ich bitte Dich. Ich wollte es Dir erst gar nicht sagen, aber vielleicht möchtest Du ihnen schreiben. Ich schicke morgen einen Beileidsbrief an Fjodor Michailowitsch. Bitte, mein Lieber, sei nicht betrübt und traure nicht allzu sehr um sie, das schadet Dir, Du aber musst Dich für uns schonen. Ich küsse und umarme Dich leidenschaftlich und bitte Dich, mich zu lieben, Deine törichte kleine Frau, die jedoch ganz vernarrt ist in Dich. Wir küssen Dich noch 100 000 000 000-mal. Deine Anja, Fedja, Lilja.

Mein lieber und teurer Papa, wie geht es mit deiner Gesundheit ich habe dich sehr lieb etwas neues weis ich dir nicht zu berichten nur das bei uns die Fenster gestrichen werden. Ich küsse dich mein allerbester Papotschka deine Ljuba.

Ich schreibe wieder am Sonnabend, dem 11., der Brief geht dann am 12. August ab.

Nach Staraja Russa

Ems, Freitag, 10./22. August 1879

Deinen Brief vom 5. August habe ich erhalten. Ich danke Dir vielmals dafür, aber mir ist hier derart trist zumute, dass mich auch Briefe nicht mehr aufheitern können. Hinzu kommt der Gedanke, dass dies vor fünf Tagen geschrieben ist, inzwischen aber, bis zu diesem Zeitpunkt, Gott weiß was mit Euch geschehen sein kann, und deshalb freue ich mich zwar über den Brief, verliere mich aber weiter in unruhigen Mutmaßungen. Du, mein Täubchen, schreibst, Langeweile macht *nichts*: Ach, wie sehr Du Dich irrst. Diese Zwangsarbeit kann ich kaum noch ertragen; wenn ich früher in Ems war, fanden sich jedes Mal irgendwelche russischen Bekannten – diesmal aber keinen einzigen, nur lauter widerliche [...] Visagen und nichts als Schweigen und Einsamkeit. Selbst die Musik ist miserabel: der Kapellmeister spielt nur *seine* Walzer und irgendwelches höchst geschmackloses Zeug. Zu allem Übel finden sich auch im Lesesaal nur die »Moskowskije wedomosti«, die immer schrecklich verspätet ankommen, und der grässliche »Golos«, der mich nur in Wut bringt. Meine einzige Zerstreuung ist, den Kindern zuzusehen, von denen es hier viele gibt, und mich mit ihnen zu unterhalten. Aber auch da sehe ich Übles: Heute begegnete ich einem Kind, fünf Jahre, mit einer Schar anderer ist es auf dem Weg in die Schule, es drückt beim Gehen die Hände vor die Augen und weint. Ich frage, was mit ihm sei, und erfahre von vorüberkommenden Deutschen, es habe bereits seit einem Monat eine Augenentzündung (eine schlimme Qual), aber sein Vater, ein Schuster, *wolle* es *nicht* zum Doktor bringen, um nicht die paar Pfennige für Medizin ausgeben zu müssen. Das hat mich schrecklich aufgebracht, und überhaupt bin ich nervös und sehr verdrießlich. Nein, Anja, Langeweile ist nicht nichts. Bei Langeweile ist auch die Arbeit eine Qual. Da ist Zwangsarbeit noch besser, nein, die Zwangsarbeit war besser! Du lachst, Du hast es gut.

[...] Du schreibst, es habe bald ein Ende, dabei ist morgen erst *die Hälfte* meiner Kur hier um, und es bleibt noch die ganze zweite Hälfte. Die Visagen und Fratzen im Bad, besonders die weiblichen, [...] und die Menschenmenge und das Gedränge – weiß der Teufel, was das ist! Und dafür musste ich 700 Rubel ausgeben! Der einzige Trost ist die Hoffnung, dass der Brunnen wirkt, da ich offenbar sehr gut darauf reagiere. Zu Kräften komme ich anscheinend, auch habe ich großen Appetit, aber der Magen verdaut schwer. Überall gibt es Stände mit Obst; wunderbare Pfirsiche, Weintrauben, Birnen, und alles recht billig, aber das alles ist mir verboten, nichts als Rindfleisch. Ich bekomme ein sättigendes, aber derbes Mittagessen. Fisch nur einmal die Woche. Höchst primitive Puddings jedes Mal und drei Fleischgerichte, und zumindest bei einem wird gemogelt. Zum Beispiel schickten sie mir ein deutsches Gericht: Gebratene dicke Schweineschwarte mit Fleisch daran. Damit beköstigt man hier das Dienstpersonal, und die Bedienstete sagte mir, ihr werde davon jedes Mal übel. Sie sagte es, weil ich mich einmal in ihrer Gegenwart übergeben musste. Das brachten sie mir oft, jedes Mal wurde mir übel, und einmal musste ich mich zu guter Letzt übergeben. Ich verbat mir, es weiterhin zu bringen. Und gestern schickten sie ein gebratenes Huhn. Ich fing an zu essen, und kannst Du Dir so einen Trick vorstellen: Sie hatten das Huhn genommen und das ganze Fleisch abgelöst, alles, bis zum letzten Atom, so dass die bloßen Knochen wie poliert waren, und dann alles mit der vorzüglich gebratenen Hühnerhaut bedeckt, so dass es wie ein ganzes Huhn aussah, doch kaum berührte man es mit der Gabel, da entdeckte man unter der Haut ein Gerippe. Ich verbat mir für die Zukunft ein solches deutsches Gericht, ebenso Eis: Wir haben 24 Grad im Schatten, das Mädchen bringt es aus dem Hotel Goedeke, von wo ich das Mittagessen kommen lasse, und trägt es 200 Schritt bis zu unserem Hôtel d'Alger. Dabei taut das Eis schon halb auf. Dann setze ich mich hin und esse die Suppe, den Braten, die Soße und sehe die ganze Zeit, wie das letzte bisschen Eis schmilzt. Am Ende bleibt davon nur noch säuerliches rotes Wasser.

Doch genug, der ganze Brief handelt nur von mir. Du wirst mich gewiss einen Egoisten nennen. – Das Wichtigste in Deinem Brief ist *Nil.* Schreiben werde ich Dir ohne Unterbrechung, aber ich fürchte, dass sich die Kinder unterwegs erkälten, denn Ihr habt ständig Regen und Kälte, Gott verhüte, dass etwas passiert. Den Kindern gib einen Kuss. Auch wenn ihr euch in Moskau trefft, wird aus der Teilung bestimmt nichts. Sollten wir nicht an Andrej Michailowitsch schreiben, er möge uns selbst nach bestem Gewissen (ich vertraue ihm) ein Stück Land auswählen? Im Übrigen weiß ich es nicht. Ich habe angefangen, am Roman weiterzuschreiben. Da Du recht *magere* Briefe schickst, werde auch ich diesmal meine Gefühle nicht äußern wie bisher, obwohl ich alles *bekräftige*, was ich vorher geschrieben habe. Ich liebe Dich mehr als Du mich, das steht fest. Auf Wiedersehen, ich umarme Dich innig und heiß, da ich Dich jede Nacht im Traum umarme.

Dein Dostojewski

Sag: Streicht der Maler etwa auch die Rahmen, und der wunderbare natürliche Eichenton verwandelt sich in gräulich weiße Farbe? Wie schade.

Die Kinderchen küsse und segne ich, jeden Tag segne ich sie und bete für sie. – Schone Deine Gesundheit, Gesundheit, Gesundheit. Sonst ruinierst Du auch Deine Nerven, und wie werden wir beide dann aussehen? An alle einen Gruß.

Wiederum und noch 1000-mal küsse ich Dich.

1000-mal kann man küssen. Jedoch zu schreiben, dass Du mich 100 000 000 000-mal küsst, wie Du schriebst – das ist schon eine offenkundige Lüge. Nullen zu setzen ist leicht, aber in Wirklichkeit?

Nicht um die 100 000 000 000 geht es [ein Wort durchgestrichen]. Du meine teure Anka.

Schreibe mir, schreib unbedingt. Denn wenn auch von Euch keine Briefe kommen – was wird dann aus mir? Nun habe ich Dir den Brief geschrieben, Dir mein Herz ausgeschüttet, und nun ist mir froher zumute. Am Tag vor der Abreise zu Nil wirst Du mir bestimmt schreiben, und ich werde natürlich Verständnis dafür haben, dass unterwegs das Schreiben unbequemer ist.

Sag den Kinderchen irgendetwas Liebes von mir. Ich denke immerzu an Aljoscha, hier gibt es sehr viele, die so aussehen wie er.

Schick doch die 100 Rubel, schieb es nicht auf. – Der Betrüger Puzykowitsch, er wird mir die 45 Mark nicht zurückgeben! Das fühle ich.

Nach Ems

Staraja Russa, Sonnabend, 11. August 1879

Mein lieber, teurer Papotschka, ich schreibe Dir, wie versprochen, am Sonnabend. Eigentlich hätte ich noch einen Tag warten und Dir morgen antworten sollen, wenn ich Deinen Brief erhalten habe (der morgen bestimmt kommt). Aber ich fürchte, Du würdest Dich dann wohl sorgen. Mein teurer Schatz, wie steht es um Deine Gesundheit, geht es Dir besser, das ist es, was mich beunruhigt. Hustest Du weniger? Schläfst Du gut? Im letzten Brief (vorgestern) hast Du gar nichts Tröstliches geschrieben und mich damit schrecklich betrübt. Geht es Dir denn auch jetzt nicht besser? Nur daran denke ich. Wir sind Gott sei Dank gesund und akklimatisiert. Die Kinder haben inzwischen 11 Bäder genommen, und Fedja bekam viel Ausschlag auf dem Rücken, Lilja dagegen überhaupt keinen. Das Wetter ist wunderbar, warm, ruhig, richtiger Sommer. Alles wäre gut, wenn wir uns nicht hätten einfallen lassen, das Haus zu renovieren. Glaub mir, mein Lieber, dieses Durcheinander macht mich einfach verrückt. Wir haben alle Türen und Fenster gestrichen (außen und innen), die Decken geweißt, die Treppe tapeziert, das Wohnzimmer mit Teerpappe abgedichtet und mit hübschen weißen Tapeten beklebt, und wir sehen, dass noch viel zu tun ist. Doch nun haben wir einmal angefangen und müssen auch weitermachen. Freilich meine ich jetzt, es wäre besser gewesen, gar nicht erst anzufangen, so viel Mühe kostet es und auch eine Menge Geld. Ich habe einen Soldaten für 70 Kopeken den Tag angestellt. Er ist ein fabelhafter Arbeiter, kommt um 5 Uhr früh und geht um 8 Uhr abends, schuftet für zwei, aber immer noch liegt viel Arbeit vor uns. Und dann – der Geruch im ganzen Haus, alle Sachen sind verstaut und verpackt, und wohnen tun wir unten. Ich habe das alles schrecklich satt und werde langsam wütend. Sonst aber hatte ich hier erstaunlich gute Nerven.

Gestern habe ich die versprochenen hundert Rubel an Dich abgeschickt, genauer hundertundeinen, weil man, wenn man 101 schickt, nur halb so viel bezahlt wie für 100 Rubel und ich damit 50 Kopeken sparte. Diesen Rubel hebe mir auf. Und überhaupt, mein Liebster, hüte das Geld wie Deinen Augapfel (ich vergesse immer, Dich wegen des Theaterglases auszuschimpfen, wie ich Dich kenne, hast Du sicher ein Heidengeld dafür bezahlt). Insgesamt ist es hier recht langweilig. [...] Morgen findet bei den Jaclards eine Theateraufführung statt: Sie wollen einige Fabeln von Krylow inszenieren. Die *Schauspieler: Lilja, Fedja, Jurik* und Anfissa. Auftreten werden sie in Papierkostümen, die unsere Kinder geklebt und geschnitten haben, dazu sind sie zwei

Tage hintereinander von den Bädern geradewegs zu den Jaclards gegangen. Selbst der kaltblütige Fedja, der den ganzen Sommer nirgends hingegangen ist, zeigte großes Interesse, geht zu den Jaclards und macht sich Sorgen um seine Rolle. Wie die Aufführung war, werde ich Dir dann beschreiben.

Ich danke Dir, mein Goldschatz, für Deine lieben, teuren Briefe. Sie erfreuen mich unsagbar. Ich liebe Dich wahnsinnig, mein Teurer, und mache mir große Vorwürfe, dass es bei uns manchmal etwas rau zugeht. Immer sind die Nerven schuld – immer sie. Dich aber liebe ich grenzenlos, ständig sehe ich Dich vor mir, und ich bin sehr stolz auf Dich. Stets habe ich den Eindruck, dass alle mich beneiden, und so ist es vielleicht auch. Nur vermag ich nicht auszusprechen, was ich fühle, und das tut mir leid. Du aber liebe mich, gib acht, mein Liebster, liebe mich. Ich küsse und umarme Dich heiß und bleibe Deine Dich innig liebende Anja.

Ich habe ständig wunderschöne Träume, fürchte mich aber, sie Dir zu erzählen, sonst schreibst Du noch Gott weiß was, und plötzlich liest es jemand, was dann?

Ein kleiner Held

Puschkin-Ehrung in Moskau
1880

Der Zyklus der Moskau-Briefe, in denen Dostojewski über die Einweihung des Puschkin-Denkmals und seine denkwürdige Rede im Juni 1880 berichtet, bildet ohne Zweifel einen Höhepunkt seiner Korrespondenz. In gewisser Weise ähneln diese Briefe den »Spieler-Briefen«, insbesondere in ihrer psychologischen Selbstanalyse.

Hier wird man hinter die Kulissen eines für die russische Geistesgeschichte denkwürdigen Ereignisses geführt, in dem sich die ideologisch-philosophischen Diskurse bündelten, die seit den 1830er Jahren ausgetragen wurden. Es handelte sich dabei nicht nur um die Fortführung des alten Streits zwischen denen, die sich am Westen orientierten, einerseits und den Slawophilen andererseits, sondern um die Klärung der Frage, welche Richtung Russland in Zukunft einschlagen solle und worin die weltgeschichtliche Bestimmung des russischen Volkes liege.

Dostojewski formulierte in der Puschkin-Rede den Leitgedanken seines gesamten Schaffens: Der russische Mensch, das russische Volk seien berufen, die Menschheit in Liebe zu einen, im Namen einer Brüderlichkeit, die der bürgerliche Individualismus in Westeuropa zerstört habe. Damit löste er einen wahren Furor enthusiastischer Begeisterung aus, der zur einer spontanen, zumindest kurzfristigen Versöhnung beider Lager führte.

1880

Nach Staraja Russa

Moskau, 23./24. Mai 1880

Meine liebste Freundin Anja, Du kannst Dir nicht vorstellen, wie mich unterwegs die Nachricht vom Ableben der Imperatorin getroffen hat (Friede ihrer Seele, bete für sie). Ich hörte es im Zug von Mitreisenden, gleich nachdem wir Nowgorod verlassen hatten. Sofort kam mir der Gedanke, dass die Puschkin-Feierlichkeiten nicht stattfinden können. Ich wollte sogar schon von Tschudowo zurückfahren, ließ es dann aber, weil ich unsicher war: Falls es keine Feierlichkeiten gibt, hört man, dann könnte das Denkmal auch ohne selbige eingeweiht werden, nur mit literarischen Veranstaltungen und Reden. Und erst am 23., als wir von Twer abfuhren, kaufte ich die »Moskowskije wedomosti« und las darin die Mitteilung des Generalgouverneurs Dolgoruki, dass der Monarch befohlen habe, die Enthüllung des Denkmals »auf einen anderen Zeitpunkt« zu verschieben. Also war meine Reise nach Moskau völlig zwecklos. Ich gedenke, am Dienstag, dem 28., früh um 9 Uhr abzureisen. Bis dahin werde ich wenigstens die Gelegenheit nutzen, wenn ich schon in Moskau bin, dies und jenes in Erfahrung zu bringen, werde Ljubimow sehen und mit ihm über die Hauptsache sprechen, auch Katkow, werde zu den Buchhändlern gehen u. a. Wenn ich es nur zeitlich schaffe. Schließlich werde ich auch etwas über die literarischen Intrigen herausbekommen. Anna Nikolajewna und ich haben uns in Tschudowo mit innigen Küssen verabschiedet. Sie versprach, so bald wie möglich zurückzukehren. Der Tag war heiß. Ich habe buchstäblich gar nicht geschlafen und erreichte Moskau müde und ganz zerschlagen gegen 10 Uhr Moskauer Zeit. Im Bahnhof wurde ich von Jurjew, Lawrow und der gesamten Redaktion sowie den Mitarbeitern der »Russkaja mysl« (Nikolai Aksakow, Barsow und etwa 10 anderen Personen) feierlich empfangen. Ich machte mich mit allen bekannt. Sie luden mich sogleich zu Lawrow zu einem eigens vorbereiteten Abendbrot ein. Aber ich war so erschöpft von der Reise, so ungewaschen, in schmutziger Wäsche usw., dass ich ablehnte. Morgen, am 24., fahre ich um zwei Uhr zu Jurjew. Lawrow sagte, das beste und komfortabelste Hotel in Moskau sei das Loskutnaja (in der Twerskaja, gleich neben dem Platz, wo die Iwerskaja Gottesmutter ist); er rannte sofort los und brachte einen Kutscher, angeblich einen Droschkenkutscher, doch das war er anscheinend nicht, sondern vermutlich sein eigener Kutscher. Er fuhr mich zum Hotel, wollte aber er kein Geld nehmen, doch nötigte ich ihm 70 Kopeken auf. Im Hotel Loskutnaja war alles besetzt, doch für mich fand sich ein Zimmer zu 3 Rubel, sehr ordentlich möbliert, allerdings gehen die Fenster auf den Hof und auf eine Mauer, so dass es vermutlich recht dunkel ist. – Ich ahne, dass mein Aufsatz vorläufig nicht gedruckt wird, denn es wäre seltsam, ihn jetzt zu drucken. Also wird sich die Reise vorerst nicht rentieren. Jetzt haben wir es schon ein Uhr nachts. Sehr schwer ist es ohne Euch drei, ohne Dich und ohne die lieben Kinderchen.

Ich küsse Euch alle innig, Dich zuerst und danach Lilja und Fedja. Gib ihnen von mir einen herzhaften Kuss und sag ihnen, dass ich sie schrecklich lieb habe. Von den Buchhändlern werde ich bei der *Kürze der Zeit* wahrscheinlich nichts erhalten, denn in 2 Tagen schaffen sie es nicht. Nun, auf Wiedersehen. Ich weiß nicht, ob ich von Dir ein Briefchen erhalte. Schreib auf den Namen Jelena Pawlownas. Ich nehme jedoch an, dass Du mir auf diesen Brief nicht wirst antworten können, denn ich bekäme die Antwort nicht vor dem 29., doch am 29. will ich schon in Russa sein. Wenn Du nur selbst auf den Gedanken kämst, an Jelena Pawlowna zu schreiben, wäre es herrlich. Sollte irgendein Unglück geschehen (was Gott verhüte), dann telegraphiere mir ins Hotel Loskutnaja in der Twerskaja, an F. M. Dostojewski, ich habe Zimmer Nr. 32.

Noch einmal umarme ich alle drei und küsse Euch innig.

Dein F. Dostojewski

Nach Moskau

Staraja Russa, 24. Mai 1880

Lieber Fjodor Michailowitsch, wir sind Gott sei Dank alle gesund und erwarten Dich zurück, da die Denkmalsenthüllung verschoben ist. Die Kinder lassen Dich grüßen und küssen Dich.

Deine Anja

Nach Staraja Russa
Moskau, 25./26. Mai 1880

Hotel Loskutnaja in der Twerskaja

Meine liebste Freundin Anja, hier noch ein Brief an Dich (ich schreibe um 2 Uhr nachts). Vielleicht erreicht er Dich erst nach meiner Ankunft (da ich trotz allem die Absicht habe, am Dienstag, dem 27., abzureisen), doch schreibe ich Dir *für alle Fälle*, denn die Dinge gestalten sich so, dass ich vielleicht noch eine Zeit lang bleibe. Aber der Reihe nach. Heute, am 25., um 5 Uhr, wurde ich von Lawrow und Nik. Aksakow abgeholt und mit der eigenen Kutsche in die Ermitage gebracht. Sie waren im Gehrock, und auch ich trug einen Gehrock, obwohl das Essen, wie sich zeigte, eigens mir zu Ehren gegeben wurde. In der Ermitage erwarteten uns schon Literaten, Professoren und Gelehrte, insgesamt 22 Personen. Jurjew erklärte mir bei den ersten Worten, bei der *feierlichen* Begrüßung, dass viele brennend gern an dem Essen teilgenommen hätten und, wäre wenigstens noch ein Tag länger Zeit gewesen, sich Hunderte von Gästen versammelt hätten, aber man hätte es in aller Eile arrangiert und fürchtete deshalb, wenn die vielen anderen es erführen, würde man von ihnen Vorwürfe zu hören bekommen, weil sie nicht eingeladen wurden. Anwesend waren vier Professoren der Universität, ein Gymnasialdirektor Poliwanow (Freund der Familie Puschkin), Iwan Sergejewitsch Aksakow, Nikolai Aksakow, Nikolai Rubinstein (der Moskauer) u. a. m. Das Essen war sehr luxuriös arrangiert. Man hatte einen ganzen Saal gemietet (was nicht wenig kostete). Es gab Störrücken von anderthalb Arschin Länge, anderthalb Arschin langen gekochten Sterlet, Schildkrötensuppe, Erdbeeren, Wachteln, wunderbaren Spargel, Eis; die erlesensten Weine und Champagner flossen in Strömen. Sechs Reden wurden auf mich gehalten (wobei man sich von den Plätzen erhob), manche waren sehr lang. Es sprachen Jurjew, die beiden Aksakows, 3 Professoren, Nikolai Rubinstein. Während des Essens trafen zwei Grußtelegramme ein, eins von einem hochgeachteten Professor, der plötzlich aus Moskau hatte abreisen müssen. Gesprochen wurde von meiner »großen« Bedeutung als Künstler von »allumfassendem Mitgefühl«, als Publizist und Russe. Dann folgten unzählige Trinksprüche, bei denen sich alle erhoben und herantraten, um mit mir anzustoßen. Die weiteren Einzelheiten beim Wiedersehen. Alle waren überschwänglich begeistert. Ich antwortete mit einer recht gelungenen Rede, die eine große Wirkung ausübte und in der ich auf Puschkin einging. Das machte starken Eindruck. – Jetzt eine unerträgliche und schwierige Sache: Heute war eine Deputation der Freunde der russischen Literatur bei Fürst Dolgoruki, der erklärte, die Denkmalsenthüllung werde zwischen dem 1. und 5. Juni erfolgen. Ein genaues Datum nannte er jedoch nicht. Nun sind alle begeistert. »Die Schriftsteller«, sagen sie, »und einige Deputationen werden nicht abreisen, zwar werden keine Konzerte und Theatervorstellungen stattfinden, aber doch die Sitzungen der Freunde der Literatur, Reden und Festessen.« Als ich erklärte, ich wolle am 27. abreisen, erhoben sich entschiedene Stimmen: »Wir lassen Sie nicht fort!« Poliwanow (der der Kommission zur Denkmalsenthüllung angehört), Jurjew und Aksakow erklärten laut, ganz Moskau nehme Karten für die Veranstaltungen, und alle, die Karten (für die Sitzungen der Freunde der russischen Literatur) erwerben, stellten dabei die Frage (und schickten mehrmals, um sich zu erkundigen): *Wird Dostojewski lesen?* Und da sie nicht allen antworten könnten, in welcher Veranstaltung ich nun reden würde, in der ersten oder in der zweiten, kauften alle Karten für beide Veranstaltungen. »Ganz Moskau wird betrübt sein und sich über uns empören, wenn Sie abreisen«, sagten mir alle. Ich wollte mich darauf berufen, dass ich die »Karamasows« schreiben müsse; da schrien sie allen Ernstes nach einer Abordnung, die bei Katkow um eine Verschiebung meines Termins bitten sollte. Ich fing an, Du und die Kinder würden sich sorgen, wenn ich so lange fortbliebe, und schon schlugen sie vor (und es war überhaupt kein Scherz), Dir nicht nur ein Telegramm zu schicken, sondern sogar eine Deputation zu Dir nach Staraja Russa zu entsenden mit der Bitte, ich möge doch bleiben. Ich antwortete, ich würde mich morgen, d. h. am Montag, dem 26., entscheiden.

Jetzt sitze ich hier in furchtbarer Verlegenheit und Unruhe: Da ist einerseits die Festigung meines Einflusses nicht allein in Petersburg, sondern auch in Moskau, was viel bedeutet, andererseits die Trennung von Euch, die Schwierigkeiten wegen der »Karamasows«, die Geldausgaben usw. Und schließlich, meine »Puschkin-Rede« wird zwar jetzt ganz bestimmt gedruckt, aber wo – ich habe sie doch am Sonnabend Katkow *so gut wie* versprochen. Folglich werden die »Freunde« und Jurjew betrübt sein. Gebe ich sie aber ihnen, dann ist Katkow böse. Vorläufig gedenke ich unbedingt abzureisen, wenn nicht am 27., dann am 28. oder 29., sobald wir von Dolgoruki den *genauen* Termin für die Enthüllung erhalten haben. Vielleicht werde ich bis zum Eintreffen dieser Antwort warten müssen. Andererseits hat Dolgoruki nur *für sich selbst* gesprochen, denn bisher hat er aus Petersburg keinen genauen *Termin* erhalten (er fährt anscheinend selbst für mehrere Tage nach Petersburg), angenommen also, ich bliebe bis zum 5. Juni, plötzlich aber kommt der Befehl, es noch bis zum 10. oder bis zum 15. zu verschieben – sollte ich dann etwa die ganze Zeit warten? Morgen sage ich Jurjew, dass ich am 27. abreise, sollte ich aber doch bleiben, dann nur aufgrund bestimmter und ernst zu nehmender Umstände. Jedenfalls bin ich jetzt in schrecklicher Unruhe. Nach dem Mittagessen fuhr ich kurz zu Jelena Pawlowna, fand aber von Dir nichts vor. Natürlich ist es noch zu früh für einen Brief aus Russa, doch ob ich auch morgen nichts erhalten werde? [...]

NB: Ich wurde schon vor einem Jahr zum Mitglied der Gesellschaft der Freunde der russischen Literatur gewählt, doch hat mich der frühere Sekretär Bessonow aus Nachlässigkeit nicht von der Wahl benachrichtigt, wofür sie sich bei mir entschuldigten. Ich umarme Dich innig, meine Liebe, die Kinderchen küsse ich, nachts habe ich seltsame und bedeutungsvolle Träume.

Ganz Dein F. Dostojewski

Meine Rede war gut. Nochmals umarme ich Dich. Küsse die Kinderchen, erzähle ihnen von Papa.

Ganz Dein F. Dostojewski

PS: Ich gedenke trotzdem auf meiner Abreise am 27. zu bestehen, allerdings sollte die Rede in dem Fall vielleicht nicht gedruckt werden, denn sie hätte dann nicht die Bedeutung einer Rede, sondern eines Aufsatzes. Ich müsste sie bearbeiten.

Das Essen war derart erlesen, dass nach dem Mahl zu Kaffee und Likör zweihundert vorzügliche teure Zigarren gereicht wurden. Hier geht es anders zu als in Petersburg.

Nach Staraja Russa

Moskau, 27./28. Mai 1880
2 Uhr nachmittags
Hotel Loskutnaja, Zimmer Nr. 33

Meine liebste Freundin Anja, endlich erhielt ich von Dir gestern die 5 mit Bleistift geschriebenen Zeilen vom 24. Und am 27. abends treffen sie erst bei mir ein! Lange geht ein Brief. Ich habe mich schrecklich gefreut, war aber auch betrübt, dass es nur 5 Zeilen sind, und auch die beginnen mit »lieber Fjodor Michailowitsch«. Nun ja, sei's drum. Ich hoffe in Zukunft Besseres zu erhalten. Du weißt jetzt schon alles aus meinen Briefen: Ich werde wohl doch bis zur Enthüllung des Denkmals hierbleiben müssen.

Am Abend war ich bei Katkow. Nachdem er sich alles angehört hatte (er wusste auch schon von anderen, wie dringend »Moskau« mich erwartet), erklärte er entschieden, ich dürfe nicht abreisen. Morgen kommt das Telegramm von Dolgoruki mit dem genauen Termin für die Enthüllung. Alle sprechen vom 4. Wenn die Enthüllung am 4. stattfindet, dann reise ich wahrscheinlich am 8. ab (wenn nicht sogar schon am 7.) und bin am 9. in Russa. Zu Katkow war ich gefahren, um einen Aufschub für die »Karamasows« bis zum Juliheft zu erhalten. Er hörte sich alles sehr freundschaftlich an (überhaupt war er überaus freundlich und liebenswürdig zu mir wie nie zuvor), doch über den Aufschub sagte er nichts Genaues. Alles hängt von Markewitsch ab, d. h., ob er die Fortsetzung seines Romans schickt. Ich erzählte Katkow von meiner Bekanntschaft mit der hohen Persönlichkeit bei Gräfin Mengden und dann bei K. K. Er war angenehm überrascht, sein Gesicht bekam einen ganz anderen Ausdruck. Diesmal habe ich bei ihm keinen Tee verschüttet, dafür bewirtete er mich mit teuren Zigarren. Beim Abschied begleitete er mich ins Vorzimmer, zum Erstaunen der ganzen Redaktion, die aus dem anderen Zimmer alles sah, denn Katkow kommt nie heraus, um jemanden zu verabschieden. Überhaupt denke ich, dass sich die Sache mit dem »Russki westnik« irgendwie regeln wird. Den Artikel über Puschkin habe ich mit keinem Wort erwähnt. Vielleicht vergessen sie ihn, so dass ich ihn Jurjew geben kann, von dem ich bestimmt mehr Geld bekomme. Ich träume sogar davon, bis zum 8. ein wenig Zeit zu finden, um mich hier für alle Fälle an die »Karamasows« zu setzen, allerdings wird es wohl kaum möglich sein. – Wenn meine Rede auf der Festversammlung ein Erfolg wird, dann werde ich künftig in Moskau (und folglich auch in Russland) als Schriftsteller bekannter sein (im Sinne der schon von

Turgenjew und Tolstoi erkämpften Größe. Gontscharow z. B., der Petersburg nie verlässt, kennt man hier zwar, aber nur aus der Ferne und mit einiger Kühle.) – Doch wie werde ich diese Zeit ohne Dich und die Kinder durchstehen? Ganze 12 Tage sind schließlich keine Kleinigkeit, ich sitze da und träume von den Kinderchen, und immer bin ich traurig. Ist Großmutter zurückgekehrt? Wie geht es Dir so allein, hast Du auch keine Angst, regst Du Dich nicht auf? Ich bitte Dich sehr, schreib öfter, und sollte, was Gott verhüte, etwas geschehen, dann telegraphiere sofort. [...] Nun, auf Wiedersehen. Ich habe wohl alles Nötige geschrieben. Falls es morgen etwas Neues gibt, schreibe ich auch morgen, falls nicht, dann übermorgen. Auch Katkow bestätigte, dass es heiße, Lew Tolstoi habe völlig den Verstand verloren. Jurjew wollte mich überreden, zu ihm nach Jasnaja Poljana zu fahren: Alles in allem sind es hin und zurück mit dem Aufenthalt nicht einmal zwei Tage. Aber ich werde nicht fahren, obwohl es sehr interessant wäre. Heute war ich extra im Moskauer Gasthof essen, um die Rechnung im Loskutnaja zu verringern. Aber dann dachte ich mir, dass das Hotel Loskutnaja der Duma vielleicht trotzdem ein tägliches Mittagessen für mich auf die Rechnung setzt. Im Loskutnaja sind sie ausnehmend höflich, kein einziger Brief von Dir wird verloren gehen, und da ich das Hotel jetzt auf keinen Fall mehr wechseln werde, kannst Du Deine Briefe an mich getrost direkt ins Loskutnaja adressieren. Auf Wiedersehen, ich küsse Euch, »liebe Anna Grigorjewna«. Umarme die Kinderchen ganz fest und innig, sag, Papa habe es so befohlen.

Ganz Dein F. Dostojewski

Die Kinder von Jelena Pawlowna sind bei ihr und sehr lieb.

Nach Moskau

Staraja Russa, 31. Mai 1880

Mein lieber Papotschka, ich habe Deinen Brief mit »liebe Anna Grigorjewna« erhalten und war schrecklich unzufrieden mit Dir: Bedenke, ich schrieb »lieber Fjodor Michailowitsch« aus Furcht, dass mein Brief in fremde Hände gerät, Du aber hattest keine solche Rechtfertigung. Und überhaupt, mein Lieber, bemerke ich in Deinen Briefen eine offenkundige Kühle mir gegenüber. Doch genug von Gefühlen, sonst wirst Du noch böse. Wir sind Gott sei Dank gesund, und uns passiert nichts. Traurig sind wir, weil Du nicht da bist, wir wollten uns schon zu Deinem Empfang rüsten, und nun wurde wieder alles verschoben. Bleib nur, sonst wird es wahrhaftig peinlich, wenn Du nicht zugegen bist. Aber ich bitte Dich, nicht allzu sehr zu prassen und vor allem nicht nach hübschen Damen zu schauen, was ich ganz und gar nicht mag. Die Kinder bitten, wieder etwas hinzuschreiben zu dürfen. Sie hören sehr aufmerksam zu, wenn ich Deine Briefe vorlese, aber Fedja glaubt nicht, dass Du erst am 9. kommst. Bei uns sind die Näschereien alle, Fedja hat wohl schon dreimal Deiner Schreibtischschublade einen Besuch abgestattet, um festzustellen, ob nicht von irgendwoher Näschereien aufgetaucht sind. Als wir gestern in den Zarengarten gingen, kauften wir unterwegs Pfefferkuchen. Fedja sagt ständig, Du sollst ihm die Stationen der Eisenbahn aufschreiben, aus irgendeinem Grunde hält er das für außerordentlich wichtig. Ich kann es ja hier aus dem Kalender herausschreiben, um ihm den Gefallen zu tun. Fedja ist ganz braun gebrannt. Abends liest er, und vorgestern haben wir den »Wij« ausgelesen. Es hat großen Eindruck gemacht. Auch die Geschichte von Iwan Nikiforowitsch haben wir gelesen. Ich weiß wirklich nicht, was ich Dir jetzt noch schreiben soll, so eintönig ist alles bei uns. Übrigens, das habe ich ganz vergessen: Am Tag nach Deiner Abreise, am 23. Mai früh, kam ein Telegramm an Dich von Pobedonoszew, dass die Puschkin-Feierlichkeiten abgesagt seien. Er dachte, Du seiest noch nicht weg, und wollte Dich benachrichtigen, damit Du nicht umsonst fährst. Das ist sehr liebenswürdig, besonders vonseiten eines solchen Würdenträgers.

[...] Nun auf Wiedersehen, mein Goldschatz, aber gib zu, dass Du ohne mich nicht leben kannst, ja? Ich jedenfalls gebe zu, dass ich es nicht kann und – leider! – stark unter Deinem Einfluss stehe. Ich umarme Dich fest und küsse Dich ganz zärtlich und bleibe Deine Dich liebende Anja nebst Lilja und Fedja. Sie wollten etwas hinzuschreiben, sind aber beide irgendwo hingerannt, deshalb werde ich nicht warten.

Nach Staraja Russa

Moskau, 2./3. Juni 1880
2 Uhr nachts
Hotel Loskutnaja, Zimmer Nr. 33

Meine liebste Freundin Anetschka, gestern Abend fuhr ich zu Jelena Pawlowna nach Deinem Brief und erhielt nichts, doch heute kamen von Dir zwei Briefe ins Loskutnaja, einer um 4 Uhr nachmittags, der andere abends. Mit einem Wort, im Loskutnaja kommt er offensichtlich eher an als bei Jelena Pawlowna. Wie bin ich froh, dass Ihr alle gesund seid und an mich denkt. Den Kinderchen einen herzhaften Kuss für ihre so schönen Zusätze, kauf ihnen unbedingt Naschwerk, hörst Du, Anja. Auch die Medizin verordnet den Kindern Süßigkeiten. – Zu Deiner Bemerkung, dass ich Dich wenig liebe, muss ich Dir sagen, sie ist dummissima: Ich denke immer nur an Dich und dazu an die Kinderchen. Auch im Traum sehe ich Dich. – Hier bei uns herrschte erneut ein Durcheinander. Gestern wurden die Feierlichkeiten plötzlich wieder verschoben, doch nun steht endgültig fest, dass die Enthüllung am 6. stattfindet. Kränze lässt die Duma zu 8 Rubel pro Stück anfertigen, ich brauche 2, werde sie morgen bestellen. Solotarjow ist nicht da. Der Zug aus Petersburg mit verschiedenen Deputierten zur Feier kommt erst übermorgen. – Jetzt weiter: Vorgestern Abend fand bei Turgenjew eine Beratung fast aller Beteiligten (mich ausgeschlossen) darüber statt, was gelesen wird, wie das Fest gestaltet wird u. a. m. Angeblich sind sie bei Turgenjew zufällig zusammengekommen. Das sagte mir Grigorowitsch gleichsam zum Trost. Natürlich wäre ich ohne offizielle Einladung von Turgenjew auch nicht hingegangen; aber der Einfaltspinsel Jurjew, den ich seit 4 Tagen nicht mehr gesehen habe, hatte sich mir gegenüber bereits verplappert, dass man sich bei Turgenjew versammeln werde. Wiskowatow hingegen sagte mir direkt, er habe schon vor drei Tagen eine Einladung erhalten. Folglich hat man mich einfach übergangen. (Natürlich nicht Jurjew, das ist das Werk von Turgenjew und Kowalewski, jener hat sich nur versteckt und lässt sich wahrscheinlich aus diesem Grund nicht bei mir blicken.) Und da kommen gestern früh, ich war gerade erst aufgewacht, Grigorowitsch und Wiskowatow und *teilen mir mit*, man habe bei Turgenjew das gesamte Programm der Feierlichkeiten und abendlichen Lesungen zusammengestellt. Und weil Musik sowie eine Aufführung des »Geizigen Ritters« (Darsteller: Samarin) gestattet worden seien, habe man mir die Lesung des Geizigen Ritters gestrichen, ebenso die Lesung der Verse auf Puschkins Tod (und gerade diese Verse hätte ich gern gelesen). Dafür wurde festgelegt, dass ich Puschkins Gedicht »Der Prophet« lese. Den »Propheten« werde ich vielleicht nicht ablehnen, aber hätte man mich nicht offiziell benachrichtigen können? Danach erklärte mir Grigorowitsch, ich werde gebeten, morgen in den Saal der Adelsversammlung (ganz in meiner Nähe) zu kommen, wo alles endgültig abgesprochen werde. Als sie gingen, kam Lopatin, der junge Mann, den Poliwanow (Vorsitzender der Kommission) abkommandiert hat, mich zu begleiten. Der erklärt im Gegenteil, alles sei bereits abgesprochen (das heißt, nach meiner Meinung wurde nicht gefragt), in die Adelsversammlung bäte man mich zur Generalprobe mit Publikum, insbesondere mit Zöglingen der Gymnasien (die Freistellen haben); die Probe werde vor allem für sie veranstaltet, damit auch sie die Lesungen hören können. Auf diese Weise befinde ich mich in einer äußerst heiklen Lage: Beschlossen wurde alles ohne mich, ich wurde nicht nach meinem Einverständnis mit der Lesung der mir *zugewiesenen* Werke gefragt, doch ich kann unmöglich der Probe fernbleiben und nicht für die Jugend lesen: dann würde es heißen, Dostojewski wolle nicht für die Jugend lesen. Überdies weiß ich überhaupt nicht, wie ich morgen erscheinen soll, ob im Frack, weil Publikum zugegen ist, oder im Gehrock. Ich war gestern sehr verärgert. Zu Mittag gegessen habe ich allein, am Abend fuhr ich zu Anna Nikolajewna, bei ihr war gerade ein Doktor (ein Bekannter, sogar Verwandter von ihr), ich blieb eine halbe Stunde, und sie brachten mich beide zum Hotel. Heute früh kamen wieder Grigorowitsch und Wiskowatow, und Grigorowitsch redete mir zu, mit ihnen beiden in der Ermitage zu essen und dann den Abend im Garten der Ermitage zu verbringen. Als sie gegangen waren, fuhr ich zu Katkow, den ich drei Tage nicht aufgesucht hatte. Bei ihm traf ich Ljubimow, der gerade einen Brief von

Markewitsch erhalten hatte mit der Zusage, den Roman für Juni zu liefern. So dass ich von dieser Seite jetzt beruhigt sein kann. Das ist sehr gut. […] – Dann fragte ich Katkow nach dem besten Zahnarzt hier, und er nannte mir Adelheim auf dem Kusnezki most mit der Bemerkung, ich solle diesem ausrichten, er, Katkow, habe mich geschickt. Der Bügel war nun *ganz* hinüber und hielt die Prothese nur noch gerade so. Ich fuhr zu Adelheim, der mir einen neuen für 5 Rubel machte. Von da kam ich nach Hause und fuhr mit Grigorowitsch und Wiskowatow in die Ermitage, wo wir für je einen Rubel zu Mittag aßen. Unterdessen begann es zu regnen. Sobald der Regen aufgehört hatte, gingen wir hinaus und nahmen zu dritt eine Pferdedroschke zum Garten der Ermitage. Unterwegs fing es erneut an zu regnen. Wir kamen nass im Garten an und bestellten im Restaurant Tee. Karten nahmen wir zu einem Rubel, sie galten auch für einen Besuch im Theater der Ermitage. Der Regen ließ nicht nach. Grigorowitsch erzählte verschiedene Lügengeschichten. Dann gingen wir ins Theater, bereits in den 2. Akt. Es lief die Oper »Paul et Virginie«; das Theater, das Orchester, die Sänger – alles nicht übel, nur die Musik ist schlecht (in Paris hatte sie mehrere hundert Aufführungen). Eine reizende Dekoration des dritten Aktes. Noch vor dem Ende gingen wir nach Hause. Ich fand bei mir im Loskutnaja Deinen 2. Brief vor. Wegen der morgigen Probe bin ich sehr aufgeregt. Grigorowitsch hat versprochen, mich abzuholen, damit wir zusammen hinfahren. Ich bin ein wenig nass geworden. Schon auf der Reise habe ich mir den linken Arm leicht verkühlt, und er schmerzt. Gestern früh fuhr ich zum Metropoliten Vikar Alexej und zu Nikolai (Japonski). Es war eine sehr angenehme Bekanntschaft. Ich blieb etwa eine Stunde, dann kam irgendeine Gräfin, und ich ging. Beide sprachen offenherzig mit mir. Sie erklärten, ich hätte ihnen mit meinem Besuch eine große Ehre erwiesen und sie glücklich gemacht. Meine Werke haben sie gelesen. Demnach wissen sie zu schätzen, wer für Gott eintritt. Alexej segnete mich andächtig. Er gab mir eine Hostie. – Auf Wiedersehen, Täubchen, wenn möglich, schreibe ich auch morgen. Ich liebe Dich sehr. Den Kinderchen gib einen herzhaften Kuss. Anna Nikolajewna meine tiefe Verbeugung, überdies küsse ihr an meiner statt die Hand. Ganz und ungeteilt Dein

F. Dostojewski

Nach Moskau

Staraja Russa, 5. Juni 1880

Ich schreibe Dir, wie versprochen, am 5. Juni, mein lieber, bester Feditschka, obwohl es wiederum nichts zu schreiben gibt, es sei denn über Gefühle. Wir sind gesund, und alles ist in Ordnung. Bei uns herrscht völlige Stille, wir sind jetzt damit beschäftigt, Großmutter für die Reise zu rüsten, deshalb heizen wir heute das Dampfbad. Aber vorher gehen wir zum Konzert und zu Rochel, um ihn herzubitten. Ich habe heute so viel an Dich gedacht; wie war es mit dem Stehen beim Gottesdienst, bist Du nicht sehr ermüdet, bedeutete es nicht eine Qual für Dich? Aber morgen und besonders übermorgen werde ich sehr aufgeregt sein, wie wirst Du lesen, wird es Dir gelingen, wirst Du Eindruck machen? Beschreibe unbedingt, hörst Du, unbedingt ausführlich, wie alles vor sich ging, d. h. bei Deiner Lesung: Bedenke, ich war nicht dabei, also gib mir das Gefühl, als wäre ich dabei gewesen. Sonst, mein Lieber, ist es sehr kränkend für mich, dass ich Deine Triumphe nicht miterlebe. Nichts wünschte ich mehr als den Triumph Eurer Partei und damit auch Deinen. Danach aber halte Dich bitte nicht lange auf und fahr am 8. früh um halb zehn ab. Wir kommen Dich am Montag abholen, lass uns nicht vergebens hingehen. Ich küsse und umarme Dich heiß und bleibe Deine Dich liebende Frau Anja.

Lieber Papotschka! Ich bin gesund. Komm bald wieder. Deine Ljuba.

Das hat sie gut angefangen, aber dann versagt. Hörst Du, mein teurer Schatz, beschreibe mir bitte Deine Sitzung bis in die kleinsten Einzelheiten. Ich lese Deine Briefe immer mehrere Male.

Nach Staraja Russa

Moskau, 5. Juni 1880
8 Uhr abends
Hotel Loskutnaja, Zimmer Nr. 33

Meine liebe Anjutka, soeben erhielt ich Dein liebes Briefchen vom 3. Juni, und ich will Dir schnell schreiben, so weit ich komme. Nein, Täubchen, erwarte jetzt keine langen Briefe, denn es wird mir kaum möglich sein, überhaupt Briefe zu schreiben. Buchstäblich die ganze Zeit, *jede Minute*, wird von nun an besetzt sein, und sie wird nicht einmal reichen, nicht für das Hiesige und schon gar nicht für Briefe. Der Reihe nach: Gestern früh waren ich, Suworin, seine Frau, Burenin und Grigorowitsch im Kreml, in der Rüstkammer, wir besichtigten alle Altertümer, gezeigt hat sie uns der Aufseher der Rüstkammer, Tschajew. Dann gingen wir in die Sakristei des Patriarchen. Als wir alles besichtigt hatten, nahmen wir in Testows Gasthaus einen Imbiss und blieben zum Mittagessen dort. Danach war ich auf einen Sprung bei Anna Nikolajewna Engelhardt und fuhr einige kleine Einkäufe erledigen. Hierauf begaben wir uns, wie vereinbart, in den Garten der Ermitage. Suworins, Grigorowitsch u. a. waren bereits da. Im Garten traf ich fast alle in diesen Tagen aus Petersburg angereisten Deputierten. Verschiedene Leute traten an mich heran, ich weiß gar nicht mehr, wer alles. [...] Plötzlich verbreitete sich die Nachricht, die Feier sei verschoben. Mitgebracht hatte das Gerücht Melnikow. Es war 11 Uhr, und ich fuhr zu Jurjew. Ihn traf ich nicht an, wohl aber seinen Sohn, und der überzeugte mich, dass es Unsinn sei. (So war es dann auch.) Zu Hause angekommen, ging ich daran, mich für die Abendlesung am 6. Juni vorzubereiten. Das, Anja, ist ein kühnes Unterfangen. Stell Dir vor, die Enthüllung des Denkmals findet am 6. statt, und ich bin ab 8 Uhr morgens auf den Beinen. Um zwei Uhr wird die Zeremonie zu Ende sein und der Akt in der Universität beginnen (aber bei Gott, ich werde nicht hingehen). Dann das Essen in der Duma, und am *selben Tag*, abends um 9 Uhr, muss ich, müde und erschöpft von dem vielen Essen und Trinken, den Pimen-Monolog lesen – der äußerst schwer vorzutragen ist und Ruhe und völlige Beherrschung des Sujets verlangt. Ich spüre, dass ich noch nicht bereit bin. Zudem bin ich fast zu Anfang an der Reihe – die ungünstigste Position. Ich habe bis 4 Uhr morgens gesessen, und heute gegen 10 Uhr weckt mich plötzlich Solotarjow, der endlich eingetroffen ist. Geschlafen habe ich nur 5½ Stunden. Nach ihm kam Fjodor Petrowitsch Kornilow, anschließend Lopatin mit den Kränzen (die Kränze kosten 14 und nicht 17 Rubel, aber ohne Schleifen). Die Schleifen habe ich Solotarjow aufgehalst, ebenso die morgigen Laufereien. Auf diese Weise werde ich also die 14 Rubel für die Kränze allein bezahlen. Allerdings werden Solotarjow die weiteren Accessoires nicht weniger kosten. Um 2 Uhr fuhren wir in die Duma, alle Deputationen (es sind an die 100) erschienen bei Prinz Oldenburgski und den anderen. Das Zeremoniell, die Hast, das Durcheinander will ich nicht weiter beschreiben, kann ich nicht beschreiben. Ich sah Puschkins Tochter (Nassauskaja) und sprach sogar mit ihr. Ostrowski trat an mich heran – der hiesige Jupiter. Liebenswürdig kam Turgenjew herbeigeeilt. Die anderen liberalen Parteien, unter ihnen Pleschtschejew und sogar der hinkende Jasykow, verhalten sich zurückhaltend und wie von oben herab, als wollten sie sagen: Du bist ein Reaktionär, wir aber sind Liberale. Im Grunde beginnt hier schon die ganze Zwietracht. Ich fürchte, man wird sich wegen der verschiedenen Richtungen in all diesen Tagen vielleicht in die Haare geraten. Die Geschichte mit Katkows Ausschluss von den Feierlichkeiten empört sehr viele. Ich kehrte nach Hause zurück und aß hier in der Hoffnung, von Dir ein Briefchen zu erhalten, Dir zu antworten, danach den Pimen und meinen Artikel durchzusehen, dann Hemd und Frack für morgen vorzubereiten und mich anschließend möglichst früh schlafen zu legen. Aber da erschien Gaideburow und gleich danach Maikow, dann noch Wiskowatow. Maikow war gekommen, um seine Verse vorzulesen. Ganz gut, er ist freundlich und schnuppert erst einmal, wie die Luft ist. Ich unterhielt mich ein wenig mit ihnen, schickte sie dann jedoch fort. Jetzt schreibe ich diese Zeilen an Dich zu Ende. Solotarjow kommt und kommt nicht, und diese [ein Wort durchgestrichen] Kränze liegen noch immer bei mir. Neulich früh war ich bei Warja. Morgen bin ich den ganzen Tag bis in die Nacht beschäftigt. Übermorgen ist die Sitzung der »Freunde«, doch auf dieser Sitzung werde ich nicht lesen, dann folgt ein Essen für etwa 500 Personen mit Reden und vielleicht auch mit Streiterei.

Danach, am 8. Juni früh, halte ich meine Rede in der Sitzung der »Freunde«, und abends auf der 2. Feier der »Freunde« lese ich unter anderen mehrere Gedichte von Puschkin, enden werde ich mit dem »Propheten«. Du schreibst, ich solle am 8. abreisen, aber ich mache erst am 9. die Visiten. Abreisen werde ich am 10., so dass ich am 11. eintreffe, und auch das nur, wenn sie mich nicht noch einen Tag aufhalten, was sehr leicht möglich ist. Aber dann gebe ich noch Bescheid. [...] – Auf Wiedersehen, Täubchen, natürlich habe ich 1000 Sachen nicht mehr schreiben können, was lässt sich schon in einem Brief unterbringen? Doch ich habe jetzt überhaupt keine Zeit zum Briefeschreiben! Auch bin ich in diesem Augenblick ganz erschöpft und entkräftet. Doch ich muss noch lange sitzen. Und wann soll ich mich ausschlafen? Ich umarme Dich ganz, ganz fest, die Kinderchen küsse ich vielmals und segne sie.

Ganz Euer F. Dostojewski

Über Liebe will ich nicht schreiben, denn Liebe besteht nicht in Worten, sondern in Taten. Wann werde ich zu meiner Arbeit kommen? Es ist höchste Zeit.

Wenigstens ein paar Zeilen werde ich trotzdem immer schreiben.

Nach Moskau

Staraja Russa, 6. Juni 1880

Endlich, endlich gab es auch bei uns ein Ereignis: Wir haben ein Fohlen gekauft. Das geschah ganz unerwartet: Großmutter hatte jedem Kind 2 Rubel geschenkt, und nachdem wir sie zur Eisenbahn gebracht hatten, bettelten die Kinder, wir sollten ein

Fohlen kaufen. Wir sahen uns um und kauften ein wunderhübsches Pferdchen für 3 Rubel. Nun erhob sich die wichtige Frage: Wie sollen wir es nennen? Lilja schlug vor, ihm den Namen Beguntschik zu geben, Fedja aber bestand darauf, es müsse Sultan, Bogdan, Botschonok heißen. Wir beschlossen, es »Bujny« zu nennen, aus dem eigenen Gestüt von Fjodor Fjodorowitsch Dostojewski. Die Begeisterung ist riesengroß: Jeden Augenblick gehen sie nachsehen, wie es frisst, was es macht usw.

Heute, am 6., ist Mama abgereist, und wir sind sehr betrübt. Jetzt musst Du möglichst schnell zurückkehren, sonst ist das Haus ganz ausgestorben. Wir sind alle gesund und am Leben, aber die Eintönigkeit bereitet uns Qualen, nicht einmal Du schreibst mehr: Gestern beispielsweise ist kein Brief von Dir gekommen. Ich fürchte, der Brief erreicht Dich nicht mehr, wenn Du auf meinen Rat gehört hast und am Sonntag, dem 8., abfährst.

Aber was ist das für ein Gerücht, die Feier sei auf den 6. verschoben? Ist das etwa wahr, und wir müssen uns weiter sehnen? Ich küsse und umarme Dich und bleibe Deine Dich liebende Frau Anja, Fedja und Lilja.

Wie lange Du schon in Moskau sitzt! Was wird aus Deiner Arbeit? Einfach schrecklich!

Nach Staraja Russa

Moskau, 7. Juni 1880, Mitternacht
Hotel Loskutnaja, Zimmer Nr. 33

Mein liebes, teures Täubchen Anja, ich schreibe Dir in aller Eile. Die Enthüllung des Denkmals hat gestern stattgefunden, aber wie das beschreiben? Hier würden auch 20 Blatt nicht ausreichen, und ich habe nicht eine Minute Zeit. Schon drei Nächte schlafe ich nur 5 Stunden, und diese Nacht wird es nicht anders. – Danach kam das Festessen mit den Reden. Dann die Lesung bei der literarischen Feier abends im Haus der Adelsversammlung, mit Musik. Ich las die Szene des Pimen. Trotz dieser unmöglichen Auswahl (denn Pimen kann doch nicht durch den ganzen Saal schreien) und obwohl die Lesung in einem Saal mit erbärmlicher Akustik stattfand, soll ich ausgezeichnet vorgetragen haben, allerdings sei es nicht gut zu hören gewesen. Das Publikum empfing mich wunderbar, ließ mich lange nicht zu Wort kommen, klatschte immer wieder, und nach der Lesung riefen sie mich dreimal heraus. Doch Turgenjew, der ganz miserabel las, wurde öfter herausgerufen als ich. Hinter den Kulissen (in einem riesigen dunklen Raum) bemerkte ich an die Hundert junge Leute, die in rasender Begeisterung schrien, als Turgenjew auftrat. Mir kam gleich der Gedanke, dass es Claqueure seien, eine von Kowalewski bestellte *claque.* So war es dann auch: Angesichts dieser claque weigerte sich Iwan Aksakow heute bei der Vormittagsveranstaltung, seine Rede nach Turgenjew zu halten (der in seiner Rede Puschkin herabsetzte, indem er ihm die Bedeutung eines Nationaldichters absprach), und erklärte mir, die Claqueure seien seit Langem vorbereitet und von Kowalewski eigens bestellt worden (allesamt Studenten von ihm und alles Westler), um Turgenjew als den Chef ihrer Richtung herauszustellen und uns herabzusetzen, wenn wir gegen sie vorgingen. Dessen ungeachtet war der Empfang, der mir gestern bereitet wurde, großartig, obwohl nur das Publikum im Parkett klatschte. Außerdem kamen Männer und Damen in Scharen zu mir hinter die Kulissen, um mir die Hand zu drücken. In der Pause ging ich durch den Saal, eine Unmenge Menschen, junge

Leute, Grauhaarige und Damen stürzten auf mich zu und sagten: »Sie sind unser Prophet, durch Sie sind wir bessere Menschen geworden, durch die Lektüre der ›Karamasows‹.« (Kurz, ich konnte mich von der kolossalen Bedeutung der »Karamasows« überzeugen.) Als ich heute aus der Vormittagssitzung kam, in der ich nicht gesprochen hatte, geschah das Gleiche. Auf der Treppe und vor der Garderobe hielten mich Männer, Damen usw. an. Nach dem gestrigen Festessen brachten mir zwei Damen Blumen. [...] Heute war das zweite Festessen, das literarische, mit rund zweihundert Leuten. Die Jugend begrüßte mich nach meiner Ankunft, bewirtete und umsorgte mich, man feierte mich in überschwänglichen Reden – und das noch vor dem Festessen. Während des Essens wurden viele Reden gehalten und Toasts ausgebracht. Ich wollte nicht reden, aber gegen Ende des Essens sprangen die Leute von den Plätzen auf und nötigten mich zu sprechen. Ich sagte nur ein paar Worte – ein Gebrüll der Begeisterung, buchstäblich ein Gebrüll. Danach, bereits in einem anderen Saal, wurde ich von einer dichten Menge umlagert, und es wurde viel und leidenschaftlich geredet (bei Kaffee und Zigarren). Als ich um ½ 10 Uhr aufbrach (zwei Drittel der Gäste waren noch da), begleiteten mich Hurrarufe, in die unwillkürlich auch diejenigen einstimmen mussten, die nicht mit mir sympathisieren. Danach stürmte die ganze Menge hinter mir die Treppe hinunter, alle folgten mir ohne Mantel, ohne Hut auf die Straße und setzten mich in die Droschke. Und plötzlich küssten sie mir die Hände – und nicht nur einer, sondern Dutzende Menschen, und nicht nur junge Leute, sondern auch grauhaarige alte Männer. Nein, Turgenjew hat nur Claqueure, meine Anhänger dagegen sind von echter Begeisterung beseelt. Maikow ist hier und hat alles mit angesehen, er wird sich wohl gewundert haben. Mehrere Unbekannte traten an mich heran und flüsterten, morgen auf der Vormittagslesung werde eine regelrechte Kabale gegen mich und Aksakow stattfinden. Morgen, am 8., ist mein entscheidender Tag: Früh lese ich den Artikel, und am Abend lese ich zweimal, die »Bärin« und den »Propheten«. Den »Propheten« möchte ich gut lesen. Wünsch es mir. Hier herrscht eine starke Bewegung und Erregung. Beim gestrigen Festessen in der Duma wagte Katkow eine lange Rede und erzielte immerhin einige Wirkung, zumindest bei einem Teil des Publikums. Kowalewski ist nach außen hin sehr liebenswürdig zu mir, und bei einem Toast nannte er unter anderen auch meinen Namen, desgleichen tat Turgenjew. Annenkow wollte sich bei mir einschmeicheln, doch ich wandte mich ab. Siehst Du, Anja, ich schreibe Dir, dabei ist die Rede noch nicht endgültig durchgesehen. Am 9. sind die Visiten, und ich muss mich endgültig entscheiden, wem ich die Rede gebe. Alles hängt von der Wirkung ab, die sie haben wird. Ich war sehr lange hier, Geld hat es genug gekostet, aber dafür ist ein Fundament für die Zukunft gelegt. Nun muss ich noch die Rede korrigieren, die Wäsche für morgen zurechtmachen. – Morgen ist mein eigentliches Debüt. Ich fürchte, ich werde nicht ausgeschlafen sein. Ich fürchte einen Anfall. – Die Zentrale Buchhandlung zahlt nicht, nichts zu machen. Auf Wiedersehen, Täubchen, ich umarme Dich, gib den Kinderchen einen Kuss. Am 10. werde ich wahrscheinlich abreisen und am 11. zur Nacht bei Euch eintreffen. Bereite Dich darauf vor. Ich umarme Euch alle innig und segne Euch.

Ewig und unwandelbar Dein F. Dostojewski

NB: Dieser Brief wird wohl der letzte sein.

Nach Staraja Russa

Moskau, 8. Juni 1880
8 Uhr abends
Hotel Loskutnaja, Zimmer Nr. 33

Meine liebe Anja, heute habe ich den gestrigen Brief, vom 7., an Dich abgeschickt, doch jetzt muss ich Dir unbedingt noch diese wenigen Zeilen schreiben, obwohl ich furchtbar abgespannt bin, seelisch und körperlich, und Du wirst diesen Brief vielleicht zusammen mit dem ersten bekommen. Heute Morgen habe ich meine Rede bei den »Freunden« gehalten. Der Saal war brechend voll. Nein, Anja, nein, Du kannst Dir nie und nimmer die Wirkung denken und vorstellen, die sie erzielt hat! Was sind dagegen meine Petersburger Erfolge! Nichts, *gar nichts*, im Vergleich zu diesem! Als ich heraustrat, dröhnte der Saal vom Beifall, und lange, sehr lange ließen sie mich nicht anfangen. Ich verbeugte mich, machte bittende Gesten, sie sollten mich doch lesen lassen – nichts half: Begeisterung, Enthusiasmus (alles wegen der »Karamasows«!). Endlich begann ich zu lesen: Sie unterbrachen mich wirklich bei jeder Seite, manchmal bei jedem Satz mit tosendem Beifall. Ich las laut, mit Feuer. Alles, was ich über Tatjana geschrieben habe, wurde mit Enthusiasmus aufgenommen. (Das ist der große Sieg unserer Idee über 25 Jahre Irrungen!) Aber als ich am Schluss die *weltweite Einigung* der Menschen verkündete, geriet der Saal nachgerade in Hysterie, und als ich geendet hatte – ich will Dir nicht von dem Gebrüll, von dem Begeisterungsgeheul erzählen: Einander fremde Menschen im Publikum weinten, schluchzten, umarmten sich und *schworen einander, besser zu werden, einander in Zukunft nicht mehr zu hassen, sondern zu lieben.* Der Sitzungsverlauf war gestört: alle stürzten zu mir auf die Bühne, grandes dames, Studentinnen, Staatssekretäre, Studenten – sie alle umarmten, küssten mich. Sämtliche Mitglieder unserer Gesellschaft, die auf der Bühne waren, umarmten und küssten mich, alle, buchstäblich alle weinten vor Begeisterung. Eine halbe Stunde lang rief man mich immer wieder heraus, sie winkten mit Tüchern, plötzlich halten mich zwei unbekannte alte Herren an: »Wir waren 20 Jahre lang verfeindet, sprachen nicht miteinander, jetzt aber haben wir uns umarmt und versöhnt. Sie sind es, der uns versöhnt hat. Sie sind unser Heiliger, Sie sind unser Prophet!« »Prophet, Prophet!«, schrie man in der Menge. Turgenjew, über den ich ein gutes Wort in meine Rede eingeflochten habe, stürzte auf mich zu und umarmte mich mit Tränen in den Augen, Annenkow eilte herbei, um mir die Hand zu drücken und mich auf die Schulter zu küssen. »Sie sind ein Genius, Sie sind mehr als ein Genius!«, sagten mir beide. Aksakow (Iwan) kam auf die Bühne und erklärte dem Publikum, meine Rede sei *nicht einfach eine Rede, sondern ein historisches Ereignis*! Eine Wolke hätte den Horizont verhüllt, und dann habe Dostojewskis Wort wie die aufgehende Sonne alles zerstreut, alles erhellt. Von nun an beginne die Brüderlichkeit, und es werde keine Zweifel mehr geben. »Ja, ja!«, riefen alle und umarmten sich erneut, und wieder gab es Tränen. Die Veranstaltung wurde vorerst geschlossen. Ich flüchtete mich in die Kulissen, aber schon drangen Menschen aus dem Saal, vornehmlich Frauen, auch dort ein. Sie küssten mir die Hände, setzten mir zu. Studenten kamen herbeigeeilt. Einer von ihnen fiel tränenüberströmt in Hysterie vor mir zu Boden und verlor das Bewusstsein. Ein vollkommener, ein uneingeschränkter Sieg! Jurjew (der Vorsitzende) läutete mit dem Glöckchen und erklärte, die Gesellschaft der Freunde der russischen Literatur habe mich einstimmig zu ihrem *Ehren*mitglied gewählt. Wieder Geheul und

Schreie. Nach fast einer Stunde Unterbrechung wurde die Veranstaltung fortgesetzt. Zuerst wollte niemand mehr lesen. Aksakow kam herein und erklärte, er werde seine Rede nicht halten, denn es sei alles gesagt, das große Wort unseres Genius – Dostojewski – habe alles erklärt. Aber wir brachten ihn gemeinsam dazu, dass er doch las. Während die Lesung weiterging, wurde ein Komplott geschmiedet. Ich fühlte mich abgespannt und wollte gerade wegfahren, da hielt man mich mit Gewalt zurück. In dieser einen Stunde hatten sie es geschafft, einen prächtigen Lorbeerkranz von 2 Arschin Durchmesser zu kaufen, und am Ende der Sitzung stürmte eine Menge Damen (über hundert) auf die Bühne und ehrte mich vor dem ganzen Saal mit dem Kranz »Für die russische Frau, über die Sie so viel Gutes gesagt haben!«. Alle weinten, wieder Enthusiasmus. Das Stadtoberhaupt Tretjakow dankte mir im Namen der Stadt Moskau. – Meinst Du nicht auch, Anja, dass es sich gelohnt hat, zu bleiben? Das sind Pfänder für die Zukunft, Unterpfänder *für alles*, selbst wenn ich sterbe. – Als ich nach Hause kam, erhielt ich Deinen Brief über das Fohlen, Du schreibst aber so wenig freundlich über meinen langen Aufenthalt hier. In einer Stunde gehe ich zu der 2. literarischen Festveranstaltung, wo ich den »Propheten« lesen werde. Morgen mache ich die Visiten. Übermorgen, am 10., reise ich ab. Am 11. treffe ich ein – wenn mich nicht etwas *sehr Wichtiges* aufhält. Ich muss den Artikel unterbringen, aber wo – alle reißen sich darum! Es ist schrecklich. Auf Wiedersehen, meine Teure, Begehrte und Kostbarste, ich küsse Deine Füßchen [einige Wörter durchgestrichen]. Ich umarme die Kinder, ich küsse, segne sie. Ich küsse das kleine Fohlen. Euch alle segne ich. Mein Kopf ist nicht in Ordnung, Hände und Beine zittern. Auf Wiedersehen, bis bald.

Ganz und gar Dein Dostojewski

Der ewige Gatte

Liebe bis in den Tod

1880

Die letzten erhaltenen Briefe, die das Paar wechselte, stammen aus dem letzten Lebensjahr des Schriftstellers. Anna befand sich im August 1880 für einige Tage auf Geschäftsreise in Moskau. Während ihrer Ehe stenographierte sie nicht nur für ihren Mann und schrieb seine Texte ins Reine, sondern war seine wichtigste Kritikerin und hatte sich sogar in die Herausgabe seiner Bücher im Selbstverlag und ihren Vertrieb eingearbeitet. In diesem Sommer ging es darum, Veröffentlichungsmöglichkeiten für sein »Tagebuch« zu erkunden. Fjodor machte sich keine großen Hoffnungen, Anna aber versuchte ihm Mut zu machen, während er sich zu Hause um die Kinder kümmerte. Diese letzte Korrespondenz, die nur wenige Tage umfasst, zeigt einmal mehr das tiefe Vertrauen zwischen den Eheleuten und die große Innigkeit, die ihr Zusammenleben erfüllte.

Anfang 1881, schon bald nach ihrer Rückkehr, verschlechterte sich Fjodors Gesundheitszustand rapide. Die Todesahnungen, die ihn in seinen letzten Lebensjahren immer wieder quälten und die sich auch in den Briefen widerspiegeln, erfüllten sich. Er erlitt mehrere Lungenblutungen und starb am Abend des 9. Februar mit 59 Jahren zu Hause im Kreis seiner Familie.

An der Trauerprozession durch Sankt Petersburg nahmen Zehntausende Menschen teil – eine überwältigende Bekundung der Sympathie, getragen von allen Schichten der Bevölkerung. Bestattet wurde er feierlich auf dem Tichwiner Friedhof am Alexander-Newski-Kloster.

Anna überlebte Fjodor um nahezu vierzig Jahre. Sie heiratete nicht wieder. Bis kurz vor ihrem Tod setzte sie sich für das Erbe ihres Mannes ein und schrieb an ihrem Buch »Mein Leben mit Fjodor Dostojewski«, in dem sie sich an die vierzehn gemeinsamen Ehejahre erinnert.

1880

Nach Petersburg

Staraja Russa, 11. August 1880
Mitternacht

Liebste Freundin Anja, wie bist Du angekommen? Wenn ich nur bald von Dir wenigstens eine kleine Zeile erhielte. Wie geht es Dir? Wo schläfst Du? Wo isst Du? Was macht das »Tagebuch«? – Nachdem wir Dich verabschiedet hatten, ließen Fedja und ich Ljuba bei Sonja, Anfissa und Marja, sie gingen alle zu Väterchen, Fedja und ich aber begaben uns mit der Droschke (wir hatten durch den Kutscher von einem Volksfest erfahren) in den Stadtgarten, der sich auf dem Roten Ufer befindet, neben dem Palast-Garten. Dort war viel Volk, sie ließen einen Ballon aufsteigen, und Soldaten sangen. Fedja hörte gebannt zu. Aber da es feucht war, kehrten wir früh zurück, gingen Ljuba abholen, und dann legten sich die Kinder schlafen. Ich habe die ganze Nacht gearbeitet. Aufgestanden bin ich um 12 Uhr. Die Kinder waren schon gegangen, um den Brief an Dich fortzubringen, sie benehmen sich sehr gut. Fedja wollte eigentlich an den Fluss angeln, doch als ich ihn am Steilufer traf, befahl ich ihm zurückzukommen, und er folgte sofort widerspruchslos. Lilja hatte den ganzen Morgen Anfissa hier, danach gingen alle zu Väterchen, und ich machte einen Spaziergang. Väterchen nimmt offensichtlich Anteil und ruft die Kinder oft zu sich, natürlich um mich zu entlasten. Fedja weicht jetzt Serguscha nicht von der Seite, der von irgendwoher ein Gewehr hat, das man mit Erbsen laden kann. Auf dem Rückweg vom Spaziergang holte ich die Kinder ab, wir aßen zusammen Mittag, sprachen von Dir und »wie es Dir dort wohl geht« – und nach dem Mittagessen liefen die Kinder wieder zu Väterchen. Und ich holte sie wieder ab, als ich vom Spaziergang kam. Unterwegs erkundigte sich Fedja nach Dir: »Papa, wann ist Mama gefahren, doch gestern? Dann kommt sie also morgen wieder? Oder übermorgen?« Nach Hause zurückgekehrt, tranken sie Tee und gingen schlafen, ich aber setzte mich hin, um Dir zu schreiben. Das sind alle unsere Erlebnisse. Mit einem Wort, alles ist in Ordnung und ruhig, die Kinderchen benehmen sich gut und *wollen* sich gut benehmen. Sie erfüllen das Versprechen, das sie dir gaben. Das Wetter ist wunderbar. Fedja hat gar keinen Hut. Der Sommerhut ist ganz hinüber (Lilja hat ihn wieder genäht) und außerdem für die Jahreszeit ungeeignet, und von der Schirmmütze (die schon sehr speckig aussieht) ist der Schirm abgerissen. Es wäre gut, wenn Du ihm eine mitbrächtest. Im Gostiny dwor nahe der Kapelle, in dem Spielzeuggeschäft an der Ecke, gab es Offiziersmützen für Kinder mit einer kleinen Kokarde zu einem Rubel.

Gut wäre, wenn Du möglichst bald zurückkämst. Wahrscheinlich wird es anstrengend für Dich. Ich habe Angst, dass Du krank wirst. Kommt das »Tagebuch« morgen heraus? Heute war im »Nowoje wremja« das zweite Inserat für das »Tagebuch« und kein einziges Wort in der Zeitung, sei es auch nur in der Chronik. Gontscharow müsste nur einmal hicksen, und sogleich würden sie in allen Zeitungen losschreien: Unser ehrwürdiger Belletrist hatte den Schluckauf – mich aber ignorieren sie wie auf Verabredung. Ich bin überzeugt, dass es bei Pantelejew eine Verzögerung gibt. Wenn es doch schneller ginge! Und dann kehre auch Du zurück, ohne länger zu säumen. Grüße Marja Nikolajewna und bitte sie, wenigstens bis zum 25. August öfter zu berichten, wie das »Tagebuch« geht. Ich rechne nicht damit, dass es sich gut absetzt. Aber später wird es sich bestimmt verkaufen. Nun, auf Wiedersehen, bis bald. Vielleicht schreibe ich morgen noch einmal, für alle Fälle. Wenn Dir nur nichts zustößt! Eine Menge Aufträge hast Du da übernommen. Diesem Brief legt Lilja morgen von sich noch etwas bei, und auch Fedja will etwas kritzeln. Sie werden den Brief auch zur Post bringen. Jetzt schlafen sie. Marja schläft im Zimmer, in dem das Waschbecken ist. Der garçon übernachtet draußen. Auf Wiedersehen, ich umarme Dich.

Ganz Dein F. Dostojewski

Nach Staraja Russa

Petersburg, Montag, 11. August 1880

Meine Lieben, ich bin glücklich und gesund angekommen, obgleich ich keine Minute geschlafen habe. Zu Hause fand ich alles wohlbehalten vor, und jetzt bin ich in Geschäften unterwegs. Zuerst ging ich zur Redaktion von »Golos«, das Inserat erscheint morgen und Freitag noch einmal. In »Nowoje wremja« war die Anzeige am Sonnabend und Sonntag, sie wird auch morgen, am Donnerstag, und am Sonnabend erscheinen. Die Nr. der Pantelejews ist fertig, und ich verschicke sie schon heute an einige Personen. Ich habe viel ausgeliefert, aber alles in Kommission, und zwar

an das Kontor Chlebnikows zur Versendung auf allen Eisenbahnlinien – 400 Exemplare
an »Nowoje wremja« nach Moskau – 1500
an das Allgemeine Kontor für Austräger – 100,

alles zuverlässig, aber wann ich das Geld bekomme, weiß ich nicht.

Aber besser später, als wenn überhaupt nichts verkauft würde. Jetzt begebe ich mich zu den Buchhändlern, dann bringe ich den Brief zur Post, um Dich zu beruhigen.

»Nowoje wremja« hat mir das Geld für die Bücher zu morgen versprochen. Ich habe den Chomjakow gekauft, auf Wiedersehen, Ihr meine Lieben, ich küsse und umarme Euch heiß und bleibe Eure

Njuta

Nach Petersburg

Staraja Russa, Dienstag, 12. August 1880

Meine liebste Freundin Anja, ich schreibe Dir nur ein paar Zeilen *für alle Fälle*, obwohl ich fest hoffe, dass Dich dieser Brief nicht mehr in Petersburg erreicht und Du morgen, d. h. am 13., abreist. Bei uns ist alles in Ordnung, und es hat sich absolut nichts Besonderes ereignet. Die Kinder sind gesund und benehmen sich gut. Heute erhielt ich Deinen Brief. Du hast viele Exemplare untergebracht, aber wie werden sie sich verkaufen? Geb's Gott, dass es gelingt, obwohl ich mehr und mehr die Hoffnung verliere. Zum Teil sind sie zu spät gekommen, es hätte einen Monat früher sein müssen. – Heute las ich in »Nowoje wremja« ein Telegramm von der Messe in Nishegorod, dort habe sich der

Kaufmann Siserin in seinem Pelzladen aufgehängt, er ist aus Petersburg, Grigori Pawlowitsch, und war zur Messe hingefahren. Mir scheint, unsere Pelze werden im Sommer bei Siserin aufbewahrt (genau weiß ich es allerdings nicht). Falls ja, ob es dann womöglich dieser Siserin ist? Natürlich hat er sich wegen schlechter Geschäfte erhängt. Wenn wir dabei nur nicht um unsere Pelze kommen. Sollte der Brief Dich noch in Petersburg erreichen, könntest Du da vielleicht einmal bei Siserin nachfragen?

Auf Wiedersehen, Täubchen, ich weiß nicht, ob ich morgen etwas von Dir erhalte, wünschen würde ich es mir sehr. Bei uns hier ist es höchst langweilig. Wir haben herrliches, aber kühles Wetter, und in den Nächten ist es empfindlich kalt. Du bist sehr leicht bekleidet gefahren. Erkälte Dich nicht.

Auf Wiedersehen, die Kinder küssen Dich und ich auch.

Dein F. Dostojewski

Nach Staraja Russa

Petersburg, 12. August 1880

Mein lieber Feditschka, heute ist ein bedeutsamer Dienstag. Mit den Geschäften geht es schlecht voran: Gegen Bargeld habe ich nur für 6 Rubel 75 Kopeken verkauft.

[...] Die meisten möchten auf Kredit kaufen, und man muss darauf eingehen, sonst verkauft man nichts.

[...] Gestern Abend war ich bei Ljoscha an seinem kleinen Grab. Nachts fürchtete ich mich, allein zu schlafen, und übernachtete bei den Snitkins. Ich küsse Euch alle vielmals, besonders Lilja und Fedja und besonders Fedja den Älteren.

Deine Anja

Jetzt ist es erst 9 Uhr morgens, aber ich schicke den Brief an Dich ab, denn Pjotr geht zur Post. Viele kaufen bei uns zu Hause und erklären dabei, dass sie Dich lieben.

Nach Staraja Russa

Petersburg, 13. August 1880

Lieber Feditschka, diese Zeilen schreibe ich Dir für den Fall, dass ich vielleicht nicht komme. Das »Tagebuch« ist heraus, mir wird versichert, man werde sich darum reißen. Ich habe von den 4000 Exemplaren nur noch 1600 zu Hause, die übrigen sind vergeben und verschickt. Aber von diesen wurden nur 610 Exemplare für Bargeld gekauft, die übrigen habe ich in Kommission gegeben, und wie das Ergebnis sein wird, ist ungewiss. Ich will noch einen Tag warten, um zu sehen, ob nicht noch eine zweite Auflage gedruckt werden muss. Rund vierzig Leute kamen zu mir nach Hause und kauften jeweils ein Exemplar. Ich bin gesund, aber mit den Nerven herunter, da ich jede Nacht nur 4 Stunden schlafe. Gib acht auf die Kinder, einen Brief habe ich erhalten. Küsse sie ganz innig, ich liebe Euch über alle Maßen. Aber ich bin so erschöpft, dass ich kaum einen Fuß vor den anderen setzen kann. Mach Dir um mich keine Sorgen, ich komme am Freitag.

Anhang

Fjodor M. Dostojewski, Sankt Petersburg, 1872, Foto: W. Lauffert

Anmerkungen

Textgrundlage dieses Bandes einschließlich der Anmerkungen ist der 1979 im Verlag »Nauka«, Moskau, erschienene Band »Perepiska«, herausgegeben von S. W. Below und W. A. Tunimanow. Auslassungen im Text, seien es Kürzungen der Herausgeberin, Streichungen der Briefschreiber oder unleserliche Textstellen, werden durch […] gekennzeichnet. Die Datierung der Briefe aus dem Ausland erfolgte, wie bei Dostojewski selbst, nach dem gregorianischen Kalender. Geringfügige Unstimmigkeiten in den Briefen, z. B. bei Zahlen- und Zeitangaben, wurden beibehalten. Im Folgenden wird Anna G. Dostojewskaja mit AD abgekürzt, Fjodor M. Dostojewski mit FD.

11 *des fünften Kapitels* – Gemeint ist der Roman »Schuld und Sühne«.

12 *Erinnerungen an die letzten anderthalb Monate* – AD war am 8. November 1866 FDs Braut geworden.

17 *die beiden letzten Kapitel* – Die beiden letzten Kapitel und der Epilog von »Schuld und Sühne« wurden im Dezemberheft des »Russki westnik« 1866 gedruckt.
das Novemberheft – Gemeint ist der »Russki westnik« mit »Schuld und Sühne«.

23 *Soeben bin ich angekommen* – AD macht hier eine Anmerkung: »Zwei Monate nach unserer Hochzeit, am 14. April 1867, begaben wir uns ins Ausland und verbrachten einen Monat in Dresden. Von hier fuhr Fjodor Michailowitsch nach Homburg, wo es zu dieser Zeit ein Roulette gab. Ich blieb in Dresden.«

27 *die es außer mir noch brauchen* – Gemeint sind sein Stiefsohn Pascha

Issajew und die Familie seines verstorbenen Bruders, des Dramatikers und Übersetzers Michail Michailowitsch Dostojewski (1820 bis 1964), Herausgeber der Zeitschriften »Wremja« und »Epocha«. FD hatte nach dem Tod seines Bruders die Verpflichtung übernommen, dessen Familie finanziell zu unterstützen.

29 *dass er mit Bleistift geschrieben ist* – A. G. Dostojewskaja schreibt in ihrem »Tagebuch«: »Ich war so glücklich über diesen Brief, dass ich nicht weiß, wie ich es ausdrücken soll. Ich las ihn zwei- oder dreimal und küsste ihn verstohlen. Wie Fedja Briefe zu schreiben versteht, ist erstaunlich, es ist, als spräche man mit ihm. Ich verließ das Postamt mit einem wahren Triumphgefühl. Da ich erfahren hatte, dass heute Abend Post nach Homburg abgeht, beschloss ich, dorthin zu schreiben. Nach Hause wollte ich nicht, deshalb ging ich auf den Boulevard, setzte mich auf eine Bank und schrieb ihm auf Blättern, die ich aus meinem Notizbuch herausgerissen hatte, einen Brief.«

wie Du Deinen Tag beschrieben hast – AD, die diesen Tag ausführlich in ihrem »Tagebuch« schildert, beendet diese Eintragung mit den Worten: »Als ich nach Hause kam, warf ich mich auf den Diwan und begann zu lesen. Mich wieder hinzulegen hatte ich keine Lust. Ich wusste, dass keiner kommen würde, um mich mit Küssen und Worten zu wecken, wie vor zwei Tagen Fedja, wie er dies gewöhnlich tut, was mich so glücklich macht. An diesem Tag war ich sehr traurig ohne ihn, sehr schwermütig, deshalb wanderte ich auch planlos durch die Stadt, um die Zeit totzuschlagen.«

31 *man muss heiß lieben, um so zu fühlen* – AD schreibt nach Erhalt dieses Briefes in ihrem »Tagebuch«: »Ich hatte mich schon auf den Inhalt des Briefes vorbereitet, nämlich dass alles verspielt ist und ich Geld schicken muss, so dass er mich keineswegs überraschte. Aber ich war sehr froh und glücklich, dass Fedja mich so liebt, dass er so erschrocken war, als er keinen Brief von mir bekam. Ja, man muss heiß lieben, um so zu fühlen!«

32 *schreibe ich sofort an Katkow* – FD schrieb an Katkow von Dresden am 29. Mai. Dieser Brief ist nicht erhalten, aber aus FDs Brief an A. N. Maikow vom 28./16. August 1867 geht hervor, dass FD die 500 Rubel von Katkow erhalten hat.

33 *(3000 Rubel)* – Gemeint ist der Vorschuss für den künftigen Roman »Der Idiot«, der 1868 im »Russki westnik« gedruckt wurde.
für 23 Druckbogen – Für die Veröffentlichung der Romane »Schuld und Sühne«, »Der Idiot«, »Die Dämonen« erhielt FD von der Redaktion des »Russki westnik« ca. 150 Rubel pro Bogen; für den Roman »Der Jüngling« von der Redaktion der »Otetschestwennyje sapiski« 250 Rubel pro Bogen und erst für seinen letzten Roman »Die Brüder Karamasow« von der Redaktion des »Russki westnik« 300 Rubel pro Bogen.
Artikel über Belinski – Gemeint ist der Artikel »Meine Bekanntschaft mit Belinski«, den K. I. Babikow für einen Sammelband bei FD bestellt hatte. An diesem Artikel arbeitete FD lange Zeit in Dresden. In seinem Brief an Maikow vom 15. September 1867 gab er genaue Hinweise, wie dieser Artikel an Babikow weitergeleitet werden sollte. Maikow schickte den Artikel auf FDs Bitte in die Buchhandlung von I. G. Solowjow. Doch der Artikel gelangte nicht zu Babikow. Was damit geschah, blieb unbekannt. Maikow, der den Artikel gelesen hat, vertrat in einem Brief an FD die Ansicht, dass er erst postum veröffentlicht werden könne.
an die Arbeit – FD arbeitete an dem Roman »Der Idiot«.
wie vorvoriges Jahr – FD meint seine Verluste beim Roulettespiel im Herbst 1865 in Wiesbaden, vor der Arbeit an »Schuld und Sühne«.

34 *Du weinst … und quälst Dich* – Am Tag der Absendung ihres Briefes (20. Mai) notiert AD in ihrem »Tagebuch«: »Ich erhielt einen Brief zuerst von Fedja und dann […] von Mama […]. Fedja schrieb, er habe fast alles verspielt, und Mama schickte nur 35 Rubel. Mich hat dies schrecklich betrübt, ich kam nach Hause und begann bitterlich zu weinen; ich weinte lange und viel, doch dann schrieb ich Fedja einen Brief, in dem ich ihn bat, lieber schnell nach Hause zu kommen, als noch länger dort zu bleiben.«

41 *Bains-Saxon* – AD schreibt in einem Kommentar zu diesem Brief: »Ich halte es für notwendig, zur Erklärung des Briefes vom 5. Oktober 1867 mitzuteilen, dass wir im September dieses Jahres nach Genf übersiedelten, wo wir bis Juni 1868 wohnten. Von Genf fuhr Fjodor Michailowitsch dreimal (im Oktober und November 1867 und im April 1868) nach Saxon-les-Bains, wo es damals ein Roulette gab.

Ich konnte ihn nicht begleiten, weil ich in anderen Umständen war und später, nach der Geburt unserer Tochter Sonja (22. 2. 1868), das Kind nicht allein lassen konnte.«

48 *bis zur Fertigstellung meines Romans* – Ab Januar 1868 wurde der Roman »Der Idiot« im »Russki westnik« gedruckt.

53 *Schreiben Sie mir* – Hierzu erklärt AD: »›Schreiben Sie mir‹ waren die zwischen Fjodor Michailowitsch und mir für ein Telegramm vereinbarten Worte, die bedeuteten, dass Fjodor Michailowitsch verloren hatte und ich ihm Geld überweisen sollte. Die Summe war vorher ausgemacht. Fjodor Michailowitsch achtete und liebte meine Mutter außerordentlich. Da er voraussah, dass sie unter den Umständen, in denen wir uns befanden, das Roulettespiel missbilligen würde, sagte er ihr, er fahre in einer literarischen Angelegenheit nach Frankfurt. Möglicherweise erriet meine Mutter den Zweck seiner Reise, aber sie gab sich den Anschein, als glaubte sie seinen Worten.«

56 *Das war endgültig das letzte Mal* – AD ergänzt in ihren »Erinnerungen«: »Natürlich konnte ich nicht sofort an ein so gewaltiges Glück glauben wie Fjodor Michailowitschs Abkehr vom Roulettespiel. Hatte er mir doch viele Male versprochen, nicht zu spielen, und war nie imstande gewesen, sein Wort zu halten. Aber dieses Glück wurde Wirklichkeit, es war tatsächlich das *letzte* Mal, dass er Roulette spielte … Es sieht so aus, als ob dieser ›Wahn‹ Fjodor Michailowitschs, am Roulette zu gewinnen, eine Betörung oder eine Krankheit war, von der er plötzlich und für immer geheilt wurde.«

63 *warten auf unseren Papa* – FD war Ende Juli 1871 nach Moskau gefahren, um das Honorar von der Redaktion des »Russki westnik« in Empfang zu nehmen.

64 *Staraja Russa* – Am 15. März 1872 reiste FD mit Frau und Kindern von Petersburg ab. Auf Anraten des Professors der Petersburger Universität M. I. Wladislawlew – des Gatten einer Nichte des Schriftstellers – mietete man ein Sommerhaus in Staraja Russa. Aber wenige Tage nach der Ankunft in Staraja Russa waren die Dostojewskis gezwungen, nach Petersburg zurückzukehren, weil ihre kleine Tochter am Arm operiert werden musste (sie hatte sich Ende April 1872 den Arm gebrochen, der danach nicht richtig zusammengewachsen war). Nach der Operation blieb AD mit dem Töchterchen in Peters-

burg, FD hingegen fuhr eilends zurück nach Staraja Russa, um den zehn Monate alten Sohn zu betreuen (vgl. »Erinnerungen« von AD).

66 *Feierlichkeiten zum 30. Mai* – Zum 200. Geburtstag Peters I.

69 *an den »Russki westnik« schicken* – Gemeint ist der dritte Teil des Romans »Die Dämonen«.

das Geld zurückgegeben – Als die Dostojewskis wegen der Operation ihrer Tochter nach Petersburg fuhren, hatten sie I. I. Rumjanzew 25 Rubel für Ausgaben dagelassen

76 *was sie dort wohl von mir denken* – FD musste noch im Frühjahr, spätestens jedoch im Sommer die erste Hälfte des dritten Teils der »Dämonen« an den »Russki westnik« liefern.

wenn der Fluss seicht wird – Von Petersburg nach Staraja Russa fuhr man mit der Eisenbahn bis Tschudowo, dann mit dem Dampfer auf dem Wolchow bis Nowgorod und weiter mit einem anderen Dampfer über den Ilmensee und auf dem Fluss Polist bis Staraja Russa.

83 *einen großen Artikel* – Wahrscheinlich handelt es sich um den Artikel »Anlässlich eines neuen Dramas« (»Tagebuch eines Schriftstellers« 1873) in Nr. 25 des »Grashdanin« vom 18. Juni 1873.

86 *Grashdanin* – Politische und literarische Zeitschrift, die ab 1872 in Petersburg von Fürst W. P. Meschtscherski herausgegeben wurde. Offensichtlich interessierte sich FD für die Zeitschrift und hegte bereits den Wunsch, deren Redakteur zu werden. Zu dieser Zeit erschien im »Grashdanin« das Inserat über einen von der Zeitschrift herausgegebenen Almanach, an dem FD beteiligt war, und einen Monat später, im November 1872, erklärte sich FD auf einer der »Mittwoch-Zusammenkünfte« bei Meschtscherski bereit, die Redaktion des »Grashdanin« zu übernehmen.

93 *dass alle Frauen Mediziner werden müssen* – AD äußert sich ironisch über den Artikel »Kranke Menschen« von P. N. Tkatschew in der Zeitschrift »Delo«.

97 *wenn Du ihn Dir doch vom Halse schaffen könntest* – AD erzählt in ihren »Erinnerungen« von der harten Arbeit FDs im »Grashdanin«: »Ich freute mich anfangs ebenfalls über diese andere Beschäftigung meines Mannes, denn ich glaubte, die Redaktion einer Wochenschrift werde Fjodor Michailowitsch keine besonderen Schwierigkeiten bereiten und ihm Gelegenheit geben, sich nach der fast drei-

jährigen Arbeit an dem Roman ›Die Dämonen‹ ein wenig zu erholen. Doch allmählich ahnten mein Mann und ich, dass er einen Fehler begangen hatte, als er sich für diese seinem Charakter so wenig entsprechende Tätigkeit entschied. Fjodor Michailowitsch nahm seine Verpflichtungen als Redakteur außerordentlich ernst und las nicht nur alle an die Zeitschrift eingesandten Manuskripte selbst, sondern verbesserte auch einige ungelenk geschriebene Artikel, wie etwa die des Herausgebers, und das kostete ihn viel Zeit.«

103 *kalte Allegorie* – Wahrscheinlich bezieht sich FDs Äußerung »kalte Allegorie« auf die Bilder Wilhelm Kaulbachs (1805–1874) »Hunnenschlacht« und »Die Zerstörung Jerusalems« im Treppenhaus der Nationalgalerie in Berlin.

105 *»Robert«* – Gemeint ist die Oper »Robert der Teufel« von Giacomo Meyerbeer.

111 *wie konnte Euer Postmeister* – Die Verzögerung der Briefe von AD und FD erklärt sich aus der Zensur durch den Polizeichef von Staraja Russa, Gotski, der den Auftrag hatte, FD geheim zu überwachen. AD berichtet darüber in ihren »Erinnerungen«. Die geheime Überwachung wurde im Sommer 1875 aufgehoben. FD erfuhr erst im Frühjahr 1880 davon.

113 *habe ich nur Puschkin gelesen* – A. S. Dolinin weist darauf hin, dass »die Puschkin-Lektüre in dem Moment, da der Roman ›Der Jüngling‹ konzipiert wurde, besondere Beachtung verdient, weil die Idee des Jünglings Arkadi Dolgorukow [ein Rothschild zu werden] auf Puschkins ›Geizigen Ritter‹ zurückgeht«.

128 *dass in ihm 4 Romane stecken* – In dem Roman »Der Jüngling« vereinigen sich folgende vier Sujets: das des Jünglings, das Wersilows und die Linien der beiden Schwestern des Jünglings.

meinen Fehler – Bezieht sich vermutlich auf eine briefliche Äußerung Strachows über den Roman »Die Dämonen«: »Offenkundig sind Sie nach Inhalt, Reichtum und Vielfalt der Ideen bei uns der erste Mann, und selbst Tolstoi ist, verglichen mit Ihnen, eintönig … Aber offenkundig ist auch dies: Sie schreiben meist für ein ausgewähltes Publikum, und Sie überladen Ihre Werke, machen sie zu kompliziert … Dieser Fehler steht natürlich in Zusammenhang mit Ihren Vorzügen.«

143 *kamen wir in Nowgorod an* – FD fuhr für zwei Wochen nach Petersburg zu Besprechungen mit N. A. Nekrassow über die Termine für den weiteren Druck des »Jünglings« sowie um sich mit Professor Koschlakow über seine erneute Kurreise nach Ems zu beraten. Im Winter musste man nach Petersburg bis Nowgorod mit Pferden fahren, von da mit dem Zug bis Tschudowo und dort umsteigen.
den Unbekannten – AD erwartete ein Kind. Der »Unbekannte« oder, wie FD weiter schreibt, »incognito«, war der jüngste Sohn von AD und FD, Alexej, der am 10. August 1875 in Staraja Russa geboren wurde und am 16. Mai 1878 in Petersburg an einem epileptischen Anfall starb.

146 *die ersten beiden Kapitel* – Gemeint sind die Kapitel 6 und 7 des Romans »Der Jüngling«, die in der Februarnummer der »Otetschestwennyje sapiski« 1875 gedruckt wurden.

147 *eher in Ems … als Du* – FD war am 25. Mai 1875 von Petersburg nach Berlin gefahren, blieb einen Tag dort und kam am 28. Mai (9. Juni) in Ems an. Es war seine zweite Reise nach Ems.

148 *jene Dame* – Gemeint ist die Hebamme.

154 *in solch einer Zeit* – AD erwartete ein Kind.

161 *die Verpflichtungen* – Gemeint ist der dritte Teil des Romans »Der Jüngling«, der ab August 1875 in den »Otetschestwennyje sapiski« gedruckt werden sollte.
was dann noch folgt – Gemeint ist die Geburt des Kindes.

168 *Leontjews Haus* – Die Dostojewskis hatten im Winter 1874/75 im Haus von Je. Leontjew gewohnt.

169 *Elias und Henoch* – Propheten des Alten Testaments. Wahrscheinlich hatte FD die Bibel mitgenommen, weil er in Ems die Belehrung des Pilgers Makar Dolgoruki in dem Roman »Der Jüngling« in biblischem Stil schreiben wollte.
»Unser Zeitalter« von Bessonow – Gemeint ist Heft 10 der von P. Kirejewski gesammelten »Lieder« mit dem Titel »Unser Zeitalter in den russischen historischen Liedern«, herausgegeben von der Gesellschaft der Freunde der russischen Literatur unter Redaktion und mit Ergänzungen des Slawisten und Volkskundlers Pjotr Andrejewitsch Bessonow (1828–1898). FDs ablehnendes Urteil über Bessonows Redaktionsarbeit wurde von namhaften Wissenschaftlern geteilt.

169 *Ich lese das Buch Hiob* – Die Lektüre des Buches Hiob während der Arbeit am Roman »Der Jüngling« findet im Roman in den Worten Makar Dolgorukis über Hiob ihren Niederschlag. In den »Brüdern Karamasow« spricht FD mit den Worten des Starez Sossima von dem tiefen Eindruck, den das Buch Hiob schon in früher Kindheit auf ihn gemacht hat.

177 *von mir aber haben sich … alle in der Literatur abgewandt* – FD erwartete offenbar kritische Artikel zum zweiten Teil des Romans »Der Jüngling«, aber er fand kaum Beachtung. Doch die kritischen Artikel über den »Jüngling«, die ab 1876 erschienen, zeugten davon, dass dieser Roman weitaus besser aufgenommen wurde als die »Dämonen«.

so las ich in der letzten Nr. – Gemeint sind die in Nr. 27 und Nr. 55/1875 des »Journal de St. Petersbourg« erschienenen, in französischer Sprache geschriebenen Artikel des Kritikers Michail Andrejewitsch Saguljajew (1834–1900) mit der Unterschrift »L. X.«.

179 *und* … – Gemeint ist das erwartete Kind.

181 *Ist das nicht Dein Kublizki* – AD hat den Vornamen, den Vatersnamen sowie den Todestag des Historikers Michail Jegorowitsch Kublizki, der am 2. Juni 1875 starb, nicht richtig angegeben. FD war ihm ein Jahr zuvor in Ems begegnet. Vgl. FDs Briefe aus Ems vom Juli 1874.

188 *dass F. M. Dostojewski ernstlich erkrankt sei* – Die Mitteilung erwies sich als falsch. AD schreibt darüber in ihren »Erinnerungen«.

192 *in gewisser Beziehung etwas geschehen sollte* – Gemeint ist die bevorstehende Entbindung ADs.

197 *dieses Nilpferd* – Gemeint ist der Advokat B. Poljakow; vgl. den Brief von AD vom 23. 6. 1875.

203 *noch in Nowgorod* – AD war von Staraja Russa nach Petersburg gefahren, um Geschäftliches im Zusammenhang mit ihrer Verlegertätigkeit zu erledigen und zugleich Dostojewski zu begleiten, der von dort nach Ems weiterreiste.

204 *Chlestakow* – Gestalt aus Nikolai Gogols Komödie »Der Revisor«, einfältiger Betrüger.

205 *wie wir in Dresden einen Deutschen nach der Gemäldegalerie fragten* – Wie AD in ihren »Erinnerungen« schreibt, wollten FD und sie am 26. Mai (7. Juni) 1867 in Dresden die Gemäldegalerie besuchen. Sie

hatten sich jedoch verirrt, und FD wandte sich an einen Deutschen mit der Frage: »Bitte, gnädiger Herr, wo ist die Gemäldegalerie?« – »Die Gemäldegalerie?« – »Ja, die Gemäldegalerie.« – »Die Königliche Gemäldegalerie?« – »Ja, die Königliche Gemäldegalerie.« – »Ich weiß es nicht.«

207 *den Auszug* – Wahrscheinlich handelt es sich um Dokumente, die die Erbschaft der Kumanina betrafen.

Jurjew-Kloster – Männerkloster im Gouvernement Nowgorod, drei Werst von Nowgorod am Ufer des Wolchow, gegründet 1030.

209 *für die Zusendung musste ich 1 Rubel 40 Kopeken bezahlen* – Gemeint ist die Subskription für das »Tagebuch eines Schriftstellers«.

213 *Buch über die Emser Heilquellen* – Gemeint ist das Buch »Ems und seine Heilquellen« von A. Girschtorn (St. Petersburg 1874).

214 *spendete für blödige Kinder* – FD schreibt über seine Spende im »Tagebuch eines Schriftstellers« 1876.

»Nowoje wremja« – Als progressiv geltende Zeitung, die zu dieser Zeit von W. I. Lichatschow (1837–1906) herausgegeben wurde, einem bekannten Mann des Petersburger öffentlichen Lebens, dem Ehemann von J. O. Lichatschowa. In »Nowoje wremja« veröffentlichte J. O. Lichatschowa ihre Korrespondenzen aus Belgrad und A. S. Suworin seine Korrespondenzen aus Konstantinopel.

217 *außer Väterchen kommen Alexandra Pawlowna und Anna Gawrilowna* – Gemeint sind der Geistliche I. Rumjanzew, die Schauspielerin A. P. Orlowa aus Staraja Russa und A. G. Gribbe.

220 *Ich kann es kaum lesen* – Gemeint ist wahrscheinlich Zolas Roman »Der Bauch von Paris«, da FD gerade diesen Roman im »Tagebuch eines Schriftstellers« Juli/August 1876 erwähnt, das er in Ems vorbereitete. FDs negative Äußerung über Zola erklärt sich vor allem aus der für ihn unannehmbaren Idee Zolas, die menschliche Psyche sei schicksalhaft von dem umgebenden Milieu abhängig.

post-scriptum – Vgl. den Schluss von ADs Brief vom 9. Juli 1876.

233 *Pljuschkin* – Gestalt aus Nikolai Gogols Roman »Die toten Seelen«.

Slawjanski – Pseudonym von Dmitri Alexandrowitsch Agrenjew (1836–1908), Sänger und Organisator des Chorgesanges; trat in den sechziger und siebziger Jahren oft in Europa und Amerika auf.

244 *zu Nil Stolbenski* – Gemeint ist ein Kloster, das im 16. Jh. von dem

Mönch Nil Stolbenski (Stobolenski) 8 Werst entfernt von der Stadt Ostaschkow, Gouvernement Twer, auf einer Insel des Seliger-Sees gegründet wurde.

250 *Lieferung an den »Russki westnik«* – FD arbeitete in Ems am 6. Buch des Romans »Die Brüder Karamasow« und schickte es am 7. /19. August 1879 an den »Russki westnik«.

258 *eine höchst langweilige deutsche Kanaille* – FDs ablehnende Äußerung über die Musik Richard Wagners wird auch von AD in ihren »Erinnerungen« bestätigt. Die Antipathie gegen Richard Wagner erklärt sich offensichtlich daraus, dass FD mit der klassischen und romantischen Musik Glinkas, Beethovens, Mozarts aufgewachsen war. Auch muss berücksichtigt werden, dass FD im Ausland die Musik Wagners nur im Konzert hörte, während Wagners Opern den größten Erfolg auf der Bühne hatten. Demgegenüber hatte FD 1873 in einer Anmerkung der Redaktion des »Grashdanin« zu einer Korrespondenz aus Deutschland geschrieben: »Erscheinungen wie die Verbreitung der Ideen Schopenhauers und die große Fragen behandelnde Musik Wagners zeigen zumindest, dass deutsche Gedankentiefe und künstlerisches Schaffen noch lebendig, noch von den höchsten Bestrebungen beseelt sind.«

261 *der grässliche »Golos«* – Seit den sechziger Jahren finden sich in FDs Briefen zornige, sarkastische Äußerungen über Andrej Alexandrowitsch Krajewski (1810–1889) und dessen Zeitung »Golos«. In den siebziger Jahren verstärkte »Golos« die Polemik mit der konservativen Presse, besonders mit Katkows Zeitung »Moskowskije wedomosti«. Krajewskis »Golos« wandte sich von liberalen Positionen gegen die Hilfe für die Serben und Montenegriner im kriegerischen Konflikt mit der Türkei 1876 und gegen die Teilnahme des russischen Volkes am Krieg gegen die Türkei 1877/78 und stand damit in krassem Gegensatz zur Haltung FDs, der Russlands Politik mit brüderlichen Gefühlen des russischen Volkes für die Slawen begründete.

263 *wird aus der Teilung bestimmt nichts* – Gemeint ist das Erbe von FDs Tante A. F. Kumanina. AD schreibt darüber in ihren »Erinnerungen«: »Das Erbe von Alexandra. Kumanina war uns schon zu Beginn der siebziger Jahre zugefallen. Es bestand aus einem Gut von 6000 Desjatinen hundert Werst entfernt von Rjasan, nahe der Sied-

lung Spas-Klepiki. Auf die vier Brüder Dostojewski (die den Schwestern das Geld auszahlen mussten) entfiel ein Drittel des Gutes […] davon erhielt Fjodor Michailowitsch fünfhundert Desjatinen. Da Kumanina viele Erben hatte, bereitete es große Schwierigkeiten, sich mit ihnen zu einigen. Für den Kauf des ganzen Gutes fanden sich keine Interessenten, indes wurde von uns wie auch von den übrigen Miterben Geld für die Bezahlung der Verpflichtungen gefordert; unser Anwalt verlangte ebenfalls Geld für die Fahrten aufs Gut, für Papiere, Gerichtskosten und anderes, sodass uns dieses Erbe nur Unannehmlichkeiten und Ausgaben bescherte. Schließlich entschieden die Erben, das Land in natura zu nehmen, aber da seine Beschaffenheit unterschiedlich war, von jahrhundertealtem Wald bis zu reinem Sumpf, beschlossen mein Mann und ich, beträchtlich weniger Desjatinen zu nehmen, wenn nur der Boden von guter Qualität war. Doch um das Grundstück auszuwählen, musste man hinfahren und das Gut besichtigen. Jedes Frühjahr war die Rede von einer Zusammenkunft aller Erben auf dem Gut mit dem Ziel, eine gewisse Anzahl Desjatinen für den eigenen Anteil auszuwählen und abzumessen. Aber stets konnte der eine oder andere Miterbe nicht kommen, und die Angelegenheit wurde aufs nächste Jahr vertagt. Endlich, im Sommer 1879, beschlossen die Erben, sich in Moskau zu treffen, um zu einer abschließenden Übereinkunft zu gelangen und, falls möglich, gemeinsam nach Rjasan zu fahren und von da auf das Gut und die Angelegenheit an Ort und Stelle zu entscheiden.«

271 *Ableben der Imperatorin* – Marija Alexandrowna, die Frau Alexanders II., starb am 22. Mai 1880.

dass die Puschkin-Feierlichkeiten nicht stattfinden können – Aus Anlass des Todes der Imperatorin wurde die Puschkin-Feier vom 26. Mai auf den 6. Juni 1880 verschoben.

über die Hauptsache sprechen – Gemeint ist der weitere Druck des Romans »Die Brüder Karamasow« nicht in der Juninummer, sondern in der Julinummer des »Russki westnik«.

die literarischen Intrigen – FD denkt wahrscheinlich an einen möglichen Zusammenstoß von Westlern und Slawophilen bei den Puschkin-Feierlichkeiten, was später in seiner Polemik mit Gradowski zum Ausdruck kam. Möglicherweise bezieht sich »literarische Intrigen«

auch auf die Weigerung von Saltykow-Schtschedrin und Lew Tolstoi, zu den Puschkin-Feierlichkeiten zu kommen. Saltykow-Schtschedrin erklärte seine Absage mit Krankheit, doch spätere Äußerungen von ihm bezeugen, dass er offenbar unzufrieden damit war, dass die demokratischen Kräfte nicht die Organisation der Feier leiteten. Er schrieb am 25. Juni 1880 an A. Ostrowski: »Die Puschkin-Feier hat in mir eine gewisse Verwunderung ausgelöst. Offenbar haben es der vernünftige Turgenjew und der unvernünftige Dostojewski verstanden, Puschkin die Feier zu stehlen.« Tolstois Absage, an den Puschkin-Feierlichkeiten teilzunehmen, war, nach den Worten von K. M. Stanjukowitsch, »ganz folgerichtig. Graf Tolstoi hat wiederholt geäußert, dass unsere Literatur dem Zeitvertreib wohlhabender Leute dient, dem Volk aber ist es völlig gleichgültig, ob es einen Puschkin gegeben hat oder nicht.«

272 *mein Aufsatz* – Die Puschkin-Rede.

278 *meiner Bekanntschaft mit der hohen Persönlichkeit bei Gräfin Mengden und dann bei K. K.* – Gemeint ist FDs erste Begegnung mit der künftigen Zarin Maria Fjodorowna (1847–1928). AD erzählt darüber in ihren »Erinnerungen«, datiert diese Begegnung allerdings fälschlich auf den 22. 12. 1880, als FD im Haus der Gräfin A. F. Mengden aus seinen Werken gelesen habe. Von derselben Begegnung berichtet eingehender L. F. Dostojewskaja in ihrem Buch »Dostojewski, geschildert von seiner Tochter«. Höchstwahrscheinlich hat AD sich um ein Jahr geirrt, und diese Begegnung fand am 22. Dezember 1879 statt; FD begegnete Maria Fjodorowna ein zweites Mal im Haus des Großfürsten Konstantin Konstantinowitsch Romanow (1858–1915) am 8. 5. 1880. Davon zeugt eine Tagebuchnotiz K. K. Romanows vom 8. 5. 1880: »Habe bei mir einen Abend mit Fjodor Michailowitsch Dostojewski veranstaltet. Die Cäsarewna hatte ihn bei einem Wohltätigkeitskonzert lesen hören, war begeistert und wünschte, sich mit F. M. bekannt zu machen. Ich schlug ihr den Abend vor. Ich lud Jelena Scheremetewa, Jewgenija, Marussja ein, bat Fjodor Michailowitsch, Bücher mitzubringen und aus seinen Werken zu lesen. Alle geladenen Gäste erschienen.« Diese Begegnung bei K. K., das heißt bei dem Großfürsten Konstantin Konstantinowitsch, erwähnt FD in dem Brief an AD.

280 *»Wij« … von Iwan Nikiforowitsch* – Gemeint sind die Erzählungen »Der Wij« und »Geschichte des Streitfalls Iwan Iwanowitsch gegen Iwan Nikiforowitsch« aus dem Zyklus »Mirgorod« von Nikolai Gogol.

282 *bei Turgenjew zufällig zusammengekommen* – Obwohl die Zusammenkunft bei Turgenjew wirklich zufällig war, bildeten die Puschkin-Feierlichkeiten einen erneuten Anlass für Konflikte zwischen FD und Turgenjew. In ihrer Bewertung Puschkins standen sie auf unterschiedlichen Positionen. FD betrachtete Turgenjews Rede als ein tendenziöses »Flirten« mit der demokratischen Jugend.

284 *die Oper »Paul et Virginie«* – Gemeint ist die Oper des französischen Komponisten Victor Massé (1822–1884).

288 *der hiesige Jupiter* – Anspielung darauf, dass A. N. Ostrowski Vorsitzender der Gesellschaft der russischen Dramatiker war.

den Pimen … durchzusehen – Am Abend des 6. 6. 1880 las FD im Adelsklub die Szene des Pimen aus »Boris Godunow«.

vielleicht auch mit Streiterei – FD nahm an, dass es bei der Puschkin-Feier zu einem Zusammenstoß zwischen Westlern und Slawophilen kommen würde.

291 *indem er ihm die Bedeutung eines Nationaldichters absprach* – So interpretierte FD Turgenjews Worte, man könne Puschkin nicht »einen Nationaldichter im Sinne eines Weltdichters (diese beiden Bezeichnungen fallen oft zusammen) nennen, wie wir es bei Shakespeare, Goethe, Homer tun«.

295 *Turgenjew, über den ich ein gutes Wort … eingeflochten habe* – FD meint die Stelle in seiner Puschkin-Rede, wo er über Tajana aus »Eugen Onegin« sagt, dass es »in unserer schönen Literatur kaum eine zweite positive russische Frauengestalt von solcher Schönheit gibt – die Lisa in Turgenjews ›Adelsnest‹ vielleicht ausgenommen«.

Turgenjew … stürzte auf mich zu … Annenkow eilte herbei – Diese Tatsache wird auch von Wenewitinow in seinem »Tagebuch« bestätigt, und L. F. Nelidowa schreibt im »Westnik Ewropy« 9/1909, dass »alle sich an die Handbewegung erinnern, die Kusshand, die Turgenjew FD in dem Moment zuwarf, als er in seiner Rede von Lisa aus dem ›Adelsnest‹ sprach. Alle wussten von ihren feindseligen Beziehungen, und dies war einer der besten Augenblicke dieses erstaunlichen

Festtags.« Turgenjews ablehnende Äußerung über FDs Puschkin-Rede im Gespräch mit Stassow am 15. 7. 1880 gibt nicht mehr den unmittelbaren Eindruck wieder, sondern stellt eine spätere Bewertung dar.

295 *Einer von ihnen … verlor das Bewusstsein* – Die Schriftstellerin J. P. Letkowa bezeugt, dass ihre Freundin, die Studentin Mascha Schelechowa, tatsächlich in Ohnmacht fiel und der Schriftsteller Papriz einen hysterischen Anfall bekam. Auch Strachow berichtet, dass »mehrere Leute, entgegen der Regel, sich aus dem Saal den Weg auf die Bühne bahnten; ein junger Mann soll, als er bis zu Fjodor Michailowitsch gelangt war, in Ohnmacht gefallen sein«.

296 *»Für die russische Frau, über die Sie so viel Gutes gesagt haben«* – Strachow schreibt, dass »am Ende der Sitzung plötzlich eine Gruppe von Damen auf der Bühne erschien; sie brachten einen riesigen Kranz für Dostojewski. Man bat ihn hinauf zum Katheder, hinter ihm hielten sie wie einen Rahmen für sein Haupt den Kranz, und der Applaus des ganzen Saales wollte lange nicht verstummen.«

alle reißen sich darum! – Gemeint ist die Puschkin-Rede, die in den »Moskowskije wedomosti« vom 13. Juni 1880 gedruckt wurde.

301 *wie bist Du angekommen?* – AD war am 8. August nach Petersburg gefahren wegen der Herausgabe des »Tagebuchs eines Schriftstellers« 1880.

Was macht das »Tagebuch«? – Das »Tagebuch eines Schriftstellers« kam erst am 12. August heraus, obwohl die Erlaubnis der Zensur bereits am 1. August vorlag.

303 *bei Pantelejew* – In der Druckerei der Gebrüder Pantelejew wurde das »Tagebuch eines Schriftstellers« 1880 gedruckt.

304 *obwohl ich mehr und mehr die Hoffnung verliere* – Gemeint ist der Verkauf des »Tagebuchs eines Schriftstellers« 1880.

305 *bei Ljoscha an seinem kleinen Grab* – Der jüngste Sohn Aljoscha Dostojewski wurde auf dem Ochta-Friedhof in Petersburg begraben.

bei den Snitkins – AD stieg in Petersburg gewöhnlich bei der Familie ihres Cousins, des Arztes M. N. Snitkin, ab.

Kommentiertes Verzeichnis häufig erwähnter Personen

Aksakow, Iwan Sergejewitsch (1823–1886) – Publizist und Slawophiler. Er gab 1867/68 die politische und literarische Zeitung »Moskwa« heraus und wollte Dostojewski zur Mitarbeit heranziehen, der jedoch ablehnte, weil er zu Beginn der sechziger Jahre scharf mit Aksakows slawophiler Zeitung »Den« polemisiert hatte. Eine Annäherung zwischen FD und Aksakow beginnt in der zweiten Hälfte der siebziger Jahre.

Aksakow, Nikolai Petrowitsch (1848–1909) – Sekretär der Gesellschaft der Freunde der russischen Literatur, Theologe, Historiker.

Alexander II. – Zar von Russland, der zusammen mit seinem Onkel, dem deutschen Kaiser und König von Preußen, Wilhelm, des Öfteren zur Kur in Ems weilte.

Alexandra – Bedienstete im Haus der Dostojewskis.

Anfissa – Tochter des Geistlichen I. Rumjanzew in Staraja Russa.

Annenkow, Pawel Wassiljewitsch (1812–1887) – Schriftsteller und Kritiker.

Baranowa, Lisaweta Atamarowna – Gräfin, Ehefrau des Gouverneurs von Twer, P. T. Baranow, die FD schon in den vierziger Jahren in Petersburg kennenlernte und der er danach 1859 in Twer begegnete.

Bartsch, I. M. – Arzt, der Ljuba im Maximilian-Krankenhaus operierte.

Basunow, Alexander Fjodorowitsch (1825–1899) – Gehörte zu einer in Russland bekannten Verleger- und Buchhändlerfamilie und gab Einzelbände und gesammelte Werke russischer und ausländischer Autoren heraus, von FD »Aufzeichnungen aus einem Totenhaus«, 1862; »Schuld und Sühne«, 1867, und »Der ewige Ehemann«, 1871. Anfang der siebziger Jahre machte die Firma Bankrott.

Bergeman, Anna Petrowna – Eine Bekannte von AD.

Bessonow, Pjotr Andrejewitsch (1828–1898) – Slawist.

Bretzel, Jakow Bogdanowitsch (1842–1918) – FDs behandelnder Arzt. Er war anwesend, als FD starb und hinterließ Erinnerungen an seine Bekanntschaft mit dem Schriftsteller.

Burenin, Viktor Petrowitsch (1841–1926) – Dichter und Kritiker.

Chlebnikow, A. W. – Verleger und Buchhändler in Moskau.

der Geistliche, s. *Rumjanzew,* Iwan Iwanowitsch

der Monarch, s. *Alexander II.*

der Protopope, s. *Smelkow,* Iwan

der Wirt, s. *Graf Sliwtschanski*

Dolgoruki, Fürst Wladimir Andrejewitsch (1810–1891) – Von 1865 bis 1891 Generalgouverneur von Moskau.

Dostojewskaja, Emilia Fjodorowna – Frau von FDs Bruder M. M. Dostojewski. Nach dessen Tod hatte FD es übernommen, für die Familie zu sorgen.

Dostojewskaja, Ljubow Fjodorowna, gen. *Ljuba* (1869–1926) – Tochter von AD und FD. Sie verfasste die Romane »Die Advokatin«, »Die Emigrantin« und den Erzählungsband »Kranke Mädchen«. Der literarische Wert dieser Werke ist gering, sie sind allenfalls deshalb interessant, weil sie von FDs Tochter stammen. 1913 kehrte sie von ihrer alljährlichen Kur im Ausland nicht mehr nach Russland zurück. Im Ausland lebte sie von literarischer Arbeit und gab in deutscher Sprache ein Buch über ihren Vater heraus mit dem Titel: »Dostojewski, geschildert von seiner Tochter A. Dostojewski« (München 1920). Es sind keine Memoiren im eigentlichen Sinn, denn als ihr Vater starb, war sie erst elf Jahre alt. Dort, wo sie sich streng an Fakten hält, an Erinnerungen von Zeitgenossen, Familienüberlieferungen und an die Erzählungen von Vater und Mutter, ist diese Schilderung wertvoll. Doch das Buch enthält auch Entstellungen, so behauptet die Autorin entgegen den Tatsachen und Dokumenten, ihr Vater sei kein Russe gewesen, sondern normannisch-litauischer Abstammung. Dennoch ist ihr Buch von Interesse, weil sie viele unbekannte Fakten aus FDs Leben mitteilt.

Dostojewskaja, Marja Michailowna – Nichte Dostojewskis, Frau von Prof. M. I. Wladislawljew.

Dostojewski der Jüngere, Fjodor Michailowitsch, gen. *Fedja* (1842–1906) – Neffe des Schriftstellers, Sohn seines Bruders Michail Michailowitsch Dostojewski, Pianist, Schüler von A. G. Rubinstein, Direktor der Saratower Abteilung der Russischen Musikgesellschaft.

Dostojewski, Aljoscha – AD und FDs jüngster, sehr früh verstorbener Sohn.

Dostojewski, Andrej Michailowitsch (1825–1897) – Jüngerer Bruder des Schriftstellers, Ingenieur. FD konstatiert in den Beziehungen zu seinem Bruder Andrej eine gewisse »Kühle«. »Mein Bruder Andrej Michailowitsch«, schreibt er am 17. 9. 1869 an Maikow, »steht in recht loser Beziehung zu mir (wenn auch ohne die geringsten Differenzen).« 1875 begann A. M. Dostojewski mit der Abfassung seiner »Erinnerungen«, die 1930 herausgegeben wurden. Sie sind nicht nur die hauptsächliche, sondern fast die einzige Quelle der Biographie des jungen FD.

Dostojewski, Fjodor Fjodorowitsch, gen. *Fedja* (1871–1921) – Sohn von AD und FD. Er absolvierte das Gymnasium in Petersburg, danach die juristische und die naturwissenschaftliche Fakultät der Universität Dorpat. Er arbeitete in einem Gestüt und besaß eine Zeit lang in Petersburg einen Rennstall. Auf dem Gebiet der Pferdezucht galt er als einer der bedeutendsten Spezialisten in Russland.

Dostojewski, Michail Michailowitsch, gen. *Mischa* (1846–1896) – Jüngste Sohn von M. M. Dostojewski; studierte am Petersburger Konservatorium, arbeitete ab 1869 in einer Bank und ab 1875 in einer Kreditgesellschaft.

Dostojewski, Nikolai Michailowitsch, gen. *Kolja* (1831–1883) – Jüngster Bruder von FD, Ingenieur und Architekt; arbeitete zunächst in Reval, dann in Petersburg, hatte aber seit Anfang der sechziger Jahre keine Anstellung, da er an Alkoholsucht litt. FD begegnete ihm stets mit besonderer Liebe und Mitleid und half ihm ständig, da er fast sein ganzes Leben in Armut verbrachte.

Engelhardt, Anna Nikolajewna (1838–1903) – Übersetzerin und Journalistin. Sie war die Frau von Alexander Nikolajewitsch Engelhardt, einem aktiven Mitglied der revolutionären Organisation »Semlja i wolja« und später Professorin an der Universität Petersburg. Sie arbeitete als Verkäuferin in einer 1862 auf Beschluss der »Semlja i wolja« in Petersburg gegründeten Buchhandlung. Auf ihre Initiative entstand die erste Verlegerinnengenossenschaft in Russland. 1870 wurde das Ehepaar Engelhardt verhaftet und in der Peter-Pauls-Festung eingesperrt. A. N. Engelhardt wurde nach anderthalb Monaten aus Mangel an Beweisen freigelassen, ihr Mann für immer auf sein Gut Batistschewo verbannt. Später war A. N. Engelhardt eine der Organisatorinnen der Höheren Frauenkurse (Bestushew-Kurse) und Chefredakteurin der Zeitschrift »Westnik inostrannoi literatury«.

Fedja, s. *Dostojewski,* Fjodor Fjodorowitsch

Foma – Offensichtlich der Wächter des in Staraja Russa von den Dostojewskis bewohnten Hauses, über den AD in ihren »Erinnerungen« schreibt.

Frerichs, Friedrich Theodor (1819–1885) – Arzt, Spezialist für Lungenkrankheiten, Professor an der Berliner Universität. Seine wichtigste wissenschaftliche Arbeit »Klinik der Leberkrankheiten« (Berlin 1861) war in allen europäischen Ländern bekannt.

Fürstin Schalikowa, s. *Schalikowa,* Natalja Petrowna

Gaideburow, Pawel Alexandrowitsch (1841–1893) – Redakteur und Herausgeber der »Nedelja«. FD lernte ihn Ende der siebziger Jahre kennen. Obwohl die »Nedelja« gelegentlich mit FD polemisierte, brachte sie dem Schaffen des Schriftstellers viel Wohlwollen entgegen.

Gambetta, Leon-Michel (1793–1882) – Französischer Politiker. Er organisierte die Verteidigung von Paris im Deutsch-Französischen Krieg und war einer der Gründer der Dritten Republik. FD schrieb mehrmals über ihn im »Grashdanin« 1873 und im »Tagebuch eines Schriftstellers« 1877.

Glama, s. *Glamma,* Nikolai Leontjewitsch

Glamma, Nikolai Leontjewitsch – Arzt im Maximilian-Krankenhaus, der I. M. Bartsch bei der Operation von Ljuba Dostojewskaja assistierte.

Graf Komarowski, s. *Komarowski,* Jegor Jewgrafowitsch

Graf Sliwtschanski – Besitzer des von FD bewohnten Hauses Ligowskaja-Straße, Ecke Gussew-Gasse, in dem die Dostojewskis vom Winter

1873 bis Mai 1874 wohnten. AD schreibt in ihren »Erinnerungen« über ihn: »Wir hatten sehr ungünstig gewählt: Die Zimmer waren klein und unbequem gelegen, aber da wir mitten im Winter umzogen, mussten wir uns mit vielen Unbequemlichkeiten abfinden – unter anderem mit dem unruhigen Charakter unseres Hauswirts. Er war ein höchst sonderbarer alter Mann mit verschiedenen Schrullen, die Fjodor Michailowitsch und mir viel Verdruss bereiteten. Mein Mann spricht darüber in seinem Brief an mich vom 19. August.«

Grigorowitsch, Dmitri Wassiljewitsch (1822–1899) – Erzähler und Romancier, war bei den Puschkin-Feierlichkeiten Deputierter des Literaturfonds. FDs Verhältnis zu Grigorowitsch war nie sehr eng, auch nicht, als sie 1844/45 in Petersburg eine gemeinsame Wohnung hatten, in der Grigorowitsch Zeuge des Triumphs des Autors der »Armen Leute« wurde.

Großmutter, s. *Snitkina,* Anna Nikolajewna

Issajew, Pawel Alexandrowitsch, gen. *Pascha* (1846–1900) – FDs Stiefsohn, der Sohn seiner ersten Frau Maria Dmitrijewna Issajewa (1825 bis 1864). AD erzählt in ihren »Erinnerungen« vom schwierigen Verhältnis, das sich zwischen ihr und P. A. Issajew herausbildete.

Iwanow, Alexander Pawlowitsch (1813–1868) – Arzt am Institut für Landmesskunde in Moskau, Gatte von Vera Michailowna Dostojewskaja, »ein seltener und überaus edler Mensch«, wie FD schrieb.

Iwanowa, Jelena Pawlowna (1823–1883) – Schwägerin von FDs Schwester Vera Michailowna Iwanowa. AD schreibt über sie: »Vera Michailowna, auf Fjodor Michailowitschs Glück bedacht, träumte davon, dass er Jelena Pawlowna heiraten werde, wenn deren seit vielen Jahren kranker Mann … gestorben wäre. Fjodor Michailowitsch, der sich nach Familienglück sehnte, schenkte den Worten seiner Schwester Gehör und erkannte an, dass Jelena Pawlowna viele Vorzüge habe. Als er im Sommer 1866 in Ljublino bei Moskau in der Nähe der Datsche der Iwanows wohnte und Jelena Pawlowna manchmal begegnete, fragte er sie einmal, ob sie ihn heiraten würde, wenn sie frei wäre. Sie antwortete nichts Bestimmtes, und Fjodor Michailowitsch fühlte sich nicht durch ein Versprechen an sie gebunden. Trotzdem bedrückte ihn der Gedanke, dass er in ihr vielleicht Hoffnungen erweckt habe, die sich nicht erfüllen sollten. Jelena Pawlownas Mann starb 1869. Sie selbst bewahrte bis an ihr Lebensende sowohl zu Fjodor Michailowitsch als auch zu mir und meinen Kindern die freundschaftlichsten Beziehungen.«

Iwanowa, Maria Alexandrowna, gen. *Massenka* (1848–1929) – Zweite Tochter von V. M. Iwanowa, Musikerin, Schülerin von N. G. Rubinstein.

Iwanowa, Sonja Alexandrowna (1846–1907) – FDs Nichte, Tochter von Vera Michailowna Iwanowa.

Iwanows – Gemeint ist die Familie von FDs Schwester Vera Michailowna Iwanowa.

Jaclard, Anna Wassiljewna, geb. Korwin-Krukowskaja (1843–1887) – Schwester der Mathematikerin Sofja Kowalewskaja. Sie war eine bekannte Revolutionärin, Teilnehmerin an der Pariser Kommune und Schriftstellerin. FD hatte ihr Ende April 1865 einen Heiratsantrag gemacht und sofort eine entschiedene Absage erhalten. Anna Wassiljewna habe gleich nach Dostojewskis Antrag zu ihrer Schwester gesagt: »Er braucht eine ganz andere Frau als mich. Seine Frau muss sich ihm völlig widmen, ihm ihr ganzes Leben geben, nur an ihn denken. Das aber kann ich nicht, ich will selbst leben!« Sie heiratete 1870 den französischen Revolutionär Charles-Victor Jaclard (1840 bis 1903) und blieb 1871 mit ihm in Paris bis zum letzten Tag der Kommune. Nach der Niederschlagung der Kommune half A. W. Jaclard ihrem zum Tode verurteilten Mann, aus Frankreich zu fliehen. Sie lebten eine Zeit lang in Russland, und Anna Wassiljewna schrieb und traf sich mit FD, zu dem sie bis zu seinem Tod freundschaftliche Beziehungen pflegte. FDs Bekanntschaft mit A. W. Korwin-Krukowskaja spiegelte sich auch in seinem künstlerischen Schaffen. Einige Züge von ihr lassen sich in den Gestalten der Aglaja im Roman »Der Idiot«, der Achmakowa (»Der Jüngling«) sowie der Katerina Iwanowna (»Die Brüder Karamasow«) erkennen.

Jurik – Sohn von A. W. Korwin-Krukowskaja (Jaclard) und Ch.-V. Jaclard.

Jurjew, S. A. – Vorsitzender der Gesellschaft der Freunde der russischen Literatur, der FD am 1. Mai 1880 schriftlich bat, zur Puschkin-Feier nach Moskau zu kommen, und in einem Brief vom 3. Mai 1880 von ihm die Puschkin-Rede zur Publikation in der von ihm geleiteten Zeitschrift »Russkaja mysl« erbat.

Katkow, Michail Nikiforowitsch (1818–1887) – Publizist, Übersetzer, Redakteur. Er wechselte als Herausgeber und Zeitschriftenverleger nach seiner anfänglichen Freundschaft mit den revolutionären Demokraten immer mehr zu regierungstreuen, Positionen. FD war eigens nach Moskau gefahren, um bei Katkow und dem Professor der Moskauer Universität, Nikolai Alexejewitsch Ljubimow (1830 bis 1897), den Redakteuren der Zeitschrift »Russki westnik«, in der 1866 der Roman »Schuld und Sühne« gedruckt wurde, 3000 Rubel Vorschuss für den künftigen Roman zu erbitten, mit denen er seine Heirat und die Fahrt ins Ausland finanzieren wollte.

Kolja, s. *Dostojewski,* Nikolai Michailowitsch

Koschlakow, Dmitri Iwanowitsch (1835–1891) – Professor an der Medizinisch-Chirurgischen Akademie, behandelnder Arzt von FD.

Kublizki, Michail Jegorowitsch (1821–1875) – Theaterhistoriker und Musikwissenschaftler.

Lawrow-Platonow, Alexej Fjodorowitsch (1829–1890) – Professor an der Moskauer Geistlichen Akademie, Verfasser einer Reihe von Artikeln und Büchern theologischen Inhalts.

Leontjew, Jewtichi Iwanowitsch – Generalmajor. Die Dostojewskis bewohnten im Winter 1874/75 sein Sommerhaus in Staraja Russa.

Ljoscha, s. *Dostojewski,* Aljoscha

Ljuba, s. *Dostojewskaja,* Ljubow Fjodorowna

Lopatin, Lew Michailowitsch (1855–1920) – Professor an der Moskauer Universität, idealistischer Philosoph, der in seiner Lehre Wladimir Solowjow nahestand.

Madame Dubuc – Geldverleiherin.

Maikow, Apollon Nikolajewitsch (1821–1897) – Dichter, Übersetzer und Kritiker. Er war seit der zweiten Hälfte der vierziger Jahre ein enger Freund FDs, als er wie dieser den Petraschewzen nahestand. In der zweiten Hälfte der siebziger Jahre trat im Zusammenhang mit der Publikation des Romans »Der Jüngling« in den »Otetschestwennyje sapiski« zwischen FD und Maikow eine gewisse Entfremdung ein.

Mamachen, s. *Snitkina,* Anna Nikolajewna

Michailowna, Alexandra, gen. *Sascha* – Schwester FDs.

Miljukow, Alexander Petrowitsch (1817–1897) – Pädagoge und Schriftsteller; FDs freundschaftliche Beziehungen zu ihm entwickelten sich bereits in den vierziger Jahren und hielten auch nach FDs Rückkehr aus der Verbannung an. Eine geistige Nähe zwischen ihnen bestand jedoch nicht.

Mischa, s. *Dostojewski,* Michail Michailowitsch

Nikiforowa, Maria Wassiljewna – Freundin von AD, ihre Gehilfin bei verlegerischen Arbeiten. Ihr Name wird im Genfer Tagebuch von AD erwähnt.

Pawlowna, Alexandra – A. P. Orlowa, Schauspielerin. Sie wohnte in Staraja Russa.

Poliwanow, Lew Iwanowitsch (1838–1898) – Gymnasialdirektor in Moskau, bekannter Pädagoge und Schriftsteller. Er war Mitglied der Gesellschaft der Freunde der russischen Literatur, von 1879 bis 1880 ihr Sekretär und Vorsitzender der Kommission, die für die Einweihung des Puschkin-Denkmals gegründet wurde. Alle Vorbereitungen und die Puschkin-Feierlichkeiten selbst wurden unter seiner unmittelbaren Leitung durchgeführt.

Prochorowna – Kinderfrau im Haus der Dostojewskis. AD schreibt über sie in ihren »Erinnerungen«: »Fjodor Michailowitsch schätzte die Prochorowna sehr wegen ihrer großen Liebe zu unserem Jungen. Er erwähnte sie oft in seinen Briefen an mich und porträtierte sie in dem Roman ›Die Brüder Karamasow‹ in der Figur der alten Frau, die für die ewige Seelenruhe ihres Sohnes beten lässt, von dem sie keine Nachricht erhielt, der aber noch lebt. Fjodor Michailowitsch hatte ihr davon abgeraten und den baldigen Erhalt eines Briefes prophezeit, der tatsächlich auch eintraf.«

Puzykowitsch, Viktor Feofilowitsch (1843–1909) – Schriftsteller und Publizist, ehemals Redaktionssekretär der Zeitschrift »Grashdanin«.

Er gab von 1879 bis 1881 in Berlin die Zeitschrift »Russki grashdanin« heraus.

Rochel, Alexander Anselmowitsch (Roichel) – Arzt, Direktor der Mineralquellen in Staraja Russa, Autor des Buches »Die Mineralquellen in Staraja Russa« (St. Petersburg 1880), das sich in FDs Bibliothek befand.

Rubinstein, Nikolai Grigorjewitsch (1835–1881) – Pianist, Gründer und Direktor des Moskauer Konservatoriums.

Rumjanzew, Iwan Iwanowitsch (gest. 1904) – Priester an der Georgskirche von Staraja Russa. Zwischen den Rumjanzews und den Dostojewskis entwickelten sich herzliche Beziehungen, die zeitlebens fortbestanden. FD schloss besonders mit dem Hausherrn Freundschaft. Nach FDs Tod bewahrte Rumjanzew AD seine Freundschaft. 1883 wurde in Staraja Russa auf Initiative von AD eine Schule eröffnet, die FDs Namen trug. Ihr Leiter wurde I. I. Rumjanzew.

Samarin – Iwan Wassiljewitsch Samarin (1817–1885), Schauspieler des Moskauer Dramatischen Theaters, Sohn eines Leibeigenen.

Sascha, s. *Michailowna,* Alexandra

Schalikowa, Natalja Petrowna (1815–1878) – Tochter des Schriftstellers P. I. Schalikow. Sie schrieb unter dem Pseudonym »J. Narskaja« Erzählungen und Romane.

Schenk, N. A. – Militärchefarzt von Petersburg, der mit den kranken Soldaten nach Staraja Russa kam, Autor eines Artikels »Über die Mineralquellen in Staraja Russa«.

Serguscha – Sohn von I. Rumjanzew.

Sheromski – Moskauer Advokat, offensichtlich ein Freund aus der Kindheit von N. M. Dostojewski, dem jüngsten Bruder des Schriftstellers.

Simonow, Leonid Nikolajewitsch – Arzt in Petersburg, leitete eine Spezialklinik für Lungenkrankheiten.

Snitkin, Iwan Grigorjewitsch (1849–1887) – Bruder von AD. Er absolvierte die Landwirtschaftsakademie in Moskau.

Snitkina, Anna Nikolajewna (1812–1893) – Mutter von AD.

Solotarjow, Iwan Fjodorowitsch (1813–1881) – Beamter im Innenministerium, Mitglied der Russischen Geographischen Gesellschaft. Ebenso wie FD war er Delegierter der Slawischen Wohltätigkeitsgesellschaft.

Solowjow, Iwan Grigorjewitsch – Buchhändler in Moskau; er betrieb viele Jahre den Verkauf von FDs Werken.

Sonetschka – AD kommentiert: »*Sonetschka.* Fjodor Michailowitsch spricht von unserem zukünftigen Kind, das am 22. Februar (5. März) in Genf zu Welt kam. Aber schon lange vor der Geburt des Kindes hatten wir beschlossen, wenn es ein Junge wird, ihn Mischa zu nennen, zu Ehren des Lieblingsbruders, und wenn es ein Mädchen wird – Sonja, zu Ehren der Lieblingsnichte Sofija Alexandrowna Iwanowa. Doch Fjodor Michailowitsch dachte und wünschte aus irgendeinem Grund, dass es ein Mädchen wird. Auch in den folgenden Briefen erwähnt Fjodor Michailowitsch seine noch nicht geborenen Kinder, als wären sie schon da. Damit drückte er seine zärtliche Fürsorge und Liebe zu den Kindern aus, die er sich immer gewünscht hatte und deren Ankunft ihm riesige Freude und unendliches Glück bereitete.«

Sonetschka – Tochter des Geistlichen I. Rumjanzew in Staraja Russa. *Werchowzews* – Einwohner von Staraja Russa, Freunde von I. Rumjanzew. Im Roman »Die Brüder Karamasow« trägt Katerina Iwanowna den Familiennamen Werchowzewa.

Sonja und Fissa – Töchter des Geistlichen I. Rumjanzew in Staraja Russa.

Stakenschneider, Adrian Andrejewitsch (1841 bis nach 1916) – Bruder von Jelena A. Stakenschneider, Jurist. Wie AD in ihren »Erinnerungen« schreibt, beriet sich FD mit ihm in allen Fragen des Gerichtswesens. FD verdanke ihm, dass in den »Brüdern Karamasow« alle Einzelheiten von Mitja Karamasows Prozess so genau wiedergegeben sind, dass selbst der boshafteste Kritiker (und ihrer seien nicht wenige gewesen) keinerlei Fehler oder Ungenauigkeiten habe finden können.

Strachow, Nikolai Nikolajewitsch (1828–1896) – Philosoph und Kritiker. FD lernte ihn im Dezember 1859 kennen, kurz nach seiner Rückkehr aus der Verbannung nach Petersburg. Strachow war ab 1861 engster Mitarbeiter der von den Brüdern Dostojewski herausgegebenen Zeitschriften »Wremja« und »Epocha«. Dennoch standen sich FD und Strachow nie wirklich nahe.

Trischin, Iwan Larionowitsch – Geldverleiher in Petersburg.

unser Zar, s. *Alexander II.*

Vikar Alexej, s. *Lawrow-Platonow,* Alexej Fjodorowitsch

Wanja – Unehelicher Sohn von FDs Bruder Michail Michailowitsch. In einer Anmerkung zu FDs Briefen weist AD darauf hin, dass sie, als sie ins Ausland fuhren, Wanja und dessen Mutter, Praskowja Petrowna, zu versorgen hatten. Mehr konnte über sie nicht ermittelt werden.

Warenka, s. *Dostojewskaja,* Warwara Michailowna

Wrangel, Alexander Jegorowitsch – Jurist und Diplomat. Er war 1854 in Semipalatinsk, wo FD damals Militärdienst leistete, Staatsanwalt. Zu dieser Zeit begannen ihre freundschaftlichen Beziehungen. Auch nach seiner Rückkehr aus der Verbannung erhielt FD materielle Unterstützung von Baron Wrangel, allerdings wurden die früheren freundschaftlichen Beziehungen nicht wieder aufgenommen, da ihre Interessen sich als zu unterschiedlich erwiesen. Außerdem bedrückte FD der Gedanke an die Schulden, die er bei Wrangel hatte und deren Bezahlung dieser nun beharrlich forderte. Daher erwähnt FD seinen Freund aus Semipalatinsk in einem Atemzug mit gewöhnlichen Gläubigern.